国家社科基金
GUOJIA SHEKE JIJIN HOUQI ZIZHU XIANGMU
后期资助项目

U0645411

新时代电子政务文化的生成机制与培育策略

陈德权　著

清華大学出版社
北京

内 容 简 介

电子政务文化是传统行政文化在电子政务时代的创新和发展，是我国文化创新的又一个重要成果，体现了我国文化自信的提高和文化治理的推进。本著作首先系统地归纳和分析我国电子政务文化的基础理论，较为全面地阐述我国电子政务文化及其生成机制价值。其次，从两个研究视角具体解析电子政务文化生成机制：基于"场域"理论横向剖析电子政务文化生成机制的构成要素以及动态关系；基于"SECI"模型分析生成机制的纵向内部知识转换过程和外部生成逻辑。再次，从学理角度围绕生成机制的四类演化模型分析电子政务文化生成机制的复杂性、特殊路径以及配套政策。最后，以问题为导向，以治理理论为指导，具体探讨完善我国电子政务文化生成机制应该采取的策略。本专著可供电子政务、数字政府以及文化创新方面的研究学者、政府部门人员和其他专业人士阅读、借鉴。

图书在版编目（CIP）数据

新时代电子政务文化的生成机制与培育策略 / 陈德权著 .

北京：清华大学出版社，2025.7. -- ISBN 978-7-302-69712-1

I. D63-39

中国国家版本馆 CIP 数据核字第 2025WP5128 号

责任编辑：施　猛　刘远菁
封面设计：常雪影
版式设计：恒复文化
责任校对：马遥遥
责任印制：沈　露

出版发行：清华大学出版社
　　　　　网　　址：https://www.tup.com.cn, https://www.wqxuetang.com
　　　　　地　　址：北京清华大学学研大厦 A 座　　　邮　　编：100084
　　　　　社 总 机：010-83470000　　　　　　　　邮　　购：010-62786544
　　　　　投稿与读者服务：010-62776969，c-service@tup.tsinghua.edu.cn
　　　　　质 量 反 馈：010-62772015，zhiliang@tup.tsinghua.edu.cn
印 装 者：三河市铭诚印务有限公司
经　　销：全国新华书店
开　　本：165mm×238mm　　印　　张：12　　　字　　数：209 千字
版　　次：2025 年 7 月第 1 版　　印　　次：2025 年 7 月第 1 次印刷
定　　价：78.00 元

产品编号：069321-01

序　言

党的十九大报告提出"中国特色社会主义进入新时代"。"新时代"意味着我国经济、社会、生活等各个领域均将以"新时代"为新的历史出发点，在思维模式、行为方式等方面，要站在与新时代相匹配的历史高度，既要不忘初心、持之以恒，又要创新图强、敢于担当。党的二十大报告中，"推进文化自信自强，铸就社会主义文化新辉煌"一节中提到："发展面向现代化、面向世界、面向未来的，民族的科学的大众的社会主义文化，激发全民族文化创新创造活力，增强实现中华民族伟大复兴的精神力量。"推动文化创新，特别是塑造基于我国实践特色的文化新形态，是提高我国文化自信和提升我国文化软实力的关键。

新时代，新气象，文化载体以及文化内容的创新发展最能彰显新时代的伟大意义。电子政务自20世纪90年代初发轫以来，一直是政府管理创新的重要领域和基本抓手。最初人们主要关注什么是电子政务，以及它能干什么。电子政务最重要的作用是解决政府管理成本偏高和服务低效的问题。面对日益增加的政府财政压力以及公众服务诉求，通过信息技术破解政府管理困境，似乎成了各地政府的不二之选。于是，源自美国、现已遍及世界各地的电子政务建设大潮风起云涌，持续至今。尽管各地在建设电子政务进程中遭遇了不同的烦恼，但是，政府公共服务接入互联网，并进行与电子政务匹配的行政管理流程再造，提供一站式、一网式服务，已是大势所趋、不可逆转。

当一种行为成为社会大众共同遵守的范式，这种行为及其依托的载体就具有了社会文化符号的基本特征。电子政务改善的不只是政府的内部管理效率，更重要的是，它会影响公众对政府的理解和对自身权利的认知。因此，很多学者对电子政务的认知已经超出了技术属性和经济属性，开始转向管理属性和权力属性。可见，最初作为一种技术体系的电子政务已经逐步成为政府管理和社会有序运行的重要组成部分，直到现在，其愈发具有了与新时代相适应的文化特征，形成了一种基于电子政务及其应用的行政文化——电子政务文化。

关于文化内涵的表述不胜枚举，也有许多理论从不同视角阐释文化的定义、结构以及外延等。从其本质属性来看，电子政务文化应该是行政文化在电子政务时代的具体体现，其浓缩了技术文化、网络文化、行政文化以及社会传统文化的诸多精髓，博采众多文化特长，具有鲜明的时代特色，是当前最显著的文化之一。依据文化结构理论，我国的电子政务文化已经发展到了一定水平，而且在物质层面、制度层面、行为层面表现突出，仅在精神层面和意识层面略显不足。当然，不同国家之间的电子政务文化发展水平也存在着较大差别，不能一概而论。

从文化功能角度看，文化作为一种社会意识，对社会存在具有较强的反作用。电子政务文化的形成和发展，也必将极大反作用于电子政务以及相关领域，而且对社会文化创新具有较高的示范引领价值。随着社会发展进入较高的阶段，将会产生较强的文化依赖，反过来，积极且充满正能量的文化也必然会催生优秀的社会产品。

电子政务文化具有共性，也具有差异性，主要与各个国家/地区的政治体制、行政文化以及社会发展状况有关。因此，电子政务文化的生成和发展应该是共性和个性的统一。电子政务文化并不是生来就有的，而是政府改革和社会发展到特定阶段的产物，其成长不仅需要强大的内生动力，还需要适宜的外部环境。而在其成长和成熟过程中，不同的制约因素和强弱不一的动力，形成了不同的文化生成机制。我国电子政务文化具有与众不同的生成轨迹和成长环境，因此研究我国电子政务文化生成机制时不仅需要全面分析我国电子政务发展的过程和条件，还需要了解行政文化、网络文化、技术文化的变迁。只有更好地立足新时代，面向行政文化创新，切实领悟电子政务文化在当前具有的特殊价值和独特魅力，才能为创建我国电子政务文化贡献自己的一份力量。

我国当前关于电子政务文化的研究文献涵盖了我国电子政务文化的内涵、框架、内容以及治理等。综合来看，这些文章尚未引起学界的足够重视。笔者近几年来一直专注于我国电子政务文化生成机制和培育策略方面的研究，并在指导研究生的过程中，逐步形成了相对稳定的认知，已经能够较好地把握新时代电子政务文化体系，并据此提出本书的撰写结构。

首先，概述电子政务文化生成机制的理论和研究进展、电子政务文化研究的学术价值和社会效益。

其次，阐释电子政务文化基本理论体系，探讨电子政务文化的定义、构成、基本内容以及发展阶段等。

再次，基于场域理论分析电子政务文化的生成机制，主要根据布迪厄的场域理论分析电子政务文化的生成环境、多元行动者以及互动过程，其中包含交互环节和角色定位等。

最后，基于知识管理模型分析电子政务文化的生成机制，将电子政务文化的产生、发展历程用该模型展现出来，全面阐释电子政务文化生成机制。

布迪厄的场域理论能够较为完整地描述电子政务文化生成机制的"场域"环境，SECI模型与布迪厄的场域理论存在一定的交集，例如，两者都强调"场"的概念以及"主体"行动。两者之间的差异在于，布迪厄的场域理论强调在一个"界面"平台上，多要素之间的空间作用关系以及环境的影响，从一个特定时期的"界面"去观察电子政务文化生成机制；而SECI模型则能动态地呈现电子政务文化的生成过程，是一个动态演化的系统。更简单来说，两者都试图构建一个分析框架以揭示某个事物的生成过程和演化规律，但是两者的重要区别是场域理论侧重于"界面阐释——横向性描述"，SECI模型则强调"过程阐释——纵向性描述"。而且SECI模型中的"场"并非场域理论中的"场"，两者相似却并非等同。为此，经过咨询、研究和讨论，本成果中采用了两者并行的研究思路，即从"横断面"和"纵向性"两个维度揭示电子政务文化生成机制的全景。场域理论侧重于空间多要素之间的作用关系，SECI模型则侧重从文化生成的内在逻辑阐释纵向阶段的发展变化以及每个阶段的"场"中的相互关系。

当前，电子政务已经成为我国现代政府治理的有效手段，传统政府也正在向现代政府转型。我国已经逐步发展起自身的电子政务网络体系结构和安全架构，能够确保自身电子政务的安全运行。下一步，必须着手培育中国电子政务文化，采取多种手段和方式，规范电子政务文化培育路径、培育方式和培育策略，使我国电子政务文化成为推动政府转型的有力工具。

这几个方面或许难以清晰阐释电子政务文化生成机制以及培育策略，因为文化生成机制是一个复杂的体系，学界莫衷一是。21世纪10年代，我开始研究电子政务文化，主要从事电子政务和行政文化相关性研究。在研究过程中，我得到学术界一些前辈的大力支持。《电子政务》杂志主编和编委们持续关注这个领域，鼓励笔者坚持研究和探索电子政务文化。吉林大学张锐昕教授、清华大学孟庆国教授、北京大学黄璜教授、南开大学王芳教授以及台湾淡江大学的黄一峰教授在不同阶段通过学术交流、项目合作和论文指导等方式，给予本研究极大支持和鼓励。当然，还要感谢一届一届硕士研究生持续不断的努力：毕雪娟尝试阐明电子政务文化是什么，张丽娜、吴俊鑫尝试从不同视角探讨电子政务文化的生成机制，林海波将电子政务文化研究外延至政府数据文化。每一个学生的科研足迹，都在电子政务文化研究进程中留下了不可磨灭的印痕。

在研究过程中，我一直在思考电子政务文化的方方面面——如何全面理解电子政务文化，如何阐释电子政务文化的框架，如何发挥电子政务文化的治理价值，以及如何全面培育电子政务文化，围绕新时代、新使命，我赋予电子政务文化新的价值，进而厘清电子政务文化生成机制，提出具体的培育策略。在下一个春风荡漾的十年，希望电子政务文化能够成为推动我国政府管理体制转型和行政运行机制创新的文化引擎，进而使社会管理与服务更加高效、透明和公平。

我国电子政务的发展过程曲折，产生了很多值得吸取的经验。我国电子政务文化则是我国电子政务走中国特色发展道路的标志。在中国共产党的领导下，电子政务文化正是新时代文化自信的卓越体现，将来一定能够在电子政务创新和社会文化繁荣中起到不可或缺的重要作用。

本书为国家社科基金后期资助项目成果，项目名称为"新时代电子政务文化的生成机制与培育策略"，项目批准号为19FGLB033。

陈德权

2024年8月14日

目　　录

第1章 | 研究的源起

　　文化是一个国家、一个民族生生不息的灵魂。文化的不断传承、创新和发展，正是一个国家和民族文化自信和繁荣兴盛的标志。习近平总书记高度重视我国的文化建设，他指出："坚定中国特色社会主义道路自信、理论自信、制度自信，说到底是要坚定文化自信，文化自信是更基本、更深沉、更持久的力量。"①对于文化传承和创新的关系，习近平总书记一针见血地指出："要处理好继承和创造性发展的关系，重点做好创造性转化和创新性发展。"②习近平总书记关于文化创新的系列论述，为推动我国各个领域的文化繁荣指明了道路、教会了方法、破除了束缚、打开了眼界，同时开启了社会主义文化建设的新局面。有学者指出，自2013年以来，在以习近平同志为核心的党中央坚强领导下，文化战线围绕加快建设社会主义文化强国，培育和践行社会主义核心价值观，大力推进文化体制改革向纵深发展，进一步释放社会主义先进文化活力，群众文化获得感大幅提升，文化事业呈现出百花争艳、生机勃勃的喜人景象，文化产业展现出百舸争流、千帆竞发的壮美风姿③。

　　2021年7月，中央党校教授祁述裕表示，习近平总书记在建党100周年大会上的重要讲话为行政文化建设提出了新要求和新任务，我们迫切需要在全面建成现代化强国的背景下、在全面加强党的领导的要求下深化中国特色社会主义行政文化建设……要善于借鉴人类文明的一切有益成果，推进行政文化建设和研究④。党的十九届四中全会提出要"推进国家治理体系和治理能力现代化"⑤。中国特色行政文化不仅是我国治理能力现代化

---

① 周玉清. 中国特色社会主义文化自信的理论内涵[EB/OL]. http://theory.people.com.cn/n1/2017/0814/c40531-29467780.html.
② 王艺霖. 习近平对中国传统文化的创造性转化和创新性发展——以知行关系为例[EB/OL]. http://theory.people.com.cn/n1/2016/0203/c40531-28108648.html?from=timeline&isappinstalled=0.
③ 张贺. 文化建设，持续释放创新创造活力——党的十八届三中全会五周年述评之三[N]. 人民日报，2019-01-04(4).
④ 王晓秋. 贯彻落实习近平总书记"七一"重要讲话精神，深化中国特色社会主义行政文化建设研究[EB/OL]. 光明网，https://www.gmw.cn/xueshu/2021-07/05/content_34971900.htm.
⑤ 中共中央政治局. 中国共产党第十九届中央委员会第四次全体会议公报[EB/OL]. https://www.gov.cn/xinwen/2019-10/31/content_5447245.htm?eqid=cecd86310000cde10000000664588451.

的重要成果，也会在新时代制约或者促进政府治理能力现代化。因此，与时俱进地加强行政文化建设与创新，是国家治理体系和治理能力现代化的应有之义，而且关乎政府治理能力现代化的成败。回溯既往，我国现代行政文化植根于千百年来传统文化沃土，壮大于新中国成立以来的行政体制建设。改革开放以来，我国行政文化发生了巨大的变化，逐渐形成具有中国特色的行政文化，在更大范围影响着社会、企业以及公众。党的十九大报告指出："我们必须在理论上跟上时代，不断认识规律，不断推进理论创新、实践创新、制度创新、文化创新以及其他各方面创新。"[①] 机构改革离不开深刻的行政文化革命，如果不从行政文化加以改革，一切的局部调试都可能成为徒劳的、毫无实质意义的瞎折腾。研究当代行政文化，就是要破除传统行政文化的禁锢，建立新时代行政文化的标杆。

自20世纪90年代以来，电子政务成为各国争相采纳的政府变革路径，一些发达国家的实践也表明，电子政务确实在一定程度上解决了传统行政中的一些问题以及"人—财"关系悖论。而且，电子政务与公众的政治诉求相契合，展现出无穷的生命力。各国在近30年的电子政务建设进程中，不但建构起了相对稳定的技术架构和网络体系，还为电子政务的全面应用提供了完备的制度、行动规范。21世纪10年代，电子政务开始展露出服务至上的全新文化理念。电子政务的广泛应用正快速推动行政变革，使政府的执政理念和执政方式发生剧烈转变，推动电子政务建设迈向更高的阶段——数字政府。电子政务系统作为政府服务公众的平台，在大数据、人工智能等技术创新的推动下，不断地走向成熟。无论是发达的电子政务传统强国，还是新兴的电子政务后发国家，都在不断完善数字化基础设施、数字制度及数字思维。这种文化现象就是"电子政务文化"——一种基于网络信息技术的行政文化。

如果说电子政务时代已经到来，那么电子政务文化也已经破茧而出。在电子政务时代，电子政务文化影响着政务活动的参与者，正在改变着公共行政的形式和精神。习近平总书记指出："我们的社会主义为什么不一样？为什么能够生机勃勃充满活力？关键就在于中国特色，中国特色的关键就在于'两个结合'。"[②] 历史和现实启示我们，马克思主义基本原理同中华优秀传统文化相结合，可以激发文化建设的动力，坚定文化发展的

---

① 习近平在中国共产党第十九次全国代表大会上的报告[EB/OL]. http://cpc.people.com.cn/big5/n1/2017/1028/c64094-29613660.html?ivk_sa=1024609w&wd=&eqid=8610aa0000026999000000 04642e7453.

② 杨子强. 中国特色的关键就在于"两个结合"（深入学习贯彻习近平新时代中国特色社会主义思想）[EB/OL]. https://www.moj.gov.cn/pub/sfbgw/zwgkztzl/2023zt/20230414xxgcztjy/pljd20230414/202310/t20231026_488416.html.

方向，促进文化实践的繁荣。我国的电子政务文化源于中国特色社会主义的伟大实践，汲取了中华民族厚重历史文化的营养，在具有中国特色的行政文化发展创新进程中，绽放出瑰丽的花朵。

1.1 研究背景

党的十八届三中全会提出"推进国家治理体系和治理能力现代化"。党的十九届四中全会通过了《中共中央关于坚持和完善中国特色社会主义制度，推进国家治理体系和治理能力现代化若干重大问题的决定》，提出运用互联网、大数据、人工智能等技术手段进行行政管理改革，推进数字政府建设，加强数据有序共享，依法保护个人信息。2021年8月，中共中央、国务院印发的《法治政府建设实施纲要(2021—2025年)》(以下简称《纲要》)第二十九款提出加快推进信息化平台建设。各省(自治区、直辖市)统筹建成本地区各级互联、协同联动的政务服务平台，实现从省(自治区、直辖市)到村(社区)网上政务全覆盖。加快推进政务服务向移动端延伸，实现更多政务服务事项"掌上办"。分级分类推进新型智慧城市建设，促进城市治理的转型和升级。《纲要》的第三十款进一步指出要加快推进政务数据有序共享，建立健全政务数据共享协调机制，进一步明确政务数据提供、使用、管理等各相关方的权利和责任，推动数据共享和业务协同，形成高效运行的工作机制，构建全国一体化政务大数据体系，加强政务信息的系统优化和整合。

面对错综复杂的国际、国内环境，我国政府全面加强治理体系现代化建设，尤其是提升电子政务在中国治理体系中的地位，在2016年国务院提出的"互联网+政务服务"以及2018年全面推进国家机构改革等诸多决策中，电子政务都占有重要位置，并成为推动数字社会建设和加快数字经济建设的重要力量。现在来看，这不同寻常的几年恰好也是电子政务"飞入寻常百姓家"，广为政府部门、企业、社会组织和公众接受的时期。电子政务已成为人们的"办事首选"，成为人们的一种行为习惯，实现了从技术适应向精神满足的转变。

从建立最初的电子行政模式(即优先实施的"金字工程"、OA[①]系统)，到真正实现电子服务乃至步入电子社会阶段，电子政务还有多远的

---

① OA：办公自动化。

路要走? 真正的制约因素是什么? 我国对电子行政模式的探索始于20世纪90年代初, 并不晚于美国的国家信息基础设施建设, 但问题在于我国主要进行应用层的建设, 而美国则控制着核心技术。虽然我国已采取有效措施应对这些问题, 基本能确保核心网络安全, 但我国电子服务模式尚不成熟, 不能完全实现"无纸化办公""线上通办"等目标, 那么制约电子行政转向电子服务的深层次原因是什么? 电子政务绝非信息技术的简单堆积, 还离不开规章制度、行为能力以及精神意识等, 而且在电子政务高级阶段, 非技术因素的影响力更大, 更直接。正因如此, 我国电子政务在"十三五"时期才真正迎来快速发展的时期, 开始进行行政组织变革和流程重塑。换句话说, 没有线下政府的机构改革和组织创新, 就不会有线上政府的流程重塑和服务效能提升。至少在当前和未来一段时期, 如何优化基于电子政务和数字政府的行政体制, 才是电子行政转向电子服务的关键问题。这方面的改革迫切需要中央的顶层设计和贯彻实施。

《2022联合国电子政务调查报告》(中文版)显示, 在193个联合国会员国中我国电子政务的排名从2012年的第78位上升到了2022年的第43位。其中, 2022年全球EDGI(电子政务发展指数)平均值为0.6102, 中国的EDGI值为0.8119, 属于"非常高水平", 2022年中国的在线服务指数是0.8876, 为"非常高水平", 继续保持全球领先水平[①]。这些成就正是我国电子政务建设成就的一个缩影, 说明我国的电子政务从规划到建设, 确实具有自己的特色和成功之处。但是, 我们也要看到我国与电子政务发达国家之间存在的差距。其中, 大部分差距源于非技术性因素, 包括信息孤岛、数字鸿沟、信息不透明、信息安全度不足、公众满意度低等问题。一些问题并非电子政务系统内的问题, 而是电子政务外部环境的问题。因此, 我们必须立足特定社会环境, 分析电子政务治理中的诸多现实挑战, 采取系统思维并拿出系统方案, 只有面向未来和着眼长远, 才能切实解决我国电子政务治理之痛, 进而迎来电子服务和电子社会时代。

文化不仅是人类文明的成果, 也会对人类社会的发展产生重要的作用。恩格斯曾指出: "文化上的每一个进步, 都是迈向自由的一步。"毛泽东同志也曾指出: "文化是不可少的, 任何社会没有文化就建设不起来。"习近平总书记提出: "在新的起点上继续推动文化繁荣、建设文化

---

① 潘洁, 郝菁. 2022联合国电子政务调查报告: 中文版[EB/OL]. http://www.egovernment.gov.cn/art/2022/12/26/art_476_6605.html。EGDI作为一项综合指数, 由电信基础设施指数(TII)、人力资本指数(HCI)、在线服务指数(OSI)三个标准化指数加权平均计算得出。

强国、建设中华民族现代文明，是我们在新时代新的文化使命。"①文化
是民族的血脉，是人民的精神家园。文化兴则国运兴，文化强则民族强。
实现中华民族伟大复兴，必须推动社会主义文化大发展、大繁荣。电子政
务文化就是基于电子政务的实践，顺应社会对新型行政文化的需求，经过
持续的探索，最终孕育和发展起来的具有民族特色的文化形式。积极培育
电子政务文化，有助于改变传统的不合时宜的行政文化，克服传统行政
文化中的诸多弊端，进而形成数字时代的行政文化。我国的电子政务具有
典型的"中国特色"，这决定了我国电子政务文化的"中国特色、中国风
采"，这是我国政治文化的重要数字化成果，足以表明我国文化在数字时
代具有的独特魅力。

面对数字时代风起云涌的新兴技术，中国特色电子政务文化是我国
行政文化创新的重要成果，足以展示我国政治制度优势和文化自信。习近
平总书记指出："文化自信，是更基础、更广泛、更深厚的自信，是更基
本、更深沉、更持久的力量。"②要坚定文化自信，坚持走自己的路，立
足中华民族伟大历史实践，总结好中国经验，把中国经验提升为中国理
论，实现精神上的独立自主。

可见，我国电子政务文化是我国长期以来电子政务实践的精神文化成
果。在可以预期的未来，我国电子政务文化将发挥巨大作用，为我国数字
政府建设乃至数字社会发展指引方向。

1.2 研究意义

党的十八大以来，我国高度重视文化建设，明确提出了建设文化强
国的目标。行政文化建设是增强我国政府治理能力的前提，在电子政务时
代，要促使行政文化向电子政务文化转变。电子政务文化从萌芽到生成的
过程也是电子政务走向成熟的过程。电子政务文化是一个整体，文化自身
具有的强大隐性心理特征以及社会规范能力，能够对社会产生持续的深刻
影响，是社会新文化的重要形式，不但对电子政务的发展具有直接推动作
用，而且能够加快社会文化创新进程。

---

① 范希春. 在新的历史起点上更好担负起新的文化使命[EB/OL]. http://theory.people.com.cn/
n1/2024/0517/c40531-40238047.html.
② 曾荣峰，尹韵公. 深入把握文化自信的根基所在[EB/OL]. http://theory.people.com.cn/
n1/2024/0402/c40531-40208197.html.

电子政务文化具有典型的地域性、民族性、时代性，发达国家的电子政务文化根植于本国的政治体制、行政体制以及社会基础，我国的电子政务文化则具有社会主义文化特征，中西方电子政务文化在内容、形式和目的等方面均存在巨大差别。两者可以相互借鉴，但绝不能简单比较优劣或者相互替代。关注我国电子政务文化及其生成机制问题，一方面要为建立中国电子政务文化体系服务，系统阐释电子政务的文化内涵和架构，为我国电子政务文化研究奠定基础；另一方面要加快我国电子政务功能转化，为电子政务高质量、可持续发展创造条件。

本研究的特殊意义可以概括为以下几点。

首先，第一次系统阐述电子政务文化、政府数据文化以及数字政府文化的基本内涵。关于电子政务文化的具体定义和理论框架，笔者在2012年发表的《电子政务文化内涵与框架》中有过一定的阐释和分析。但是随着我国电子政务的快速发展，特别是在"十三五"时期，政府数据文化更加突出，而在"十四五"阶段，我国数字政府的雏形日渐清晰，这都需要以历史纵向分析方法，紧扣电子政务的主线，系统阐释我国电子政务文化、政府数据文化以及数字政府文化之间的逻辑关系和各自指向。当然，也需要梳理各自概念所具有的价值功能和发展基础。这是深刻理解电子政务文化生成机制的逻辑起点。

其次，系统分析我国电子政务文化的生成机制及其特征，并交叉比较电子政务文化生成机制要素差异，多视角观察电子政务文化生成机制的特殊性和价值。为揭开电子政务文化生成机制的神秘面纱，本研究以时间为轴，以具体要素为支点，以交相作用为观测点，系统分析电子政务文化从萌芽到成长再到成熟的全生命周期。在这个过程中，我们能够发现其中的动力因素和制约因素，以及周边环境的作用机理。笔者指导的两名研究生的硕士论文分别以场域理论和SECI理论为基础，建构和探讨电子政务文化的生成机制问题，从这两个视角诠释了电子政务文化生成机制的构成以及要素。随着数字政府的建设、电子政务服务一体化平台的开通、数据的开放、人工智能等新技术的涌现、治理方式的创新，我们需要从全新的视角、系统的高度，重点阐释电子政务文化从萌芽到成熟的具体特征和作用机理。无论是场域理论还是SECI机制，都需要经过比较，厘清电子政务文化生成机制中的具体特征和要素，进而更好地理解电子政务文化作为一种创新的行政文化，是如何从技术文化、网络文化以及传统行政文化中脱颖而出的。电子政务文化生成机制具有一定的特殊性和历史性，但其总体特征和基本规律，仍然具有普适性和常规性。只要抓住一般文化的生成规律，就能总结出电子政务文化的生成机制，进而为其他文化(如数据文化、数字文化)生成机制的研究提供借鉴。

再次，以电子政务文化生成机制为研究框架，系统归纳中国电子政务建设体系，更好地阐释电子政务文化从萌芽到成熟的中国方案、中国智慧。电子政务文化从其概念的出现到其能够发挥应有的作用，经历了一个系统成长的过程。生成机制是一般性事物成长、成熟的分析框架，适合用于研究电子政务文化。其实，我国电子政务体系建设进程就是电子政务文化生成和壮大的过程。观察电子政务，特别是成熟阶段的电子政务，其文化的属性和功能日益显露，但绝不能说电子政务文化生成于此阶段，而应该生成于电子政务萌芽阶段。只不过前期电子政务以技术体系、基础设施和业务调试为主，而到了网络架构基本成熟的中后期，电子政务文化在制度、精神层面的重要性就更加突出了。我国电子政务总体的成长经历了20世纪90年代的初创阶段、21世纪10年代的成长阶段以及21世纪20年代的成熟阶段。这几个重要时期均能体现出中国电子政务建设的中国智慧和中国方案，即在政务安全、政务应用和公众满意度之间寻求平衡，以确保阶段任务和战略任务的衔接，使我国电子政务服务不仅能赢得百姓的口碑，还能获得国际认可。可以说，中国的电子政务文化建设对世界各国具有启示意义。

最后，通过系统提出电子政务文化建设路径以及培育策略，促进我国电子政务的成熟，加快数字政府建设，进而孵化数字政府文化——行政文化在数字政府阶段的全新形态。我国电子政务的建设过程是曲折的，从最初全方位引进技术体系到逐步使用自主技术，构建安全可控的网络运行架构；从百姓不认可、不买账到近些年电子政务服务体系日臻成熟，一站式、一网式服务惠及百姓，电子政务的发展不断突破各种局限，最终闯出了一条具有中国特色的电子政务建设道路，也体现出中国特色电子政务文化的生成轨迹。在这个过程中，我国采取政府部门改革与技术循序引入相结合、部门管理体系理顺与社会应用逐步适应相结合等方式，逐渐培育电子政务文化、政府数据文化以及数字政府文化。我国电子政务的创新形式异常丰富，极大地推动了数字社会的发展。

1.3 相关文献

从20世纪90年代美国开始倡导电子政务开始,到当前电子政务在世界各地开花结果,与电子政务相关的文献数量是巨大的。其中,文献主要集中在网络和信息技术领域以及规章制度领域,国内外关于电子政务行为方面的文献,特别是电子政务认知和精神层面的文献,则普遍偏少,文献数量和研究深度明显不足,存在严重的失衡现象。

文化领域的研究文献可谓浩如烟海,汗牛充栋。但是,与电子政务文化研究相关的文献主要聚焦于行政文化、网络文化、技术文化等方面。关于行政文化的研究包含在政治文化、法治文化的研究中,关于网络文化的文献多出现在互联网应用方面的文献中,技术文化在20世纪60年代被定义为一种文化现象,但始终未能掀起大的波浪。可见,三种文化形态的研究文献各有特色,而电子政务文化研究文献数量较少。

关于电子政务文化生成机制的文献散见于相关文化生成机制的研究中。比如关于生成的研究旨在探索生物或者一般社会主体的出现和发展规律,关于机制的研究则主要出现在机械、工程等文献中,而社会科学领域的电子政务文化生成机制研究则相当少见。一方面,电子政务文化本身的研究文献偏少,另一方面,关于文化生成机制的研究文献也很少见。但是少见不意味着没有,从2012年第一篇界定电子政务文化的文章开始,后续相关研究散见于东北大学硕士论文(2篇)以及《电子政务》等杂志中的若干论文。这些论文主要阐述电子政务文化的相关内容,与电子政务文化生成机制有关的文献,几乎未见。也就是说电子政务文化已经在各种文献中出现,但是没有关于生成机制的相关文献。笔者在其他论文中发现,某种特定社会基础的存在会产生相应的文化需求,因此,我们可以运用生成机制对电子政务文化进行全面分析。在电子政务文化生成机制的分析框架内,可以通过电子政务文化治理功能,促进电子政务应用全面发展,探索我国新时代行政文化创新的新动向——电子政务文化、数据文化以及数字文化。本书通过探讨电子政务文化生成机制与治理问题,全面阐述我国新时代电子政务文化的理论体系与发展态势。

1.3.1 关于信息技术与应用终端的文献

1. 信息技术与电子政务的发展

1) 信息技术的发展历程与伦理反思

张莉(2007)从微观角度对包括微电子技术、计算机技术、网络技术、通信技术和显示技术等在内的电子信息技术的发展特征及趋势进行了概括和研究①。程玉等人(2008)认为信息的发展经历了五次革命，现代信息技术始于西方国家，其中电子政务是网络技术的主要应用领域，美国克林顿政府提出了"电子政府"的计划，并通过政府工作流程的再造使政府运作更加顺畅，节约政府的管理费用，之后互联网技术在政府管理中得到广泛应用②。陈玉和(2014)从历史发展视角考察了信息技术的发展历程、信息活动的特点以及对经济社会发展的影响，认为信息时代经历了数据处理时代、微机时代、网络时代三个发展阶段③。胡延博(2022)认为未来电子信息技术向着智能化发展、微电子技术逐渐向高集成化发展、电子信息技术向着纳米级发展、互联网技术逐渐向大容量发展④。于航等人(2023)认为现代社会已经步入信息技术高速发展的新时代，特别是最近几年，云计算、移动互联网、大数据等技术实现了突飞猛进的发展，为我国进一步实现智能化、信息化奠定了基础，未来，机器人、数字企业、3D打印等新一代信息技术也将快速发展⑤。郑永和等人(2023)认为ChatGPT意味着人工智能从感知智能时代进入认知智能时代，作为一种具有强大信息整合能力、自然语言处理能力和多模态交互能力的智能工具，ChatGPT类人工智能已经融入人类社会生活。他们从技术角度探讨了ChatGPT带来的机遇，ChatGPT及与其类似的互联网服务所带来的相关伦理及监管问题使得互联网治理面临新的挑战，需要政府、产业界、学界以及每个互联网用户认真审视和应对⑥。朱光辉等人(2023)认为互联网开辟了"空间革命"，智能手机的出现带来

---

① 张莉. 浅谈电子信息技术的发展趋势[J]. 内蒙古科技与经济，2007，133(3)：36-37.
② 程玉，张兴柱，杨君普. 浅论信息技术的发展历程及主要应用[J]. 电脑知识与技术，2008(19)：19-20.
③ 陈玉和. 信息技术的历史演变及对经济社会发展的影响研究[J]. 未来与发展，2014，37(1)：6-12.
④ 胡延博. 电子信息技术发展中的问题及发展趋势[A]. 中国管理科学研究院教育科学研究所. 教育理论研究与实践网络研讨会论文集(五)[DB/OL]. https://wap.cnki.net/touch/web/Conference/List/DYSJ202210005.html，2022-10-05.
⑤ 于航，高航，杨园京. 新一代信息技术发展思考[J]. 数字技术与应用，2023，41(2)：150-152.
⑥ 郑永和，丁雨楠，郑一，等. ChatGPT类人工智能催生的多领域变革与挑战(笔谈)[J]. 天津师范大学学报，2023，288(3)：49-63.

了"时间革命",而ChatGPT的横空出世有望形成"思维革命",通过代替人类完成创作、创意、解答、咨询、翻译和客服等工作,ChatGPT有可能重塑整个世界[①]。何哲等人(2023)认为在对ChatGPT进行训练时,需要严格限定训练数据,严格限定对外接口,并且需要经过长期的观察评估。将ChatGPT引入公共治理具有失灵、失向、失德、失信的风险,尤其是"技术理性与价值权衡之间的失向的风险"[②]。

2) 技术驱动与电子政务发展

泰普斯科特(Tapscott,1997)认为电子政务是以网络对政府进行连接。它把新技术与旧的内部系统相连接,把政府的信息基础设施与所有数字化的东西相连接,与所有的群体、社会机构以及世界上别的国家相连接[③]。而霍华德(Howard,2001)明确指出,电子政务是指政府把电子商务的工具及技术应用在政府工作中,这些工具和技术旨在服务政府及其公民[④]。吴小寅等人(2004)认为电子政务最重要的内涵,是运用现代信息及通信技术,建构一个电子化、信息化的政务机关,打破行政机关的组织界限,使得政府机关之间以及政府与社会各界之间通过互联网进行沟通[⑤]。蒋鹏等人(2005)从技术的角度介绍了包括工作流技术、网络安全技术、数字认证技术、数据交换技术、数据挖掘与数据仓库技术、标准化技术在内的影响电子政务发展的关键技术及其目前的发展概况,同时认为电子政务技术是电子政务系统建设的基础,它决定了电子政务建设的水平[⑥]。汤志伟等人(2006)认为电子政务就是政府机构应用现代信息和通信技术,通过网络技术对管理和服务进行集成,在互联网上实现政府组织结构和工作流程的优化,对社会进行全方位、规范、透明的管理和服务[⑦]。徐成武(2010)认为电子政务的目标是通过信息技术改革政府,从而实现一个开放的、有回应力的、负责任的和有效率的政府。从这个意义上讲,政府的电子政务只是一个技术工具或手段而已[⑧]。王炜等人(2022)认为依据技术发展水平对政府治

① 朱光辉,王喜文. ChatGPT的运行模式、关键技术及未来图景[J]. 新疆师范大学学报,2023,44(4): 113-122.
② 何哲,曾润喜,秦维,等. ChatGPT等新一代人工智能技术的社会影响及其治理[J]. 电子政务,2023(4): 2-24.
③ Tapscott. The Digital Economy[M]. SaoPaulo: Makron Books, 1997.
④ Howard M. E-government Across the Globe: How Will "e" Change Government [J]. Government Finance Review, 2001, 17(14): 6-9.
⑤ 吴小寅,胡运发,黄晔,等. 上海市电子政务试点示范工程综述[J]. 计算机工程,2004(5): 42-44.
⑥ 蒋鹏,范冰冰,郑嘉杰. 现代电子政务技术的发展[J]. 电子政务,2005(7): 30-33.
⑦ 汤志伟,赵生辉,贾旭文. 国内电子政务研究的现状及趋势综述[J]. 电子科技大学学报,2006,8(2): 39-43.
⑧ 徐成武. 效率·技术·制度——发展电子政务的三维立体分析[J]. 哈尔滨学院学报,2010,31(5): 38-42.

理能力的影响，可以将中国数字政府建设历程划分为三个阶段，即：政府信息化改革阶段、电子政务阶段和数字政府建设阶段。在数字政府建设的三个阶段中，技术起到了不同的驱动作用[①]。在技术的驱动下，电子政务不断克服自身不足，变得更加聪明、便捷、安全、高效。

2. 互联网与电子政务的发展

1) 互联网技术的发展

龙马(1999)指出人们从两个方向发展计算机网络技术，一个方向是不同地域的计算机广域网建设，另一个方向是同一场所的计算机局域网建设。互联网把全球方便地连接在一起，网络技术开始挑战传统的电信技术[②]。董琰(2020)指出计算机与移动互联网逐渐成为信息技术发展的基础，未来互联网将逐渐实现行业化、信息化、商务化、智能化[③]。王君堂(2021)在分析移动通信技术与互联网技术相结合的意义及各自优势之后，提出移动互联网技术的广泛应用有利于有效实现空间、时间跨越，让人们可以随时随地依据自己的意愿办公、获取自己想要的信息、加强人与人之间的沟通[④]。

2) 互联网技术与电子政务的发展

王舵(2016)认为传统电子政务存在诸多问题，比如"信息孤岛"效应严重，服务质量不高，等等。而"互联网+政务"作为一种全新的电子政务发展模式，能够以需求为导向，实现数据的公开透明，有效提高政府服务质量[⑤]。王鹏等人(2017)从技术角度进行了分析，他们认为随着"互联网+"技术逐渐走向成熟，我国电子政务发展质量会得到全方位的提升，真正实现政务与社会的双向互动[⑥]。还有些学者为当前"互联网+政务服务"这一新兴事物建言献策，如康亚丽等人(2018)通过探索新时代背景下"互联网+"政务服务的发展现状，从立法、人才队伍建设、管理机构设置等多方面提出符合我国国情的发展对策[⑦]。叶鑫等人(2018)从大数据与知识的视角，设计了"互联网+政务服务"云平台的体系架构，并提出了该

① 王炜，蔡羽茜. 技术驱动、人才赋能与需求导向：中国数字政府建设的三个关键维度——基于电子政务发展指数的分析[J]. 行政论坛，2022, 29(6): 58-66.
② 龙马. "世纪周刊"信息技术发展历程回顾之五——网络世界异彩纷呈[J]. 微电脑世界，1999(50): 75-77, 79-83, 85.
③ 董琰. 计算机与移动互联网技术的发展研究[J]. 无线互联科技，2020, 17(17): 29-30.
④ 王君堂. 移动通信技术与互联网技术的结合发展[J]. 中国新通信，2021, 23(4): 1-2.
⑤ 王舵. "互联网+政务"：电子政务发展新模式[J]. 人民论坛，2016(23): 96-98.
⑥ 王鹏，刘彦辰. "互联网+"时代我国电子政务发展特点及趋势[J]. 湖南工业大学学报，2017, 22(3): 63-66.
⑦ 康亚丽，韩亚男. "互联网+"与"大数据×"背景下我国电子政务发展现状及对策[J]. 信息记录材料，2018(5): 112-113.

平台的构建与服务策略[①]。王谦等人(2020)认为通过创新技术，完善智能条件下"互联网+政务服务"的体制机制，加强顶层设计和系统构建等举措，可以有效解决困扰"互联网+政务服务"的问题[②]。张蕾(2022)认为将互联网技术手段应用于政务服务中，可以有效缓解政务服务人员的工作压力与交际压力，也可以降低人民群众的办事门槛，促进政务服务工作的高效化，从而进一步强化服务人民的质量[③]。樊建平(2023)梳理了国内外电子政务发展历程中的数据管理演变过程，分析了政务数据的全生命周期，对数据采集、存储、融合、计算、应用、安全等相关技术的现状进行了总结[④]。

3. 信息基础设施与电子政务发展

魏露婷(2010)认为良好的硬件设施能为中国电子政务的发展营造有利的外部条件，包括基础信息设备、电子软件系统、基础环境等物质条件[⑤]。吁元卿(2018)认为网络基础设施、政务云平台、机房基础设施仍存在分散建设、重复建设等现象，导致信息交互难、资源共享难、业务协同难，阻碍了电子政务及政府信息化建设的可持续发展[⑥]。刘艳红等人(2020)指出"新基建"范围有广义和狭义之分，狭义的"新基建"包括5G网络、人工智能、工业互联网、物联网、数据中心、充电桩这六个领域，而广义的"新基建"还包括利用新一代信息技术对传统基础设施进行改造和升级，即传统基础设施的数字化改造[⑦]。晁艳锋(2020)建议进行新型电子政务基础设施安全监管体系建设，在电子政务顶层设计中，统筹规划基础设施、政务服务和网络安全，构建监管体系、开展监管工作，形成监测采集分析、威胁感知研判、预警通报整改和应急处置闭环，为充分发挥新型电子政务基础设施作用和价值提供有力监管支撑[⑧]。李晓华(2020)认为新型基础设施具有以数字技术为核心、以新兴领域为主体、以科技创新为动力、

① 叶鑫，董路安，宋禺. 基于大数据与知识的"互联网+政务服务"云平台的构建与服务策略研究[J]. 情报杂志，2018，37(2)：153，154-160.
② 王谦，刘大玉，陈放. 智能技术视阈下"互联网+政务服务"研究[J]. 中国行政管理，2020，420(6)：73-79.
③ 张蕾. 互联网时代我国政务服务的创新发展——评《互联网+政务服务：新形势、新趋势、新未来》[J]. 科技管理研究，2022，42(23)：243.
④ 樊建平，孙婧，李红辉，等. 政务大数据管理技术研究进展[J]. 集成技术，2023，12(3)：1-18.
⑤ 魏露婷. 中国电子政务发展动力研究[J]. 云南地理环境研究，2010，22(1)：37-42.
⑥ 吁元卿. 电子政务基础设施整合发展研究[J]. 中国管理信息化，2018，21(16)：136-138.
⑦ 刘艳红，黄雪涛，石博涵. 中国"新基建"：概念、现状与问题[J]. 北京工业大学学报，2020，20(6)：1-12.
⑧ 晁艳锋. 新型电子政务基础设施安全监管体系建设研究[J]. 信息系统工程，2020(12)：83-84，87.

以虚拟产品为主要形态、以平台为主要载体等特点[1]。樊轶侠等人(2021)针对产业发展过程中面临的难题和痛点,借鉴发达国家支持数据中心优化发展的经验,提出保证数据中心产业发展质量的政策思路[2]。罗海宁(2021)认为应该以全局规划、战略布局、整体推进为原则,坚持全国"一盘棋",发挥各级政务外网积极性,全面协同推进国家电子政务外网关键信息基础设施的全网安全保护工作[3]。张利等人(2023)运用CiteSpace软件,指出我国关于"新基建"的研究主要集中于数字经济、人工智能、新零售、数据中心、绿色发展等领域,其中"新基建"包括数据中心、基础设施建设、人工智能、工业互联网与乡村振兴等[4]。

4. 智能产品终端与电子政务发展

迈克法雷音(McFarlane D., 2012)认为"智能产品"是物质实体与信息表征的结合,该观点代表了以新一代信息技术为特征的发展视角[5]。杨生举(2013)提出移动政务办公系统使公众和政府工作人员不受地域和时间的限制,直接利用移动设备,方便快捷地浏览、处理政务信息,使政府工作人员能够更加快捷地处理日常事务,加快现有办公流程,节省政府机构的运营成本[6]。李重照等人(2014)认为移动政务平台是政府利用新兴移动通信技术建设的无线互联平台,(公众)可以随时随地、方便快捷地从平台获取由政府提供的各类信息和服务[7]。刘春琪(2015)认为未来智能化相关技术将向智能手机、可穿戴设备、智能家居方向发展[8]。方毅芳等人(2018)探讨了智能制造发展需求下产品智能化的八项基本特征,即感知、监测与监控、自适应与优化、互联互通、交互与协同、数据信息服务、人工智能、产品的新兴商业模式[9]。黄盼等人(2019)提出未来人工智能与移动终端结合的四大发展趋势,即模型轻量化设计、云端协同发展、不同前沿技术深度融合

①　李晓华. 面向智慧社会的"新基建"及其政策取向[J]. 改革, 2020, 315(5): 34-48.
②　樊轶侠, 孙怡乐, 彭聪. "新基建"浪潮下数据中心产业发展痛点及相关政策思路[J]. 财会月刊, 2021, 897(5): 128-133.
③　罗海宁. 电子政务外网关键信息基础设施保护实践[J]. 中国信息安全, 2021(9): 40-43.
④　张利, 王欢, 何筱筱. 基于知识图谱的我国新基建研究热点与趋势分析[J]. 建筑经济, 2023, 44(6): 26-33.
⑤　McFarlane D. Product Intelligence: Theory and Practice[C]. 14th IFAC Symposium on Information Control Problems in Manufacturing. New York: IFAC, 2012, 45(6): 9-14.
⑥　杨生举. 基于Android 4.0平台的移动政务办公系统研究[J]. 甘肃科技, 2013, 29(10): 13-15.
⑦　李重照, 刘新萍. 中国省级移动政务平台建设现状研究:从WAP到APP[J]. 电子政务, 2014, 143(11): 16-22.
⑧　刘春琪. 智能化生活发展方向研究[J]. 创新科技, 2015, 184(6): 58-60.
⑨　方毅芳, 宋彦彦, 杜孟新. 智能制造领域中智能产品的基本特征[J]. 科技导报, 2018, 36(6): 90-96.

以及垂直领域应用不断渗透[1]。常会强(2019)提出以数据共享和权力公开为核心的发展模式、以政务应用程序和第三方平台为枢纽的发展模式等移动政务建设发展模式[2]。李映霞(2019)认为作为官方政务信息统一发布平台的"移动政务云"具有三大创新能力:一是能够大规模快速定制各部门的专属移动客户端,并聚合微博、微信账号,提供公共服务入口,发布各级政府部门新闻资讯和政务信息;二是实现"两微一端"政务平台生产内容的共享互通,做到重要政府资讯统一发布、快速发布;三是实现全平台安全、实时的信息服务与管控功能[3]。冯怡等人(2020)认为5G时代泛智能终端产品体系将从基于价值复制的单一化、封闭化、低值化、硬件化和简单化向基于价值创造的多元化、开放化、权益化、平台化和集成化转变[4]。

关于信息技术、互联网、信息基础设施以及各类终端的文献比较多,2024年,国务院政府工作报告指出:"深化大数据、人工智能等研发应用,开展'人工智能+'行动,打造具有国际竞争力的数字产业集群。"人工智能作为一种技术,已经不再"犹抱琵琶半遮面",而是通过人工智能+行业/+应用场景,赋能各个领域,包括赋能数字政府建设,即构建"人工智能+政务服务",从而在大数据、大算力、强算法等人工智能技术的基础上,结合互联网、区块链、元宇宙等其他数字化技术,实现对政务服务事项的深度融合,进而更好地提供便民且智能化的政务服务[5]。ChatGPT和Sora等生成式技术将对政府管理和服务产生深刻影响,也将对政府行政方式和方法产生重要的冲击,帮助政府服务实现真正意义上的提质增效。

当然,人工智能不是人类技术的尽头,未来新的技术还会不断涌现,但从电子政务文化的视角来看,政府更关注新技术对政府行政和社会治理的价值,并不是技术越先进,就越能赢得政府青睐,而是要遵循适度好用的原则。政府不可能是新技术的"粉丝",更不是"技术控"。因此,政府应在节约行政开支的原则下,确保政务服务的平稳和高效。

---

① 黄盼, 王琼. 移动终端人工智能发展现状与趋势研究[J]. 信息通信技术与政策, 2019, 303(9): 53-56.
② 常会强. "互联网+"时代许昌移动政务建设发展模式研究[J]. 中国市场, 2019, 1005(14): 188-189.
③ 李映霞. 建设移动政务云平台, 促进报社融合转型发展——以《湛江日报》移动政务云平台建设为例[J]. 中国传媒科技, 2019, 318(9): 28-29, 58.
④ 冯怡, 李鑫. 5G时代泛智能终端产品体系及策略[J]. 通信企业管理, 2020, 395(3): 56-59.
⑤ 张鹏, 梅杰. 人工智能+政务服务助推行政效能提升[DB/OL]. https://www.cssn.cn/skgz/bwyc/202404/t20240411_5745704.shtml.

1.3.2　关于电子政务引发的社会行为变化的文献

当今社会已经是电子化的社会了，越来越多的"电子行为"正在重新塑造传统社会。相应地，探讨电子政务引发的社会行为变化的文献也在增加。杜永华(2023)认为数字技术促使新业态不断涌现，数字产品和信息服务的高质量发展和开放共享极大地改变了人们的日常生活[①]。

1. 消费行为的变化

人类基本活动包括生产和生活两个方面。数字技术在生活领域引发了巨大的行为改变，并且进一步引起了社交方式和社会秩序的变化。里迪克(Reddick，2004)以公民与电子政府的互动为切入点，认为目前电子政务不仅处于信息的传播阶段，还进入了以交易为基础的电子政务(如在线缴税)的第二阶段[②]。郑永年(2014)认为消费者已经从线下消费者变成了线上的数字消费者，数字技术赋予消费者更多的权利，这种"技术赋权"促使数字消费者在国家与社会的互动之中扮演着更为积极的角色[③]。刘晓欣(2016)认为数字人民币的诞生使得支付系统不再与网络深度绑定，在线或离线均可支付，因此在通信中断的一些极端情况下，居民也可顺利完成交易。支付过程与银行账户解绑，能更好地保护居民隐私，这改变了民众的支付方式，同时提升了居民支付的便捷性和私密性[④]。金文朝和金钟吉(2018)认为新型消费是以互联网信息技术为基础的，而由信息技术发展所引起的社会体系变化，导致了新社会秩序的形成[⑤]。汪雅倩(2019)针对生产者(主播)和消费者(用户)的互动研究探讨了数字化引发的新型消费(如直播带货和网络直播)[⑥]。林晓珊(2022)认为数字技术的融入，在影响人们购物方式的同时催生了丰富的消费文化，如网络直播、"网红"经济和在线文娱等，这些线上、线下相结合的新消费业态成为新的网络消费文化景观[⑦]。

2. 教育行为的变化

教育行业对数字化极其敏感。数字化在很大程度上影响了人们接受教

---

① 杜永华. 全民数字素养教育融入学习型社会建设对策研究[J]. 河南图书馆学刊，2023(4)：84.
② Reddick C G. Public-sector E-commerce and State Financial Management-capacity Versus Wealth[J]. Social Science Computer Review, 2004, 22(3): 293-306.
③ 郑永年. 技术赋权：中国的互联网、国家与社会[M]. 北京：东方出版社，2014：15-19.
④ 刘晓欣. 数字人民币的主要特征及影响分析[J]. 人民论坛，2020(6)：87.
⑤ 金文朝，金钟吉. 数字技术与新社会秩序的形成[M]. 柳京子，等译. 北京：社会科学文献出版社，2018：3.
⑥ 汪雅倩. "新型社交方式"：基于主播视角的网络直播间陌生人虚拟互动研究[J]. 中国青年研究，2019.
⑦ 林晓珊. 新型消费与数字化生活：消费革命的视角[J]. 社会科学期刊，2022(1)：36.

育的方式，促进了教育资源的可获得性和公平分配。摩根等学者(2013)认为在线学习面向群体的多数量化、教学方法的多样化、异质性学生的高容纳度以及知识的开放性，突破了传统教育方式的局限性，也改变了人们接受教育的方式[①]。胡钦太等学者(2014)认为智慧校园意味着学校信息化工作与学校各项常规工作在机制与机构等层面融合、信息化平台资源与集约化利用融合、信息化业务流程与消息数据融合、信息化校园活动与外部环境融合，这四个层面将极大满足师生的真正需求，为其生活提供便利[②]。王美等学者(2014)从教育公平的角度论述了数字化对教育行为的影响，指出政府对薄弱学校信息化建设的资金支持能够弥补区域间的教育不公，但是如果从"新数字鸿沟"的角度来看，政府也要持续关注信息设备普及之后，可能给学生带来的某种"技能鸿沟"以及"使用鸿沟"[③]。吕奕静等学者(2023)认为在线学习具有跨越时空的特点，有助于教育公平、扶贫脱贫，使我国关于在线学习的理论及应用研究得到进一步完善和发展[④]。马红正(2023)认为政府通过积极构建在线教育媒体平台和集成应用场景，赋予传统教育方式新的数字元素，通过利用物联网技术实现物与物连接、物与人连接，促使在线教育在人工智能时代取得质的飞跃[⑤]。

3. 医疗行为的变化

数字化医疗以医院为平台，将医疗养老行业纳入"互联网+"行列，改变了人们的就医方式。曹艳林等学者(2016)认为互联网医疗作为互联网技术和医疗技术结合的产物，已经成为人们保障健康的新手段，其突破了医疗机构对远程医疗的限制，让患者得以通过互联网向医疗机构问诊[⑥]。2018年，深圳市人力资源和社会保障局再次携手腾讯公司、蚂蚁金服，使用成人医保移动支付模式，极大地节省了民众的出行时间[⑦]。孙茜等学者(2022)认为数字医疗可以帮助民众实现在线问诊，避免了医疗资源拥挤

---

① Morgan K, Williams K C, Cameron B A. How do Students Define Their Roles and Responsibilities in Online Learning Group Projects? [J]. Distance Education, 2013, 32(1): 49-62.
② 胡钦太, 郑凯, 林南晖. 教育信息化的发展转型：从"数字校园"到"智慧校园"[J]. 中国电化教育, 2014(1): 35.
③ 王美, 随晓筱. 新数字鸿沟：信息技术促进教育公平的新挑战[J]. 现代远程教育研究, 2014(4): 102.
④ 吕奕静, 张蓉. 近十年国内外在线学习研究综述——基于 CiteSpace 的可视化分析[J]. 成人教育, 2023(6): 55.
⑤ 马红正. 人工智能视域下在线教育治理机制与路径研究[J]. 继续教育研究, 2023(7): 94.
⑥ 曹艳林, 魏占英, 陈伟, 等. 互联网医疗相关概念[J]. 中国医院, 2016, 20(6): 1-2.
⑦ 国务院办公厅. 深圳市率先实现少儿医保移动支付，提升就医体验[EB/OL]. http://www.gov.cn/xinwen/2019-01/14/content_5357724.htm.

等问题，同时降低了医疗成本①。邵旸等学者(2022)认为数字化给老年人群体就医带来了不便，老年人在现代信息技术领域存在"天然弱势"，难以享受到"互联网+"医疗服务带来的便捷性，医疗"数字鸿沟"问题日益凸显②。

4. 政治参与行为的变化

张新生(2018)认为数字政府的建设为公共服务的供给体系提供了一个渠道开放、指标多元的反馈评估和监管机制，改变了人们办理政府事务、参与政治活动的方式③。米拉科维奇(Milakovich，2012)认为数字政府的建设，为公民的政治参与和意见表达提供了更多渠道，同时创造了一种双向沟通的机制④。司林波等学者(2018)认为信息化技术平台具有精细化的数据挖掘技术，可以通过设置个性化服务，及时感知并获取多样性的公众需求，据此为公众提供快捷业务办理服务，极大地提高了民众参与政治生活的便捷性。他们认为数字政府是以大数据革命为背景，在收集大量数据资源的基础上，通过建立现代网络渠道进行数据存储、数据智能处理以及数据价值提炼，集感知、融合、共享、协同、智能于一体的政务治理系统⑤。许跃军等学者(2018)认为智慧政务让公众通过"网络直播"走进政府常务会议，政府各部门领导可以在线解答热心市民的各类问题并向公众解读政策红利⑥。任文琴(2020)认为大数据技术与政府审批服务的深度结合是推动行政审批提速增效的关键切口，借助大数据技术，可打造高效的审批通道，改变民众"跑断腿"的现象，满足了民众便捷办事的需求⑦。谷生然等学者(2023)分析了民众对政府的新型监督方式，他们认为："政务信息资源跨部门、跨层级、跨地域互联互通以及线上一体化'数字政务平台'的建立健全，统一办事标准，使服务流程透明化，在办事高效的同时也可以更好地保障公民的监督权和知情权。"⑧

① 孙茜，冯霞，隆云滔，等.数字技术赋能我国医疗治理现代化建设研究[J].中国科学院院刊，2022，37(12)：1705-1715.
② 邵旸，樊美琪，蔡滨，等.数字医疗背景下老年人就医数字鸿沟现状及治理路径研究[J].观察与思考，2022(12)：74.
③ 张新生.创新社会治理：大数据应用与公共服务供给侧改革[J].南京社会科学，2018(12)：66-72.
④ Milakovich M E. Digital Governance: New Technologies for Improving Public Service and Participation[M]. London: Routledge, 2012: 30.
⑤ 司林波，刘畅.智慧政府治理：大数据时代政府治理变革之道[J].电子政务，2018(5)：85-86.
⑥ 许跃军，陈宏晓，唐鹏.互联网+政务服务：新形势、新趋势、新未来[M].北京：电子工业出版社，2018：180-192.
⑦ 任文琴.基于大数据的地方政府行政审批流程再造：以南宁市不动产登记业务流程为例[J].宿州教育学院学报，2020(2)：14-21.
⑧ 谷生然，袁叶欣.以"数据+政务服务"构建橄榄型政府的必要性与实现路径[J].陕西行政学院学报，2023(1)：8.

5.生产行为的变化

泰普斯科特(Tapscott，1997)认为电子政务通过把新技术与旧的内部系统相连接，使政府的信息基础设施得以与所有数字化的东西相连接，与所有的群体、社会机构以及世界上别的国家相连接[①]，进而使政府提供产品与服务的行为发生了变化。

第一，数字化的应用，使得政府的生产行为具有更高效率。彭忠益等人(2003)从电子政务建设动机入手，指出电子政务是政府机关为提高办事效率，构建决策科学、政务透明、行为规范的现代行政管理系统，运用电子信息技术和网络技术来改造传统落后的办公、管理和决策的方式[②]。汤志伟等人(2006)认为政府机构通过应用现代信息和通信技术，将管理和服务进行集成，在互联网上实现政府组织结构和工作流程的优化重组，有效提升了向全社会提供服务的能力[③]。赵玎等人(2013)指出从传统政务到"互联网+"政务的服务范式转变，突破了时空限制，使政府能够提供随时随地、无缝对接的服务[④]。后向东(2016)认为"互联网+"的介入使政府在管理、服务和基本秩序管控等方面作出相应调整[⑤]。黄斌(2017)认为云技术手段的应用，使政府可以在不配备相应设备的情况下接受云服务商提供的各项信息管理服务，节省该环节所需的人力、物力，降低了政务信息处理的难度，使信息管理更为高效，进而使办公效率得到很大程度的提升[⑥]。陈凯等学者(2019)指出O2O政务服务模式使线上、线下的资源得以重组，使政府能够满足民众的不同服务需求[⑦]。王学军(2021)[⑧]和刘银喜(2022)[⑨]等学者指出创造公共价值是数字政府建设的使命，政府数字化转型的核心价值在于为公众提供更便捷、更高效的服务，进而提高其获得感和满意度。

[①] Tapscott. The Digital Economy[M]. SaoPaulo: MakronBooks, 1997.

[②] 彭忠益，罗辉. 电子政务：21世纪中国现代行政管理体系再造[J]. 高效理论战线，2003(2)：57-59.

[③] 汤志伟，赵生辉，贾旭文. 国内电子政务研究的现状及趋势综述[J]. 电子科技大学学报，2006，8(2)：39-43.

[④] 赵玎，陈贵梧. 从电子政务到智慧政务：范式转变、关键问题及政府应对策略[J]. 情报杂志，2013，32(1)：197，204-207.

[⑤] 后向东. "互联网+政务"：内涵、形势与任务[J]. 中国行政管理，2016(6)：6-10.

[⑥] 黄斌. 数字移动"云"背景下政务办公信息化的解决方案[J]. 数字技术与应用，2017(2)：252.

[⑦] 陈凯，杜红心，董红民，等. "互联网+公共法律服务"体系建设SWOT分析与对策——以浙江省杭州市为例[J]. 中国司法，2019(7)：50-55.

[⑧] 王学军，陈友倩. 数字政府治理绩效生成路径：公共价值视角下的定性比较分析[J]. 电子政务，2021(8)：53-66.

[⑨] 刘银喜，赵淼. 公共价值创造：数字政府治理研究新视角——理论框架与路径选择[J]. 电子政务，2022(2)：65-74.

　　第二，数字化的应用使得政府的生产行为具备更高的交互性。一方面，数字化应用促进了政府内部协同效应的有效发挥。张俊宗(1998)认为数字化推动了电子政务文化的发展，使其具备改善行政关系的功能，且能影响行政决策、行政执行和行政凝聚力[①]。翟云(2019)从政府内部的交互性角度出发，指出"互联网+政务服务"可以极大地增强政府的协同性、共享性[②]。另一方面，数字化应用使得政府与其他多元主体联系密切，增强了多元治理效应。瑞吉(Ragae，2002)认为电子政务的发展提高了政府服务内容的传递效率以及公民的参与程度，并基于网络运作和信息交流加快了政府部门内外部的变革[③]。吴小寅等人(2004)认为电子政务运用现代信息技术，建构了一个信息化的政务体系，破除了行政机关的组织边界，使得政府机关之间以及政府与社会各界之间能够通过互联网进行沟通[④]。王鹏和刘彦辰(2017)从技术角度分析了我国的电子政务，他们认为随着"互联网+"技术逐渐走向成熟，我国电子政务发展质量将会得到全方位的提升，真正实现政务与社会的双向互动[⑤]。谭必勇(2020)[⑥]和陈水生(2021)[⑦]等学者指出，上海市的"一网通办"是我国在数字政府平台治理模式上的积极探索，其特点在于全链条数据思维、数据和业务平台的双驱动模式、全媒体的沟通反馈和多主体的协同合作。张铤(2022)强调在人工智能与政府治理融合的过程中应采用多元共治、合作治理的方式，把握好政府在治理融合过程中的主体地位[⑧]。

1.3.3　关于电子政务相关制度与政策的文献

1. 信息技术政策

　　国内学者对信息技术政策的研究主要集中在两个方面。
　　一是探讨我国自身的信息技术政策问题。如查先进(2003)探讨了国家

① 张俊宗. 行政文化论[J]. 西北师大学报，1998(3)：90-96.
② 翟云. 整体政府视角下政府治理模式变革研究——以浙、粤、苏、沪等省级"互联网+政务服务"为例[J]. 电子政务，2019(10)：34-45.
③ 张德平. 论电子政府建设对中国政府改革的影响[J]. 中国软科学，2002（04）：66.
④ 吴小寅，胡运发，黄晔，等. 上海市电子政务试点示范工程综述[J]. 计算机工程，2004(5)：42-44.
⑤ 王鹏，刘彦辰. "互联网+"时代我国电子政务发展特点及趋势[J]. 湖南工业大学学报，2017，22(3)：63-66.
⑥ 谭必勇，刘芮. 数字政府建设的理论逻辑与结构要素——基于上海市"一网通办"的实践与探索[J]. 电子政务，2020(8)：60-70.
⑦ 陈水生. 数字时代平台治理的运作逻辑：以上海"一网统管"为例[J]. 电子政务，2021(8)：2-14.
⑧ 张铤. 人工智能的伦理风险治理探析[J]. 中州学刊，2022(1)：114-118.

信息技术政策的需求分析及其六个内容框架①。彭蕾(2005)则结合信息技术的发展现状，探析信息技术政策的执行情况，提出了信息技术政策的四个特点②。王超和崔旭(2012)指出我国信息技术政策体系尚未正式形成，政策的整体协调性有待加强，政策缺乏有效的参与和反馈渠道，信息技术政策在应用方面的扶持力度不足③。上官晓丽等人(2021)指出，要想加强信息与通信技术(ICT)供应链管理，发挥网络安全管理对政策法规的支撑力度，须梳理ICT供应链监管方面的安全需求，推进相关标准的研制④。

二是借鉴国外部分国家的经验。郑登理(1995)对发展中国家信息技术政策进行概述，指出了我国现行政策的缺点⑤。刘峰峰等人(2006)介绍了美国、芬兰、韩国、法国和德国的信息技术政策，从信息技术战略制定、传统产业技术改造、信息技术法律体系、政府对技术创新的推进四方面总结出他国信息技术政策对我国的启示⑥。化柏林和吴诗慧(2023)在对比中美信息技术政策后指出：中国的信息技术政策比较注重产业发展和实际应用，强调实体经济和制造业的结合，通过信息技术改造传统行业，推动经济社会的发展；美国的信息技术政策则对经济以外的其他公共事业也有所关注，更加全面地理解和预见了信息技术变革对经济社会的影响⑦。

2. 互联网政策

1) 我国互联网政策的回溯

谢新洲和李佳伦(2019)梳理了我国互联网治理史，将我国互联网内容管理分为三个阶段：1994年至2000年为第一阶段、2001年至2010年为第二阶段、2011年至今为第三阶段⑧。黄丽娜等人(2019)指出，中国互联网政策大致经历了五个发展阶段，整体上反映了政策理念从"政府管理"到"共同治理"，政策体系从"垃圾桶模式"到"问题导向"再到"战略布局"，政策过程从注重"事前控制"到平衡"事中—事后控制"的变迁逻辑⑨。张志安和冉桢(2023)通过分析中国互联网政策的变迁历程，从宏观

---

① 查先进. 试论国家信息技术政策需求及其内容框架[J]. 图书情报知识，2003(5)：6-8.
② 彭蕾. 我国信息技术政策调控的特点分析[J]. 西安邮电学院学报，2005(2)：25-28.
③ 王超，崔旭. 我国信息技术政策发展现状与问题研究[J]. 现代情报，2012，32(1)：16-19.
④ 上官晓丽，孙彦，李彦峰. 信息通信技术供应链安全政策法规与标准研究[J]. 中国信息安全，2021，143(10)：43-46.
⑤ 郑登理. 发展中国家信息技术政策研究[J]. 情报杂志，1995(3)：23-26.
⑥ 刘峰峰，赵海燕. 国外信息技术政策、应用现状及对我国的启示[J]. 情报杂志，2006(4)：109-111.
⑦ 化柏林，吴诗慧. 中美信息技术政策文本比较研究[J]. 科技情报研究，2023，5(1)：28-42.
⑧ 谢新洲，李佳伦. 中国互联网内容管理宏观政策与基本制度发展简史[J]. 信息资源管理学报，2019，9(3)：41-53.
⑨ 黄丽娜，黄璐，邵晓. 基于共词分析的中国互联网政策变迁：历史、逻辑与未来[J].情报杂志，2019，38(5)：70，83-91.

和中观视角分析了中国互联网政策与治理变迁的四个阶段：政府主导下的数字基础设施建设阶段、产业扶持与内容治理兼顾的专项治理阶段、以内容治理为重点的强化监管阶段、以数字经济和平台治理为中心的监管统合阶段[①]。

2) 互联网政策文本的分析

李明德等人(2017)对我国互联网舆情政策文本进行了量化研究，概述了互联网舆情政策的总体情况[②]。孙宇和苏兰芳(2017)采用政策文本分析和社会网络分析的方法，探究了互联网政策主体的合作治理状况[③]。邓可(2019)以中央层面163份互联网治理政策文件为分析对象，构建了政策演进、政策主体、政策内容、政策目标四大分析模块，指出我国互联网治理政策现存的不足和完善路径[④]。黄丽娜和黄璐(2020)基于互联网政策文本内容，为互联网政策研究提供更具针对性、多元化的政策工具[⑤]。苗伟山等人(2022)运用内容分析法和社会网络分析法对358项政策文件进行了元分析，研究发现：在参与网络治理的71个治理机构中，存在中心与边缘的动态且复杂的合作网络；中国网络治理经历了从基础设施到网络内容再到数字经济的逐步转变；近些年来我国正努力提高政策制定的效率[⑥]。郑准(2022)基于2018—2022年我国中央和地方发布的316份工业互联网相关政策文本，从政策区域、政策目标和政策工具三个维度对我国工业互联网政策文本进行量化研究，总结出了不同地区政策差异和政策特征[⑦]。

3. 数据政策

1) 大数据政策

关于大数据政策，一些学者通过研究总结出了国外大数据政策对我国的启示，如张勇进和王璟璇(2014)从战略规划、技术能力提升政策、应用与管理政策三个层面比较分析了美国、澳大利亚、英国、法国政府的大数

① 张志安，冉桢.发展实用主义：中国互联网政策变迁与平台治理的内在逻辑[J]. 新闻与写作，2023，463(1)：89-97.
② 李明德，黄安，张宏邦. 互联网舆情政策文本量化研究：2009—2016[J]. 情报杂志，2017，36(3)：55-60，91.
③ 孙宇，苏兰芳."互联网+"政策主体合作治理探析——基于政策文本的阐释[J]. 未来与发展，2017，41(12)：35-41.
④ 邓可.中国互联网治理的政策文本分析——基于NVivo的质性研究[J].福建行政学院学报，2019，176(4)：50-61.
⑤ 黄丽娜，黄璐.中国互联网治理的政策工具：型构、选择与优化——基于1994—2017年互联网政策文本的内容分析[J]. 情报杂志，2020，39(4)：73，90-97.
⑥ 苗伟山，蒋敏，庞云黠.中国互联网治理的历史进程——基于网络政策(1994—2017)的元分析[J]. 新闻知识，2022(3)：3-17.
⑦ 郑准.我国工业互联网高质量发展政策文本量化研究——基于2018—2022年中央和地方316份政策文本的分析[J]. 辽宁行政学院学报，2022，210(6)：55-62.

据政策,并提出了两点建议:一是加快研究制定大数据发展国家战略;二是勾画符合我国实际的大数据配套政策制定路线图[①]。此外,我国大部分学者将大数据政策分为地方政府层面和国家层面进行研究,在地方大数据政策层面,范梓腾和谭海波(2017)认为目前中国地方政府的大数据发展政策以大数据的"应用创新"为主要目标,侧重于使用供给面政策工具[②]。丁文姚等人(2019)采用内容分析法和社会网络分析法对我国各省(自治区、直辖市)68条地方大数据政策的扩散模式及转移特征进行分析[③]。蒋天骥等人(2021)以我国29个省级地方政府的198篇大数据政策文本为样本,将政策作用、目标主体和政策工具作为政策分析框架进行文本统计和分析[④]。沈俊鑫等人(2022)基于贵州省发布的26项大数据政策文本,构建了大数据政策PMC指数模型,量化评价了其单项政策的优劣情况,为地方大数据政策构建提供了指导思路[⑤]。在国家大数据政策层面,周京艳等人(2016)借助内容分析法对18份国家级大数据政策文本进行了量化分析[⑥]。李樨(2018)通过政策工具构建了三维分析框架并对63项大数据政策进行了分析[⑦]。徐蕾等人(2018)通过共词网络对9个国家级大数综合试验区的政策进行了研究[⑧]。刘亚亚等人(2019)指出,我国大数据政策的发展经历了从强调基础设施建设到关注产业培育与创新,再到构建大数据政策体系的过程[⑨]。胡峰等人(2020)以2015—2019年中央国家机关发布的11项大数据政策为样本,通过计算评价每项大数据政策的优劣[⑩]。赵海东和李桥兴(2023)在分析数字经济发展框架并考虑各项政策外部条件的基础上,构建了面向数字经济发展的大数据政策量化评价指标体系,并对大数据相关政策进行量化分析,为有效制定大数据政策提供了参考[⑪]。

① 张勇进,王璟璇. 主要发达国家大数据政策比较研究[J]. 中国行政管理,2014(12):113-117.
② 范梓腾,谭海波. 地方政府大数据发展政策的文献量化研究——基于政策"目标—工具"匹配的视角[J]. 中国行政管理,2017(12):46-53.
③ 丁文姚,张自力,余国先,等. 我国地方大数据政策的扩散模式与转移特征研究[J]. 大数据,2019,5(3):76-95.
④ 蒋天骥,张瑶,周庆山. 基于文本量化分析的我国地方政府大数据产业政策的完善策略研究[J]. 现代情报,2021,41(2):132-140,161.
⑤ 沈俊鑫,何承洪,王晓萍. 贵州省级大数据政策量化评价研究[J].重庆理工大学学报,2022,36(1):144-156.
⑥ 周京艳,张惠娜,黄裕荣,等. 政策工具视角下我国大数据政策的文本量化分析[J]. 情报探索,2016(12):7-10,14.
⑦ 李樨. 我国促进大数据发展政策工具选择体系结构及其优化策略研究[J]. 图书情报工作,2018,62(11):5-15.
⑧ 徐蕾,李庆,肖相泽. 基于扎根理论的大数据政策共词网络研究[J]. 现代情报,2018,38(6):157-164.
⑨ 刘亚亚,曲婉,冯海红. 中国大数据政策体系演化研究[J]. 科研管理,2019,40(5):13-23.
⑩ 胡峰,温志强,沈瑾秋,等. 情报过程视角下大数据政策量化评价——以11项国家级大数据政策为例[J]. 中国科技论坛,2020(4):30-41,73.
⑪ 赵海东,李桥兴. 面向数字经济发展的大数据政策量化评价及关联效应分析[J]. 科技与管理,2023,25(1):67-76.

2) 开放数据政策

我国政府数据的开放一度以政府信息公开为主要形式。其中，《促进大数据发展行动纲要》明确提出加快政府数据开放共享、推进资源整合的任务，提出"2017年底前形成跨部门数据资源共享共用格局""2018年底前建成国家政府数据统一开放平台"等目标[①]；《国家信息化发展战略纲要》提出"开发信息资源，释放数字红利"，要求建立公共信息资源开放目录，构建统一规范、互联互通、安全可控的国家数据开放体系，积极稳妥推进公共信息资源开放共享[②]。2016年至今，我国政府开放数据相关法律及政策还不完善，仍然缺少专门、独立、系统的数据开放法律及政策[③]。另外，在制定系统化的开放数据政策法规时也应注意各项细则的完善。

马海群和蒲攀(2015)通过国内外现有开放数据政策的研究成果进行主题分析与比较研究，指出我国信息公开制度还不健全，开放数据运动在我国并没有真正形成[④]。闫倩和马海群(2018)提出开放数据与数据安全政策协同的必要性[⑤]。张会平等人(2018)对我国推进政务大数据发展和应用的政策文本进行分析，发现政务大数据发展热点领域包括政务服务、简政放权、社会治理和公共服务等[⑥]。谭必勇和刘芮(2018)从政策集群理念、组织保障理念、法律法规理念、标准规范理念、数据共享与安全理念、人才培养机制六个角度对地方政府开放数据政策的制定提出了具体对策[⑦]。陈玲和段尧清(2020)以政府开放数据公报为样本，梳理了我国政府开放数据政策实施的总体现状[⑧]。洪伟达和马海群(2021)通过收集我国2012—2020年省部级以上开放政府数据政策，设计了政策量化标准，并据此对收集的政策文本进行了量化，构建了政策效力、政策目标协同度、政策工具协同度的衡量模型[⑨]。马合和黄小平(2021)通过对比欧洲、美国科学数据政策，指出我国

---

① 国务院.促进大数据发展行动纲要[EB/OL]. www.gov.cn/zhengce/content/2015-09/05/content_10137.htm.
② 中国信息通信研究院. 大数据白皮书[R]. 2016.
③ 中国信息通信研究院. 互联网法律白皮书[R]. 2017.
④ 马海群，蒲攀. 国内外开放数据政策研究现状分析及我国研究动向研判[J]. 中国图书馆学报，2015，41(5): 76-86.
⑤ 闫倩，马海群. 我国开放数据政策与数据安全政策的协同探究[J]. 图书馆理论与实践，2018，223(5): 1-6.
⑥ 张会平，郭宁，汤玺楷. 推进逻辑与未来进路：我国政务大数据政策的文本分析[J]. 情报杂志，2018，37(3): 152-157，192.
⑦ 谭必勇，刘芮. 我国地方政府开放数据政策研究——以15个副省级城市为例[J]. 情报理论与实践，2018，41(11): 51-56.
⑧ 陈玲，段尧清. 我国政府开放数据政策的实施现状和特点研究：基于政府公报文本的量化分析[J].情报学报，2020，39(7): 698-709.
⑨ 洪伟达，马海群. 我国开放政府数据政策的演变和协同研究——基于2012—2020年政策文本的分析[J]. 情报杂志，2021，40(10): 138-147.

可以构建多层次的政策体系、发挥科研资助机构的重要作用[①]。

4. 信息安全政策

惠志斌(2013)指出1994年我国正式接入国际互联网[②]，从此我国信息安全政策的相关研究步入正轨。近十年来，大数据技术、移动互联网、物联网、云计算等新技术和新应用不断涌现和发展，国内学者对信息安全政策的有关研究更加深入。郭建伟等人(2020)指出新时期我国信息安全有着更加丰富的内涵和外延，囊括信息安全产业、信息安全标准、信息安全威胁、个人信息安全等方面[③]。从时间序列上看，时颖惠和薛翔(2022)指出我国信息安全政策经历了三个阶段：1990—2000年是我国信息安全政策的萌芽阶段、2001—2010年是信息安全政策的探索阶段、2011—2020年是信息安全政策的稳定发展阶段[④]。

国内对信息安全政策的研究聚焦在信息安全政策体系的构建上，一部分学者总结了国外的优秀经验，例如，田夫(2005)[⑤]、王磊(2009)[⑥]分别对日本、俄罗斯的信息安全政策进行了分析；杜友文和王建冬(2008)详细介绍了美国信息安全政策的演变，为我国制定信息安全政策提供借鉴[⑦]；杜友文(2009)在介绍美国信息安全政策的基础上提出了我国信息安全政策的制定思路[⑧]；张舒、刘洪梅(2017)对比评估了中美网络信息安全政策，为完善我国信息技术安全政策提出了建议[⑨]。还有一部分学者致力于分析和研究我国信息安全政策的框架，例如，高思静和马海群(2011)从系统论角度将信息安全政策划分为网络、应用、系统、数据和物理环境安全五种体系，这份研究偏向于将政策体系置于宏观框架内，忽视了信息安全政策的具体政策目标和手段，针对性略显不足[⑩]。王文婷(2018)指出我国关于信息安全政策的文献集中于中国信息安全政策的体系构建、中国信息安全政策绩效评价、俄日美等国的信息安全政策、网络信息安全政策等几个方

① 马合，黄小平. 欧美科学数据政策概览及启示[J]. 图书与情报，2021，200(4)：84-91.
② 惠志斌. 全球网络空间信息安全战略研究[M]. 上海：上海世界图书出版社，2013：139-147.
③ 郭建伟，陈佳宇，燕娜. 大数据时代的信息安全问题研究[A]. //谢娟. 创新发展与情报服务[C]. 北京：北京交通大学出版社，2020：76-83.
④ 时颖惠，薛翔. 政策工具视角下我国信息安全政策研究——基于81份政策文本的量化分析[J]. 现代情报，2022，42(1)：130-138.
⑤ 田夫. 日本的信息和信息安全政策的发展[J]. 计算机安全，2005(9)：4-7.
⑥ 王磊. 俄罗斯信息安全政策及法律框架之解读[J]. 信息网络安全，2009(8)：50-52，67.
⑦ 杜友文，王建冬. 美国国家信息安全政策综述[J]. 晋图学刊，2008，109(6)：63-70.
⑧ 杜友文. 美国信息安全政策及其对我国的启示[J]. 情报探索，2009，135(1)：41-43.
⑨ 张舒，刘洪梅. 中美网络信息安全政策比较与评估[J]. 信息安全与通信保密，2017，281(5)：68-79.
⑩ 高思静，马海群. 信息安全政策体系构建研究[J]. 情报理论与实践，2011，34(10)：13-16.

面①。随着隐私问题、大数据问题等逐渐进入公众视野，关于个人信息安全、数据安全的研究逐渐成为信息安全政策的研究热点②③，这些研究分析了信息安全政策在各领域中的效果，但与整体信息安全政策相关的文献尚有欠缺。近年来，国内学者多借助政策文本和政策文件研究我国信息安全政策，如时颖惠和薛翔(2022)基于政策文本发现了我国信息安全的顶层设计比较缺乏，规范层次较低，这容易导致政策执行过程中出现问题④。

　　综上所述，关于电子政务政策的研究文献较多，大致可以分为信息技术政策、互联网政策、大数据政策、信息安全政策四类，对政策本身的研究较多，而基于制度文化视角进行研究的文献数量明显较少。

1.3.4　关于电子政务精神和文化层面的文献

1. 电子政务引发的精神、思维和意识变化

1) 电子政务的服务价值提高

　　部分学者认为在电子政务发展到不同阶段时，政府应该提供不同服务，如莱恩等人(2001)认为，政府应按照电子政务发展成熟度，依次提供不同层次的服务，从提供简单咨询和信息，到提供较为复杂的信息数据，再到提供全方位服务⑤。里迪克(Reddick，2004)研究了公民与电子政府间的互动关系。他认为目前电子政务主要经历了两个阶段：第一阶段是信息的传播，在这个阶段，电子政府对信息进行分类并提供给公众使用；第二个阶段是以交易为基础的电子政务，如在线缴税⑥。金太军(2010)认为电子政务属于价值理性⑦。钟伟军(2019)认为要从"使用"的角度重新审视和定义公民在政府治理中的角色，把公众视为终端用户，强调公众的体验，将其作为衡量公共服务质量的重要依据，并将终端用户的价值和体验作为公共服务改革的出发点和落脚点⑧。杨芳(2020)认为通信技术的日新月异给政

① 王文婷. 中国信息政策研究现状及热点分析[J]. 农业图书情报学刊，2018，30(9)：75-80.
② 付少雄，赵安琪. 健康APP用户隐私保护政策调查分析——以《信息安全技术个人信息安全规范》为框架[J]. 图书馆论坛，2019，39(12)：109-118.
③ 李媛，刘海峰，李晨旸. 移动政务APP用户个人信息安全防范探讨[J]. 保密科学技术，2020(3)：31-35.
④ 时颖惠，薛翔. 政策工具视角下我国信息安全政策研究——基于81份政策文本的量化分析[J]. 现代情报，2022，42(1)：130-138.
⑤ Layne K, LEE J. Developing Fully Functional E-government: A Four Stage Model[J]. Government Infomation Quarterly, 2001(18): 122-136.
⑥ Reddick C G. Public-sector E-commerce and State Financial Management-capacity Versus Wealth[J]. Social Science Computer Review, 2004, 22(3): 293-306.
⑦ 金太军. 电子政务：实践错位及其化解[J].吉林大学社会科学学报，2010，50(5)：50-52，54.
⑧ 钟伟军. 公民即用户：政府数字化转型的逻辑、路径与反思[J]. 中国行政管理，2019(10)：51-55.

务服务带来了新机遇，在可以预见的未来，我们要让科技发展的成果惠及人民①。金泽晨(2020)认为，电子政务在政府日常工作中扮演着越来越重要的角色②。杨书文(2020)认为，近年来，中国的互联网技术飞速发展，普及水平迅速提高，与传统政府服务结合得愈发紧密，在电子政务的驱动下，政府治理水平不断提高，服务质量也得到了明显提升③。

2) 公民的主体意识增强

陈世香(2002)则首次站在行政客体——社会民众的角度，认为公共行政文化主要是由社会民众在社会化过程中逐渐形成的关于公共行政系统的总体价值观④。钟伟军(2019)提出了"公民即用户"这一理念，这种理念类似于工商管理中的"顾客即上帝"，政府在推动本地区电子政务的建设过程中，应当将此作为目标方向，不断提高其平台建设水平，改善公众的使用体验。以人为本是这一过程的主题，如何通过优秀的规划与创新来实现这一目标将直接影响电子政务服务平台最终的建设成果。政府应当有科学的理念和计划，并在建设过程中一以贯之地把人民作为根本，建立一个充分协调、便利和高效的共治、共享平台⑤。在学者鲁金萍(2020)看来，"十四五"时期是一个节点，在国家治理需求发生新变化的背景下，电子政务的发展将进入一个数据化、移动化、个性化的新阶段，并带动国家治理体系和治理能力踏上新的台阶。而其中尤为突出的一点是，今后公民将在电子政务应用的框架下扮演越来越重要的角色⑥。李燕(2020)认为，要充分实现电子政务的价值共创并使之惠及公众，除了政府的主观意愿，公众的认可与接受也必不可少⑦。

2. 电子政务逐渐转为一种文化现象

一些学者专注于研究电子政务与文化的关系。刘红燕(2005)分析了电子政务的行政文化诉求，认为要想推进电子政务发展的现代化，不仅要研究电子政务技术，而且要与伦理、法治、文化等相契合⑧。吴月(2006)

---

① 杨芳. 电子政务与运行的思考与创新[J]. 科技成果纵横，2020(5)：9.
② 金泽晨. 电子政务安全形势和工作研究[J]. 网络安全技术与应用，2020(2)：96-97.
③ 杨书文. 我国电子政务建设：从不平衡低水平向一体化智慧政务发展——以36座典型城市为例[J]. 理论探索，2020(3)：86-95.
④ 陈世香. 公共行政文化及其影响的系统分析[J]. 探索，2002(4)：48-51.
⑤ 钟伟军. 公民即用户：政府数字化转型的逻辑、路径与反思[J]. 中国行政管理，2019(10)：51-55.
⑥ 鲁金萍. "十四五"时期我国电子政务发展趋势展望[J]. 网络安全和信息化，2020(9)：23-25.
⑦ 李燕. 电子政务公众采纳意愿研究：基于荟萃分析的模型构建与实证检验[J]. 管理评论，2020，32(4)：298-309.
⑧ 刘红燕. 电子政务的文化理性——由电子政务的文化诉求谈起[J]. 行政论坛，2005(2)：42-44.

提出落实"人本管理"思想是行政文化现代化的基本归宿[1]。奥马尔等人(2010)探讨了民族文化价值观与电子政务实践的关系,其研究结果为以文化为基础的政策和战略奠定了基础[2]。贝尔托等人(2010)认为电子政务对于政府政务透明度的提升具有独特作用,因此主要探讨了电子政务对透明度文化的潜在影响[3]。黄萌萌(2015)认为电子政务文化在一定的外部环境中形成,体现在电子政务文化主体的行为、思想意识与精神中,包括电子政务物质文化、电子政务制度文化、电子政务行为文化、电子政务精神文化等方面[4]。张康之(2017)认为数字政务文化的观念变革功能是指,在数字政务活动过程中生成的文化能够有效地对行为主体意识中的观念进行革新、替换。只有人们的观念实现了改变,有了根据社会的现实要求去变革社会治理模式的追求,人们才能主动发现新技术中所包含的对社会治理模式变革的要求,并将其转化为社会治理变革的实践[5]。乔迪等人(2017)将文化引入电子政务使用效率研究,通过实地调研使用ERP系统的政府部门,得出组织文化观念对于电子政务效率具有巨大作用的结论[6]。姜晓萍和阿海曲洛(2020)认为数字政务文化的价值导向能够凝聚精神力量[7]。颜佳华和肖迪(2022)强调要重视精神层面上数字政务文化建设所面临的"软件"挑战,要加强对数字政务建设的"软件"要素(即数字政务)的文化研究[8]。

3. 电子政务思想认识和文化层面建设的问题

熊英(2003)认为电子政务的内涵并非仅存在于工具的层面,也不是传统政务和电子技术的简单相加。杜红(2007)从文化冲突的视角分析了电子政务和行政文化间的影响方式,他认为电子政务存在思想认识不到位、忽视系统整合、忽视政府业务流程的问题,进一步造成了政府信息不实、缺

① 吴月. 以人为本: 我国行政文化发展的新趋势[J]. 天水行政学院学报, 2006(3): 70-72.
② Omar E M, Khalil. E-government Readiness: Does National Culture Matter?[J]. Government Information Quarterly, 2010, 28(3): 388-399.
③ Bertot J C, Jaeger P T, Grimes J M. Using ICTs to Create a Culture of Transparency: E-government and Social Media as Openness and Anti-corruption Tools for Societies[J]. Government Information Quarterly, 2010, 27(3): 264-271.
④ 黄萌萌. 我国电子政务文化建设研究[D]. 沈阳: 东北大学, 2015.
⑤ 张康之. 论信息技术应用中的社会及其治理[J]. 武汉科技大学学报: 社会科学版, 2017, 19(4): 349-357.
⑥ Jyoti C, Zamani E D, Emeka U, et al. Implementing E-government in Lagos State: Understanding the Impact of Cultural Perceptions and Working Practices[J]. Government Information Quarterly, 2017, 34(4): 646-657.
⑦ 姜晓萍, 阿海曲洛. 社会治理体系的要素构成与治理效能转化[J]. 理论探讨, 2020(3): 2, 142-148.
⑧ 颜佳华, 肖迪. 数字政务文化的内涵、功能与构建[J]. 湖南科技大学学报, 2022, 25(4): 81-89.

少与民众互动的问题，他认为这些问题是由电子政务与新型行政管理方式的脱节造成的，是电子政务文化与行政文化相互作用的结果①。

1.3.5 关于文化生成机制与培育策略的文献

1. 文化生成机制

关于文化生成的研究，最早可以追溯到19世纪70年代，在进入20世纪后，各个学派开始从更广阔的视角开展文化研究。

1) 国外关于文化生成的多元视角研究

西方关于文化生成的研究由来已久，不同学派秉持着差异化的研究态度。首先是文化传播学派，他们认为文化是在传播的过程中生成的，并且这种传播的过程不是单向的，而是双向互动的过程，他们特别注重文化的横向散布。但是文化传播学派将文化现象与人这一创造主体割裂开来，忽视了人在文化生成中的创造作用，这一学派在一些学者的猛烈批判下，于20世纪30年代以后趋于衰落。其次是心理学派，他们着重从人类心理角度说明文化现象的产生及其作用的机理。莫秀凤(2013)认为个体对社会生活的经验和心理积淀会逐渐产生无意识，个人的无意识会慢慢集合成群体的无意识，这种群体意识会逐步延续下来，成为一种文化模式，且深深地隐藏，逐渐成为人们的心理态势②。文化心理学派主要探讨社会生活与文化的关系，其目的在于揭示文化与心理之间的相互整合机制。最后是组织文化学派，代表人物沙因(Schein，1990)认为，为了解释组织文化的生成过程，要综合使用群体动力学理论、领导理论和学习理论，他认为：利用群体动力学理论，可以理解"共有"是如何发生的；可以将领导者的个性、类型对组织的影响理解为文化的进化；利用学习理论，可以解释文化的学习过程③。组织文化学派认为文化是一种基本假设的模型，是组织在解决内外部问题时所创造并发展起来的，为人们认识文化本质提供了工具。

2) 国内关于文化生成的研究

目前，国内学者在对文化生成进行研究时主要通过某一文化现象来分析文化成因。

邹扬(2007)认为，从生成论的一般意义来看，文化是人类在长期的社会实践过程中不断积淀的一种稳定的生存方式。一些学者从文化哲学、

---

① 杜红. 行政文化与电子政务相互影响方式研究[J]. 天津商学院学报，2007(6)：64-66.
② 莫秀凤. 弗洛伊德精神分析理论与文化的生成和发展[J]. 广西教育，2013(11)：133.
③ Schein E H. Oganizational Culture[J]. American Psychologist, 1990(2): 109-119.

传播学等角度阐述了文化生成的内涵①。李清霞(2008)认为，从文化发展史的宏观角度来讲，一种新的文化发展范式是外部和内部两大因素博弈的结果②。林剑(2013)认为，自然环境影响文化的表现形式及外部特征，而社会环境则决定了文化的内容与本质③。齐善鸿等人(2013)认为"以道为本"的企业文化的生成源头是包括企业员工、顾客等在内的利益相关者，其生成主体涵盖企业的各个层面，其生成路径是企业主的引导与员工的互动合作，其生成建立在一个利益共同体的基础之上④。张善鑫(2014)指出政策文化的生成贯穿于政策的各个环节。首先，在政策制定阶段，基于民族教育中存在的现实问题，决策者要制定相应的政策和措施。其次，在政策执行环节，由于信息不对称等原因而产生的主观性的内心矛盾与冲突，成为一种较为复杂的文化现象。最后，在政策的评估与改进阶段，政策文化的生成会受到政策评价者价值立场的影响⑤。李秀梅(2021)指明中国红色文化的发展源泉是以工人阶级为主体的广大劳动群众的社会实践，并且基于此进一步阐述了国有企业的红色文化的发展条件及其传承机制⑥。赵惜群和陈小丹(2023)认为网红文化是网络技术、利益驱动、受众需求等多种因素综合作用的结果，并进一步阐述了三种因素的具体地位⑦。付茜茜(2023)指出，智能媒介技术在文化生产领域的普及和社会大众的文化消费需求，催生了智能消费文化⑧。

关于文化生成过程的研究，学者们主要从文化主体和文化本身两个角度进行了阐述。李欣复(2002)从文化主体的角度提出，文化的生成过程是其所依赖的社会环境的变迁、文化主体的需求变化以及文化主体的生理条件这三个方面的演化活动⑨。邴扬(2007)则从文化传统与当代文化的关系、文化的冲突与共生、文化的批判与反思以及当代文化发展的新形态等多个方面，来勾勒当代文化生成的多维图景，从而为当代文化生成的定位与发展寻找依据⑩。梅梦索(2022)分析了马克思主义文化生成理论，指出神创

① 邴扬.当代文化的生成机制[M]. 北京：中央编译出版社，2007：54.
② 李清霞. 沉溺与超越：用现代性审视当今文学中的欲望话语[M]. 北京：中国社会科学出版社，2008：132.
③ 林剑. 文化的生成与发展的决定论诠释[J]. 学习与探索，2013(6)：2-3.
④ 齐善鸿，张党珠，邢宝学. "以道为本"的企业文化内涵及生成机理研究[J]. 管理学报，2013, 10(4)：488-493.
⑤ 张善鑫. 政策文化：概念解读、生成机制与纠偏[J]. 民族教育研究，2014(4)：11.
⑥ 李秀梅. 国有企业红色文化的生成逻辑及价值内涵[J]. 人民论坛，2021(36)：79-81.
⑦ 赵惜群，陈小丹. 网红文化的生成流变、价值追问与治理路径[J]. 湘潭大学学报，2023, 47(1)：133-141.
⑧ 付茜茜. 技术文化视域：智能媒介文化生产、消费文化生成及辩证省思[J]. 理论月刊，2023(5)：105-115.
⑨ 李欣复. 文化生成涨落演化论[J]. 淮南师范学院学报，2002(1)：3.
⑩ 邴扬. 当代文化的生成机制[M]. 北京：中央编译出版社，2007：119-120.

说、功能说、自然说等猜想为文化生成研究提供了有益参考，认为无论何种范畴的文化，其生成都与人、自然、实践三大要素息息相关[①]。

2. 关联文化的创新发展

电子政务文化与行政文化、技术文化以及网络文化密切相关，这三类文化的创新发展推动了电子政务文化的形成和发展。对这三类文化进行研究，有助于理解我国电子政务文化的培育和生成。

1) 行政文化及其发展

弗兰克(Frank，1998)认为行政文化是一种行为的可传播模式，它包括人们对行政机构的态度、信念、价值观等。行政文化是由内部规则和历史习俗演化而来的，能够影响政府机构内部各部门以及公职人员之间的互动，包括对公务员和政治人员的任命[②]。米尔科(Mirko，2011)将行政文化理解为所有个人的一系列反思，他认为个人文化是教育、价值观、道德和环境的相互作用，而行政文化与个人文化密不可分，是一系列价值观、标准和组织规则在政府部门间所产生的特定心理现象[③]。伊什特等人(2013)从行政文化概念化方式、行政文化认识论、行政文化价值论、行政文化本体论以及行政文化方法论五个角度，全面阐述了行政文化的内涵及其涉及的若干领域[④]。

国内部分学者对行政文化的认识，大致可以归纳出三种代表性观点：第一种观点是将行政文化置于社会大文化背景下，探求其与社会文化的内在关联。李善岳(1998)认为行政文化是在社会文化基础上，行政机关及其行政工作人员在采取各种行政活动时形成的一种精神文化形态[⑤]。罕岳(1998)认为行政文化就是在一定的社会文化背景下，行政主体在行政活动中所形成的，行政客体对行政活动所持有的态度、情感、信仰和价值[⑥]。第二种观点则从行政文化本身出发，将行政文化内涵分为广义与狭义两种。夏书章(2003)从广义角度论述行政文化内涵，他从意识形态角度出发，认为行政文化是指行政意识形态以及与之相适应的行政制度和组织机构[⑦]。多数学者则从狭义角度理解行政文化，例如：蔡林慧(2003)认为行政

① 梅梦索. 马克思主义的文化生成观[J]. 大连干部学刊，2022，38(6)：26-31.
② Frank. Administrative Culture and Civil Society[J]. Administration & Society, 1998, 30(1): 13-34.
③ Mirko. Administrative Culture [J]. Croatian and Comparative Public Administration, 2011, 11(2): 379-409.
④ Ishtiaq, Steinar, Farhad. Understanding Administrative Culture: Some Theoretical and Methodological Remarks[J]. International Journal of Public Administration, 2013, 36(13): 900-909.
⑤ 李善岳. 行政文化——行政管理之魂[J]. 特区理论与实践，1998(2)：50-53.
⑥ 罕岳. 行政文化与中国现代化[J]. 政治学研究，1998(2)：57-61.
⑦ 夏书章. 行政管理学[M]. 广州：中山大学出版社，2003：149.

文化是行政机关及行政工作人员共同具备和遵守的理想信念、价值观念、道德标准、行为模式、生活方式及人际关系等各种生活准则与行为规范的总称[①]。颜佳华和肖迪(2022)认为行政文化是行政主体在长期的行政实践活动中所形成的行政心理、行政观念和行政思想等精神文化的总和[②]。第三种观点从行政主客体的视角来界定行政文化内涵，例如：张金鉴(1982)从行政主体视角论述行政文化内涵，他认为行政文化是政府官吏和公务人员所应共同信守的行为模式、生活方式、人群关系及价值观念[③]。陈世香(2002)则站在行政客体——社会民众的角度，认为公共行政文化是由社会民众在社会化过程中逐渐形成的一个有机系统，它由公共行政系统的总体价值观、功能结构观、行政过程观与政民关系观四方面构成[④]。

　　行政文化不是一成不变的，而是不断创新发展的。通过在内容和形式两方面进行创新，确保行政文化能够在行政治理体系中发挥积极作用。易昌良和李林(2016)认为互联网发展及电子政务的普及要求中国的行政文化必须适应时代，在理论与实践上创新发展[⑤]。舒洁(2017)以大数据时代为背景探寻行政文化发展的客观环境，并提出了适应大数据发展的行政文化建设方案[⑥]。黄泽华(2022)提出了数字政府建设背景下行政文化的转型方向：形成融合思维、用户思维与数据思维相结合的开放、高效的行政观念，以及整体与协同的行政思想[⑦]。此外，许多学者从服务型政府建设的角度，探索在国家治理现代化背景下行政文化的创新发展方向。孙静(2016)提出简政放权的实现不仅需要制度方面的建设，也需要行政文化的辅助，而简政放权下的行政文化与传统行政文化有着极大的区别，因此我们必须培育新型行政文化以推动简政放权的顺利进行[⑧]。李冰心(2018)则从如何培育简政放权的行政文化入手，提出应该从行政理念文化、责任文化、行为文化、法治文化四个方面着手构建符合简政放权理念的行政文化[⑨]。黄建(2019)认为官本位意识、人治思维、特权思想、圈子文化和懒政思想是新时代行政文化建设所面临的重大问题，提出要从宣传教育、权力运行机制、行政人员选拔机制、官员容错纠错机制方面发力去建设新时代行政文

① 蔡林慧. 行政文化与公共行政[J]. 中共福建省委党校学报，2003(6)：25-27.
② 颜佳华，肖迪. 数字政务文化的内涵、功能与构建[J]. 湖南科技大学学报，2022，25(4)：81-89.
③ 张金鉴. 行政学新论[M]. 台北：三民书局，1982：292.
④ 陈世香. 公共行政文化及其影响的系统分析[J]. 探索，2002(4)：48-51.
⑤ 易昌良，李林. 互联网时代行政文化创新研究[J]. 经济研究参考，2016(14)：75-80.
⑥ 舒洁. 刍议互联网大数据下的行政文化构建[J]. 现代国企研究，2017(2)：280，282.
⑦ 黄泽华. 数字政府建设背景下的行政文化转型探析[J]. 领导科学论坛，2022，206(12)：100-104.
⑧ 孙静. 简政放权视域下的现代行政文化培育[J]. 湖南行政学院学报，2016(5)：11-15.
⑨ 李冰心. 重塑与减政放权相适宜的行政文化[J]. 行政管理改革，2018(8)：68-72.

化[①]。胡明雪(2020)提出数字政府的发展与传统行政文化中的官本位思想、保守性和封闭性、人治和管制意识存在冲突，该冲突要求政府转变其思维方式，切实践行服务型政府的理念，加强制度建设，规范大数据技术的应用，促进行政文化的创新发展[②]。

2) 网络文化的创新发展

刘旺旺和俞良早(2019)认为网络文化边界对于打造良好网络文化空间具有重要影响，并且基于此提出了三种矫治策略，即：处理好网络文化发展中科技进步与文化发展、资本扩张与文化守护、现实规约与文化底线三种关系[③]。宁文英和傲永春(2022)认为网络文化综合治理的权力逻辑为自由和秩序、资本逻辑为利润和发展、技术逻辑为沟通与创新，强调要推进网络文化的全员式治理、全景式治理、全域式治理和全程式治理[④]。焦艳娜(2022)认为网络文化是在现代信息技术发展的背景下出现的一种现代文化，其具有传统文化的基本特点，也具有现代信息科技的特点——快捷性、开放性、交互性和创新性，并强调要以正确的价值观为引导、以重点媒体网站为依托、以法律法规为准绳，促进网络文化的创新发展[⑤]。

3) 技术文化的创新发展

曾经，技术与文化被认为是对立的，但随着智能化的发展与技术的不断更新，学者开始思索技术与文化的融合。伽达默尔(Gadamer，1977)认为人的理解不是完全主观的，而是受他者影响的，因此解释包含技术在内的文化，能够造就一种全新的自我认识[⑥]。曾鹰和乔瑞金(2012)认为，技术文化是事实与价值领域的最优结合体，可以划分为技术精神、技术价值观、技术知识、技术产品四个层次[⑦]。申晓伟(2015)认为，技术文化指的是人类在使用技术改造自然、征服自然的过程中产生和积淀的物质和精神成果，这些成果的综合体就是技术文化[⑧]。孙玮(2022)指出视频化生存及其未来发展，正在创造技术文化的崭新形态[⑨]。付茜茜(2023)指出技术本身也是一种

① 黄建. 新时代行政文化建设面临的问题及解决路径[J]. 中州学刊，2019，272(8)：16-20.
② 胡明雪. "数字政府"的建设与传统行政文化的冲突与消解[A]. //河北省公共政策评估研究中心，河北省地方政府改革与发展研究基地，燕山大学京津冀协同创新研究中心. 第六届公共政策智库论坛暨产业数字化与数字化产业国际研讨会论文集[C]. 2020：4.
③ 刘旺旺，俞良早. 网络文化发展中的边界症候及其矫治策略[J]. 探索，2019，209(5)：141-148.
④ 宁文英，敖永春. 网络文化综合治理的建构逻辑与践行路径[J]. 社科纵横，2022，37(6)：136-142.
⑤ 焦艳娜. 以创新精神加强网络文化建设和管理[J]. 记者摇篮，2022，621(9)：48-50.
⑥ Gadamer. Theory, Technology, Practice: The Task of the Science of Man[J]. Social Research, 1977.
⑦ 曾鹰，乔瑞金. 技术文化：事实与价值双重领域的结合体[J]. 内蒙古社会科学：汉文版，2012，33(4)：139-142.
⑧ 申晓伟. 对技术文化和技术教育的探讨——兼论文化育人的几个问题[J]. 文史博览，2015，459(9)：69-71.
⑨ 孙玮. 技术文化：视频化生存的前世、今生、未来[J]. 新闻与写作，2022(4)：7.

文化现象，并时刻影响着社会文化的发展[①]。

韩小谦(1999)强调信息技术的推广应用对于信息技术文化的创新发展具有重要作用[②]。王娜等人(2019)认为新时代技术创新文化应遵循观念文化、器物文化和制度文化之间的内在逻辑，而研究遗传要素、人才要素和环境要素的作用和影响、新旧创新文化基因的互动、文化传播者与接受者的互动以及虚拟文化与现实文化的互动，可以促进技术创新文化进一步发展[③]。

3. 电子政务文化的探索与创新

1) 电子政务文化的初步探索

国外一些学者专注于研究电子政务与文化的关系。奥马尔等人(2010)探讨了民族文化价值观与电子政务实践的关系，其研究成果为以文化为基础的政策和战略奠定了基础，旨在为加强各国的电子政务作准备[④]。贝尔托等人(2010)认为电子政务对于提升政府政务透明度具有独特作用，因此主要探讨了电子政务对透明度文化的潜在影响[⑤]。乔迪等学者(2017)将文化概念引入电子政务使用效率的相关研究，通过实地调研使用过ERP系统的政府部门，得出了组织文化观念对于电子政务效率具有巨大影响的结论，特别是在宗教与种族方面[⑥]。

陈德权和毕雪娟(2012)首次界定了电子政务文化的含义，并基于文化图谱的定位和树状结构的分析对电子政务文化的宏观和微观结构进行了系统论述，强调电子政务文化属于行政文化的范畴，是行政文化与技术文化、网络文化交叉形成的结果，并在微观层次上将电子政务文化分为理念层文化、制度层文化、行为层文化和物质层文化[⑦]。陈德权、黄萌萌和王爱茹(2014)拓展了电子政务的内涵，阐述了电子政务文化的实践价值，并在此基础上梳理了电子治理与电子政务文化相互促进的内在逻辑关系，分

---

① 付茜茜. 技术文化视域：智能媒介文化生产、消费文化生成及辩证省思[J]. 理论月刊，2023(5)：105-115.
② 韩小谦. 信息技术•文化•知识——浅谈信息技术文化[J]. 自然辩证法研究，1999(7)：45-49.
③ 王娜，王健，赵旭. 新时代技术创新文化进化探究[J]. 东北大学学报，2019, 21(2)：126-131.
④ Omar E M, Khalil. E-government Readiness: Does National Culture Matter?[J]. Government Information Quarterly, 2010, 28(3): 388-399.
⑤ Bertot J C, Jaeger P T, Grimes J M. Using ICTs to Create a Culture of Transparency: E-government and Social Media as Openness and Anti-corruption Tools for Societies[J]. Government Information Quarterly, 2010, 27(3): 264-271.
⑥ Jyoti C, Zamani E D, Emeka U, et al. Implementing E-government in Lagos State: Understanding the Impact of Cultural Perceptions and Working Practices[J]. Government Information Quarterly, 2017, 34(4): 646-657.
⑦ 陈德权，毕雪娟. 电子政务文化：内涵与框架初探[J]. 电子政务，2012，120(12)：15-21.

析了中国电子政务文化治理面临的挑战与应对策略①。娄成武、闫峰和陈德权(2015)从内涵、定位、结构、治理与评价指标体系、配套政策与典型案例研究等方面系统阐述了电子政务文化研究的结构与主体内容，指出电子政务文化建设过程中的重点和难点，在阐述其研究思路的同时提供了五种研究方法，为研究者提供了基础论纲②。

2) 政府治理新范式：数字政务文化

(1) 数字政务

在数字政务内涵层面，黄建伟和陈东强(2022)虽未明确提出数字政务的概念，但从数字政府建设出发，对政务服务的含义进行了界定，强调数字政府建设中政务服务效能提升的重要性③。

在数字政务与电子政务关系层面，数字政务强调将数字技术广泛应用于政府管理与服务中，这对数字政府的建设具有重大意义。颜佳华和肖迪(2022)认为数字政务是在电子政务基础上发展起来的政府治理新范式④，而翟云(2022)也持有相同观点，他认为数字政府是对电子政务的继承和升华⑤。

在数字政务作用与意义层面，阿特兹等人(2011)从公路、电网以及电话数字政务平台的发展历程出发，认为数字政务可以降低交易成本，减少外部性损失⑥；克里斯南等人(2013)从反腐败角度出发，认为数字政务可以减少政府部门的腐败现象，降低公共服务所需的交易成本⑦。徐玉德、董木欣(2021)强调数字政务对于数字中国建设、国家信息化体系建设与国家治理能力现代化的重要性⑧。方齐云、袁野(2023)认为数字政务是中国政府提升公共服务效率的重要手段⑨。

在数字政务发展层面，徐晓林等人(2018)立足于数字政府环境，强调

① 陈德权，黄萌萌，王爱茹. 中国电子政务文化治理的实施路径研究[J]. 电子政务，2014，140(8)：46-51.
② 娄成武，闫峰，陈德权. 我国电子政务文化建设研究初探[J]. 社会科学辑刊，2015，217(2)：64-67.
③ 黄建伟，陈东强. 数字政府建设中的政务服务[J]. 行政与法，2022(2)：23-34.
④ 颜佳华，肖迪. 数字政务文化的内涵、功能与构建[J]. 湖南科技大学学报，2022，25(4)：81-89.
⑤ 翟云.数字政府替代电子政务了吗？——基于政务信息化与治理现代化的分野[J].中国行政管理，2022(2)：114-122.
⑥ Artz M, Burmann C, Dholakia N, et al. The Internet of the Future: Proven Drivers of Success and New Opportunities[M]. Springer Verlag, 2011: 15-19.
⑦ Krishnan S, Teo T S H, Lim V K G. Examining the Relationships Among E-government Maturity Corruption, Economic Prosperity, and Environmental Degradation: A Cross-country Analysis [J]. Information & Management, 2013(8): 638-649.
⑧ 徐玉德，董木欣. 数字政务建设整体性治理模式、架构分析与路径选择[J]. 财会月刊，2021(16)：140-145.
⑨ 方齐云，袁野. 数字政务与城市公共服务效率——基于政务APP的准自然实验[J]. 城市问题，2023(1)：19-28.

政策、技术、资源等对于政务服务数据共享的推进作用[①]。徐玉德、董木欣(2021)基于整体性治理逻辑分析了数字政务建设的治理架构，基于数字政务应对重大突发公共事件的短板，从用户导向、政策传导、标准建设、基层治理与数据安全五个维度提出了数字政务的发展着力点[②]。

(2) 数字政务文化

颜佳华和肖迪(2022)认为数字政务文化是在电子政务文化的基础上发展而来的，他们指出数字政务文化能够借助大数据、云计算等数字技术对政府机构、权责、流程、协同等各方面进行重塑，是在政务改革进程中所形成的行政价值、行政心理、行政思想等精神层面内容的总和。基于此观点，他们进一步阐述了数字政务文化的内容、特征、功能及其构建[③]。

3) 政府数据文化研究

(1) 政府数据治理

对于政府数据治理，夏义堃(2018)认为，政府数据治理是指用治理思维模式改变传统的电子政务模式，综合运用相关政策、法规、技术、人员等对政府数据进行治理，推动政府资产在信息时代增值，促使政府数据这一公共资源实现其经济社会价值[④]。胡海波和娄策群(2019)认为，政府数据治理是通过大数据技术辅助政府治理，挖掘政府数据资源的内在价值，完善政府在管理、决策、绩效评估等方面的建设，推动政府数据治理新体系形成的过程[⑤]。陈德权和林海波(2020)认为政府数据治理是为实现电子政务的价值而采取的重要手段，是挖掘数据资源、开放数据资源以及共享数据资源的过程[⑥]。胡玉桃(2021)将政府数据治理定义为：政府对其在行政管理和服务过程中产生和使用的数据进行治理，以达到提高数据质量和维护数据安全的目的[⑦]。

在政府数据治理问题层面，张勇进和章美林(2018)认为政府数据共享不充分的问题依然存在，并导致"数据孤岛""数据壁垒"等现象，进而

① 徐晓林，明承瀚，陈涛.数字政府环境下政务服务数据共享研究[J].行政论坛，2018，25(1)：50-59.
② 徐玉德，董木欣.数字政务建设整体性治理模式、架构分析与路径选择[J].财会月刊，2021(16)：140-145.
③ 颜佳华，肖迪.数字政务文化的内涵、功能与构建[J].湖南科技大学学报，2022，25(4)：81-89.
④ 夏义堃.试论数据开放环境下的政府数据治理：概念框架与主要问题[J].图书情报知识，2018，181(1)：95-104.
⑤ 胡海波，娄策群.数据开放环境下的政府数据治理：理论逻辑与实践指向[J].情报理论与实践，2019，42(7)：41-47.
⑥ 陈德权，林海波.论政府数据治理中政府数据文化的培育[J].社会科学，2020，475(3)：33-42.
⑦ 胡玉桃.数字化转型视野下的地方政府数据协同治理[J].学习与实践，2021(6)：69-77.

带来部门互联互通难、业务协同难等一系列难题①。王硕和刘鸿宇(2023)同样指出了解决数据共享问题的重要性，并基于组织视角探讨了政府数据跨部门共享的优化路径②。

(2) 政府数据文化的研究

郑建明(2016)认为，政府数据文化是一种特殊的文化形式，是对政府数据治理的主客体产生影响的一系列思维模式、价值观念、行为规范、政策、法规等的总和③。陈德权和林海波(2020)认为，政府数据文化是指对政府数据管理的主客体以及外部环境产生影响的一系列行为规范、规章制度、思维模式以及价值取向等的总和④。程通(2021)则从物质层、行为层、制度层、精神层来界定政府数据治理文化的内涵，他认为政府数据治理文化是数据治理活动实践中主体行为和客体行为的统一体，既包含行为习惯、制度、法规等，又包括思维模式、价值取向等⑤。

(3) 政府数据文化的价值

陈德权等人(2020)认为，为了培育政府数据文化，可以从精神层面增强政府人员的数据意识，提高其应用大数据技术的能力，在政府部门内部形成重视数据的文化氛围，从而推动政府治理能力的精准提升。程通(2021)认为政府数据治理文化体系建设是辅助政府数据治理的重要环节，对于满足政府数据治理现代化的需求、匹配人民日益增长的信息需求以及增强整个政府数据治理体系的活力具有重要作用。

1.3.6 电子政务文化生成机制相关文献的研究评述

对电子政务文化生成机制的学术研究可以分为三条主线，尽管研究起点不同，但殊途同归，而更多文献则表明电子政务文化生成机制具有复杂性和多样性。

首先，网络技术的出现和成熟是第一条主线，其成果基本可以分为三个阶段：

第一个阶段是电子政务应用技术的开发与完备阶段，其特点是网络信息技术日臻成熟，政府网站建设日益完善；

---

① 张勇进，章美林. 政务信息系统整合共享：历程、经验与方向[J]. 中国行政管理，2018(3)：22-26.
② 王硕，刘鸿宇. 基于组织视角的政府数据跨部门共享研究[J]. 情报杂志，2023，42(2)：126-133.
③ 郑建明. 大数据环境下的数字文化治理路径创新与思考[J]. 晋图学刊，2016(6)：1-5.
④ 陈德权，林海波. 论政府数据治理中政府数据文化的培育[J]. 社会科学，2020，475(3)：33-42.
⑤ 程通. 我国政府数据治理文化体系构建研究[D]. 保定：河北大学，2021.

第二个阶段是电子政务的应用与推广阶段,其特点是网络技术更便捷,安全隐私问题日益凸显;

第三个阶段是网络技术的制度化规范阶段,云计算、大数据、人工智能等新技术推动政府管理和服务创新,形成新的文化。

其次,多元文化研究是第二条主线,这条主线上概念迭出,充分体现出文化的多样性特点和时代的文化诉求。

政治文化是电子政务文化的本质属性。自阿尔蒙德提出"政治文化"概念后,学界对政治文化的内容、制约因素、研究范式等进行了研究,从主观心理层面逐渐扩大到客观层面,并指出可能出现的制度化、整体性和行为主义等发展态势。国内也对政治文化开展了两种路径的研究:一种是基于中国古代政治思想史和近现代政治思想史进行研究;另一种是基于西方政治文化进行研究,介绍了西方政治理论的成果。这些研究成为新时代中国政治文化的研究典范。

网络文化是电子政务文化的形式属性。国内学者匡文波(1999)较早提出我国网络文化的概念、特征。张相轮(1999)、王国华等学者(2012)从不同角度阐释网络文化建设以及治理问题。党的十九大强调要加强网络文化治理,倡导网络文化传播正能量。我国当下的理论界和企业界,针对网络文化的研究正进行得如火如荼。

行政文化是电子政务文化的创新源泉。自20世纪中叶以来,行政文化研究日趋兴盛与成熟(Almond,1956;彭国甫,1992;Michelle,1995)。21世纪初,我国行政文化研究开始转向文化创新和治理方面(Henderson,2004;张康之,2005)。信息时代下,电子政务的发展深刻改变着行政文化,建立了新的行政文化理念(刘海棠,2011)。颜佳华(2009)、娄成武(2015)等提出了新时代行政文化建设模式等问题。

最后,技术与文化互动是第三条主线,探讨了技术的文化特性和文化的技术符号表征,两者的包容性和时代性日趋明显。技术广泛渗透于物质世界,而且成为一种难以察觉的社会意识形态,开始深度塑造人类的文化生活(王伯鲁,2006;邹广文,2014)。技术的文化研究以及文化的技术内涵,正好揭示了电子政务的文化渊源以及电子技术的文化特质。20世纪末兴起的技术文化学研究,为技术与文化更好地互动提供了理论依据。一批学者也在论文和报告中提出,要加强电子政务文化层面的思考,并提出了一些治理主张(张锐昕,2009;孟庆国,2014;汪玉凯,2016)。

上述三条主线分头并进,在21世纪10年代初期,汇合、交叉、碰撞出了电子政务文化的研究热潮。

　　20世纪30年代到21世纪10年代，网络信息技术快速发展，形成了电子政务文化的技术基础，也成为推动电子政务文化生成的动力源泉；20世纪50年代之后，各国政府和社会遇到各种危机和挑战；20世纪80—90年代技术和文化深度融合；2012年前后，技术、制度和行为规范日益完善，电子政务文化的生成、发展和治理方面开始出现一些研究成果。电子政务文化的治理价值逐步被认同，我国电子政务和数字政府建设逐步走上基于文化构建的新时期。

第2章 | 基础理论与研究框架

　　电子政务文化的基本理论体系已经成熟。通过研读文献，我们可以看到随着信息技术的出现并在政府中广泛应用，网络信息技术已经成为政府的有机组成部分。虚拟政府已经在社会生活的各个领域发挥了巨大作用，在被人们接受后，虚拟政府逐渐演变为一种行为范式，指引着人们更好地从事电子政务活动，使人们享受到更美好的生活——这就是电子政务文化。换句话说，当网络通信技术和与之相应的业务模式以各种形式渗透进公共生活的各个领域，进而转化为人们的某种潜在思维和现实行动时，这就成为一种文化现象并且具有文化价值。电子政务文化从出现到体现相应的价值，是一个逐渐发展的过程，并且伴随着复杂的生成机制。在人们感受到电子政务文化的存在和其作用的同时，应该反思为何电子政务文化的生成过程有些漫长，还有些复杂。从中我们可以发现或者找出促成电子政务文化生成的机制和路径，从而加快电子政务文化的创新进程。为此，学者们需要先找出电子政务文化的理论基础及社会根基，为电子政务文化的生成机制找到理论渊源和回溯的依据。

　　尽管笔者已经在多篇论文中对政务文化进行了充分的论述，但因为它是本书研究的核心概念和逻辑起点，笔者依然有必要以发展的眼光，再次对其进行系统的界定和梳理，并对其丰富的内涵和外延作出阐释。

2.1 电子政务文化：定义与特征

2.1.1 定义：数字时代行政文化的创新形态

　　至今，人们仍未在文化的界定问题上达成一致，对各类亚文化以及次级文化的理解各不相同。因此，界定电子政务文化的难度可想而知。如果从字面意思理解电子政务文化，会发现它包含了与电子信息技术相关的文化特质和与行政文化相关的具体内容，是一种因文化的多源汇流而形成的新的文化类型。也就是说，要想准确界定电子政务文化，需要从技术文化和行政文化两方面入手，采用文化构成层次分析法，详细分析电子政务文化的组成以及相应内容。

1. 电子政务文化是技术文化在行政业务领域中的展现和提升

信息技术自出现以来，在商业、军事和民众日常生活中的应用日益普遍。特别是在20世纪90年代，随着网络信息技术的成熟，人类社会逐渐进入信息时代。政府作为庞大的行政组织，自从20世纪70年代以来，饱受财政赤字、官僚作风等问题的困扰。尽管政府在新公共管理理论的指导下进行了改革，但因受到服务需求和国际环境的制约，政府改革推进效果不佳。直到1993年，美国时任总统克林顿开始推行NII(national information infrastructure，美国国家信息基础设施)，构建遍布美国的电子政务体系，组建线上政府，这时人们才看到信息技术在政府中的应用将影响政府管理体系和管理方式，进而引发管理理念上的巨大变革。这种变化能够摧毁传统的行政组织架构和业务流程，降低政府公职人员的财政消耗，使公务人员高效率办公和24小时在线服务等目标得以实现。信息技术在政府管理和服务中应用引发的巨大价值，极大地改变了信息技术发展只能局限于某个领域这一认知，真正打通了信息技术在诸多社会领域的应用壁垒。强大的社会需求促使美国信息技术高速发展，快速实现世界的互联互通。在技术不断取得突破后，伴随着大数据、云计算、人工智能等新技术的出现和应用，人类社会逐渐发生深刻改变。

美国政府能率先启用电子政务，主要得益于美国自20世纪40年代以来的信息技术的发展和新材料技术的不断突破。70年代的半导体和集成电路计算机以及80年代网络技术的日趋成熟，都为克林顿政府推行电子政务、改变传统行政生态奠定了坚实的物质基础。随着"第一次海湾战争"结束，克林顿政府当时的主要任务就是改革政府，希望政府能够像企业那样，进行管理流程重塑，努力实现新公共服务理念。在时任总统克林顿和副总统戈尔的推动下，一个足以改变世界政府结构和模式的庞大计划浮出水面——数字政府以及电子政务。"E-government"即电子政务，受到了各国政府极高的重视并被视为切实解决政府机构臃肿和服务低效问题的基本手段。在这个时期，我国也拉开了电子政务的构建序幕。

由此不难看到，信息技术在政府中的运用和迅速发展，有其复杂因素，这也客观上促成了真正意义上的"地球村"时代的来临。如果说信息技术重塑了地球的生态结构，那么政府必然也被重塑了。各个国家的学者对此开展了广泛而深刻的研究。

联合国将电子政务界定为：政府部门运用信息和通信技术，改变政府内外部之间的关系，并将信息和通信技术具体应用到行政事务中，以提升整个社会对政府能力的满意度。

美国将电子政务界定为：政府使用互联网以及其他信息技术，更好地为企业、公众和其他政府机构提供政务信息和服务，同时改革政府的运作方式(包含效益、效率和服务质量等方面的提升与转变)。

日本将电子政务界定为：政府为提高民众的幸福感、行政运行的便捷性、高效性和政府行为的透明度，在行政领域内广泛应用信息和通信技术，改进政府工作流程和模式的一系列行为。

我国首次使用"电子政务"这一概念是在2001年国家信息化领导小组的一次工作会议上。《电子政务术语》(GB/T25647—2010)首次明确指出电子政务是政府部门为实现政府与公民、企事业之间的信息交互，向社会提供优质、高效、透明的管理和服务，对自身的管理结构和业务流程进行梳理，运用信息技术所构建的技术系统和形成的服务体系。

国内外不同学者的视角不同、定位不同，使得他们对电子政务的界定五花八门，难以得到有效统一。国外很多学者认为电子政务是技术体系与民主价值的双向统一；国内学者则倾向于认为电子政务是一个复杂的技术体系，要想发挥电子政务的作用，必须加快政府结构改革和流程重塑，即行政组织再造。由此可以看出，国内外学者都认为电子政务应该包括技术体系，在这方面，他们的观点是基本一致的，或者说是比较接近的。而在电子政务发挥的作用方面，即价值认知方面，存在一定差异。这些差异的存在，一方面受到国内外政治体制和发展阶段的影响；另一方面则是因为电子政务并非只是技术在政府中的应用，这种应用引发的巨大变革以及国内外的各种竞争、博弈，必然会引起电子政务后发国家的重视，特别是在意识形态存在激烈斗争的背景下，电子政务的首要目标是维护和实现政治安定，其次才会考量服务效率、节省资金等问题。

任何国家在应用电子政务技术的过程中，都要考虑到技术的适用性、可行性、可控性，特别是技术的安全性、稳定性问题。如果不能确保电子政务技术的安全和稳定，那么任何国家都无法使用它。在世界各国利益错综复杂的背景下，电子政务技术很可能成为一个国家窥探另一个国家的手段。电子政务技术从诞生到21世纪20年代，经历了从大范围应用到审慎选用安全技术，再到独立研发可控安全技术三个阶段，可以说当今世界各国的电子政务技术已经不再过度依赖美国，也不再局限于IPv4(互联网通信协议第四版)架构的互联网技术,而是已经使用基于IPv6(互联网通信协议第六版)架构的国际互联网技术。这些技术的突破和创新,真正意义上推动了电子政务在各国的发展,促进了政府效能的提升。

2. 电子政务文化是传统行政文化在技术时代的创新和升华

行政文化伴随着政府的出现而出现,随着其运行而变化,其生成和发展会受到传统文化、政治文化、社会文化以及政府结构等多种因素的制约。现代政府将信息技术广泛应用在办公模式和行政理念等方面,具有与传统政府截然不同的特征,这也意味着两种类型的政府在行政文化领域存在很多差异。传统行政方式具有基本成熟的制度体系,传统工作模式下的公职人员基本养成了与传统行政方式相匹配的行为模式和行政思维。

自20世纪科学管理理论诞生以来,德国管理学学者马克斯·韦伯提出了科层制管理理论,该理论对传统政府产生了重要影响。韦伯指出要实现高效率管理,需要建构一种科层管理机制,居于管理层上位的领导者管理下属人员,为确保行动一致,下层人员的福利和升迁取决于上层领导的认可。逐层对应,逐层考核,以实现少对多的效率管理。这种被接受和应用于企业管理层的管理模式,很快在第二次世界大战后期的各国行政管理中得到复制和推广,并成为凯恩斯政府理论中,比较有效的管理架构和思想。因此,传统政府的管理思想和框架体系在确保政府上下级政令畅通的同时,确保了官僚体系的稳定和社会职能的发挥。

但是,传统政府中饱受诟病的机构臃肿、层级过多、信息不通畅等问题也是科层制带来的,由此导致了传统行政文化中的诸多弊端。尽管社会公众和政府管理者都意识到了传统行政模式及其对应的文化存在着诸多不足,但是在更好的模式出现之前,人们只能对传统制度进行局部改革,以缓解服务低效以及群众不满意等情况。

更为重要的是,传统行政文化还会扩散至其他领域,造成社会部门和企业中的官僚化和低效率,甚至社会文化也被官僚文化影响,进而使整个社会文化缺乏创新和活力。正因为如此,英国政治学学者洛克指出,有什么样的政府就会有什么样的社会。由此可见,官僚文化与社会文化是紧密关联的。

电子政务出现后,行政模式被颠覆了,公职人员的思想、精神和行为均产生了积极的变化。电子政务在政府部门管理和公共服务中都发挥了积极的作用:政府业务流程更加顺畅,管理方式更加灵活,公职人员服务效率显著提升,群众满意度止跌反升。传统的管理体系、管理思维、管理制度都发生了积极变化，政府像是被一场大雨洗过一样，焕然一新。在线办理取代线下办理，有限时间和固定地点转为随时随地接通政府，纸片化、碎片化变成电子化、一体化，无限次往返奔波变成一次通办……太多的变化令今天的政府展现出完全不同于以往政府的形象。

在电子政务时代，人们感受到的是新技术的应用所带来的政务模式的变化，但技术只是一种工具，而令人们印象深刻的是政务创新。从公职人员的角度看，办理事务依赖大数据和数据共享，减少了很多烦琐的沟通，政府服务过程更加透明，信息流通愈发顺畅，业务完成时间得到了保证，公务责任也明显降低，工作积极性显著提高。但是，电子政务业务模式从原来的"面对面"转为"背靠背"，公职人员缺乏成就感与服务感，减少了与公众的现场交流，电子政务模式成为流水线模式，一线工作人员的倦怠、疲劳感也会增加。领导层的管理也会出现新的复杂变化。从公众的角度看，人们需要适应新的工作模式，改变找人办事的想法，使办事模式转向数据化、虚拟化、制度化和规范化。公众也需要适应电子政务，提升自己的素质和认知。传统行政文化被电子政务冲击、打碎，此时就需要对原有文化进行扬弃，建立新的文化。经过十几年的发展，我国新政务模式已经确立，2016年实施"互联网+政务服务"，2018年建设三级政务服务网，当下，人们已经接受并开始大量使用线上服务，新的行政文化也在这些因素的催化下，从生成转向成熟，逐步演变为一种新的文化范式。

3. 电子政务文化是技术文化和政务文化在碰撞过程中诞生的新文化形态

众所周知，电子政务作为一种技术体系，是在政务的应用中逐渐被人们接受的。各国政府以建设电子政务为目标，加强了本国网络信息基础设施和制度建设，全面提升了社会信息化进程和社会管理效率。但随着技术应用的不断深入和政府网络建设投入的增加，人们发现电子政务建设并未带来办公效率的显著提升，社会和公众开始质疑电子政务建设的过程和结果是否符合人们的期待。在一些国家相继出现电子政务遭受黑客攻击的情况之后，各国政府开始担心本国的电子政务可能成为别国的信息挖宝地，开始延缓电子政务建设，并开始思考电子政务的可持续战略。我国遭受的网络安全事件引起了政府和专家们的关注，从理论和实践上看，电子政务确实具有改善公共服务的作用，但这种作用都是以安全为前提的。一些政务变革没有达到预期，主要原因是流程还不顺畅，电子信息流还有很多障碍，群众依然靠双腿走路办事。因此在电子政务发展进程中，我们似乎陷入了技术发展的怪圈——技术发展使人们对技术抱有更高期待，因此，尽管技术一直在努力，但仍无法满足人们更高的要求。显然，要跳出技术发展的怪圈，应去技术之外寻找答案——改变政府结构和政务流程。当然不是技术越先进，就越能解决问题，早在20世纪中叶，适用技术理论就已经被广泛讨论，尽管"小的是美好的"技术理念曾经风靡全球，但适用的才是最好的。

实践证明，单纯依靠技术发展，难以解决应用技术产生的问题。我们需要考虑技术之外的因素，对制度、行为乃至精神方面的因素进行整合，而电子政务文化正是多因素融合的结果。

电子政务文化是在电子政务环境下政府部门孕育出的能够广泛影响社会文化的一种新型行政文化。通过前面的分析可知，电子政务文化具有技术文化、网络文化、行政文化等多种文化的特征。准确地说，电子政务文化是政府广泛采用信息与通信技术后由行政文化衍生出来的新形态文化。电子政务文化不是传统行政文化的简单改变，也不是技术文化的外形变化，而是具有自己独特结构、内容和价值的新文化。

当前，关于电子政务文化的研究，大都是围绕"行政文化""电子政务社会文化环境""基于文化的诉求"等方面展开的，对电子政务文化的深入研究，却并不多见。笔者和研究生在该研究领域中的讨论，已经在一些教材中得以转述和引用。Uros Pinteric 在《斯洛文尼亚的电子政府》一文中指出："行政文化在斯洛文尼亚执行新公共管理与电子政务过程中发挥着重要作用。"这句话指出了行政文化和电子政务之间的重要关系。中国学者杜链和王江(2009)将电子政务看作以信息化方式推动的政务改革，而改革本质上是中国文化的跃升进程，这一进程不仅包含作为客体的现代计算机网络，还包含体制、文化传统、人们需求的满意度，以及决策者的偏好及意志、品质等主体内容，而文化动力是影响该进程的核心要素[1]。

还有学者认为电子政务要想在不同社会文化环境下顺利运行，不仅有技术上的要求，还有文化的要求，这是文化的制约与反制约过程。电子政务不仅是现代信息技术对政府管理模式的再造，而且具有深层的文化内涵。我国在电子政务建设过程中，一方面要深刻理解西方政治文化背景，以免流于技术主义；另一方面要结合我国行政文化特点树立民族性的价值取向，并依此选择理性策略。

郭贵祥和范秀成(2015)从法治的角度界定了电子政务文化，认为电子

---

① 杜链，王江. 我国电子政务发展回顾[J]. 电子政务，2009(10)：19-25.

政务文化是以法律规范、网络技术、顾客需求为基础，由政府、企业、居民等共同参与创造的服务行为①。电子政务文化的创造者和践行者包括政府和参与到电子政务活动中的社会公众等其他主体。

综上可见，电子政务文化从生成到逐步成熟，经历了几个阶段的变迁。在新时代文化自信度显著提高的当下，电子政务文化必将推动我国文化创新，更好地向世界讲述中国电子政务发展故事，对与我国境况类似的国家提升电子政务能力具有积极的参考意义。新时代加速了电子政务文化走向成熟的进程，为电子政务文化注入了强大的中国基因和中国力量。

从文化分类图谱看，电子政务文化是行政文化目录下的亚文化，准确地说，是行政文化在信息技术时代的创新文化。因此，电子政务文化在样态上呈现出的一定是行政文化的框架、内容和特质，但传统行政文化主要是官僚文化、科层文化以及传统社会文化的融合物，而电子政务文化更多地呈现出技术文化、网络文化的特点，对传统行政文化具有较强的重构作用。

对电子政务文化是否成熟的评价标准并不统一，但对于一种文化来说，可以依据文化的判别标准进行对应性分析。目前，文化解构方法是从文化的构成层次对某种文化进行分析，文化一般包括四个层次结构：物质层、行为层、制度层和精神层。每个层次都有其对应的具体内容。

物质层展现的是某种文化的具体存在形态，能够体现人们对这种文化的价值追求，虽然这些都是抽象的存在，但能以具体事物的样态展示给我们。

行为层则是通过人们的行为方式、行为变化以及行为习惯表明某种文化对人的影响。行为的背后是对文化的遵循，从古代的官场礼仪、办公方式以及工作习惯，到新时代公职人员提供公共服务的方式，人们的行为变化是巨大的。人们透过具体行政行为的变化，可以观察出对应时代的行政文化的影子。

制度层是在人们行为基础上建立的体制机制，包括制度、政策、规范等。它是文化走向成熟的重要保障，更能反映人们对某种文化的认可和接受程度。制度文明需要写出来，需要社会广泛遵守，因此，某种文化的制度具有极强的导向性和刚性。当然，制度层展示的文化特质，也是可以创新发展的，这是文化扩散的重要方式。

精神层一般被认为是文化成熟的标志，是确保某种文化能反作用于社

---

① 郭贵祥，范秀成.网络营销视角下的人治与法治电子政务文化服务比较研究[J].办公室业务，2015(22)：11-12.

会的核心动力。众所周知，有什么样的意识，就会有什么样的行为。文化的力量能够使人们在精神层面形成一种固化的思维，并指导人们的行为模式。精神层文化具有横向和纵向的扩散效应，是最难改变的，却具有重大的影响。在很多人的心目中，要想改变文化，首先要改变的是人的认知、精神和思维，一旦在人们大脑中植入新的文化内容，这种文化就会展现出蓬勃的精神力量，反作用于人们的生产实践和社会生活。

综上所述，可以将新时代电子政务文化定义为：一个国家或者地区在政务活动中广泛应用信息技术重塑政务流程的过程中，逐步建构和形成的物质技术框架、行为模式、制度规范以及精神的统称。

电子政务文化的生成始于信息和通信技术在政务活动中的应用，是逐步改变传统的行政文化生态，并在物质层、行为层、制度层和精神层建立起创新型文化的过程与结果。生成既是过程也是结果，过程表明电子政务文化是经历若干阶段逐步演化出来的，是需要培育和引导的，也是受到诸多因素制约和影响的；结果则表现为其最终的状态和影响力，也就是以什么样的形式展现给社会，呈现出自身的文化特质以及对环境的影响力。各个国家或地区电子政务发展有着较大差异，传统行政文化也截然不同，因此，需要从不同视角，基于不同理论并运用多种分析框架探讨电子政务文化生成，后续会进行全面的解读。

2.1.2　特征：技术与政务的融合展现

电子政务文化是在电子政务深入发展的基础上产生的，并随着信息技术的发展和政务改革的深入日渐成熟。技术的进步和政务模式创新成为电子政务文化生成的重要动力和支撑。电子政务文化的孕育、成熟反过来会对电子政务实践产生积极的引领和指导。电子政务发展在前，电子政务文化出现在后，电子政务文化进入成熟期后，会反过来对电子政务产生深刻的影响，因此也可以说电子政务文化的成熟是电子政务发展进入成熟期的重要标志。正是电子政务和电子政务文化之间错综复杂的互促关系，使电子政务文化形成了独有的特征。

1. 较强的技术性

电子政务文化区别于传统的人工式行政管理文化，其最大亮点在于信息和通信技术带来的效率性、客观性和透明性。用技术代替人，用网络连接错综复杂的各个部门，大大减少了人与人之间在日常行政中的关系问题、面子问题以及行政层级问题，信息和通信技术以及近几年兴起的人工智能技术，基本上可以实现透明高效的服务。同时，技术性也确保了电子政务不受外部人为因素干扰，在相对透明的公众服务网、内部网络上实现数据的流通，确保政府工作人员按照规章制度履行行政服务职责，在电子政务上的任何行为都会留下"证据"，任何不当行为也会遭到电子政务的拒绝或者"曝光"，服务对象在数据面前是平等的，公民权利得到有效维护，行政的公平性和民主性也能得到最大保障。技术性文化特征是电子政务能够迅速被各个国家接受的最重要标签。不管是各国政要还是一般社会公众，应用电子政务的直观感受都是便捷高效和透明廉洁，这与当代政府的政治追求高度契合，成为21世纪政府走向技术化、数字化的关键。

2. 行政体制僵化

传统行政文化受到科层制体系的影响，官僚性特征比较突出，造成了官民矛盾和行政不畅、低效等问题。电子政务的应用和发展，从根本上讲，就是要割除这种官僚属性，树立新的文化形象。电子政务的通畅运行离不开对原有行政体系的梳理，也就是说，电子政务不是传统的行政部门和信息技术的简单相加，而是基于信息技术和行政体制改革的要求，重新进行行政组织流程再造，消除数据烟囱，破除行政壁垒，最大程度地减少人为因素在行政事务中的干扰，同时极大地减轻不作为或者乱作为的问题。电子政务重新建构了政府部门关系，通过"一站式""一网式"电子服务模式，各个部门基本被放置在业务流、数据流的幕后，各个信息节点都设置了办理时限和办理内容，每个行政处置行为都要依法实施，按时处置，否则会导致信息被锁定，造成全流程业务停滞，而在行政绩效考核中这是重要的丢分项和杜绝项。公职人员一旦出现上述情况，不仅意味着自己所在的部门出现了问题，也可能会影响地方营商环境和政府口碑，因此，必须认真履职和遵循行政处理流程，依法办事，消除官僚作风。当然，整治官僚习性不能完全依赖电子政务，毕竟在人为操控电子政务的情况下，仍旧会存在一些官僚问题。要想彻底摒弃官僚作风，一方面需要进一步规范电子政务应用体系和加快行政组织改革；另一方面要致力于提高电子政务时代公职人员的服务意识。

3. 广泛的渗透性

电子政务文化从两个层面广泛且深刻地渗透到外部环境中：一个是电子政务文化的物质层和制度层，另一个是行为层和精神层。信息和通信技术在各个领域都体现出了它的适应性、影响力，极大地改变了社会的存在状态和生产、生活方式。各个国家都力图通过信息技术提升社会效率和管理水平，各种信息技术产品如雨后春笋般出现，广泛渗透到政府领域，也在商务领域、社会生活领域发挥了巨大作用。政府部门既是信息技术的推动者、实践者，也是一个国家信息产业发展的规划者、设计者，政府的信息产业政策以及信息技术管控方式，都会直接作用到社会各个领域，而这种作用的方式、力度和效果，很大程度取决于电子政务的引导、示范。信息技术的管制规则和电子政务的制度规范在信息产业制度领域具有标杆作用，能够直接推动相关产业的制度化发展。人们的行为和习惯日益被信息技术固化，人们的办公模式发生了巨大变化，让数据多跑路成为常态，一键通天下也被熟知，今天的办公已经实现了电脑化、数据化和网络化，公职人员已经习惯了使用计算机等智能终端完成行政服务和审批，这就是一种典型的服务文化和流程文化，更能体现出信用文化和民主文化的内涵。公职人员对待岗位的态度、行政服务的心态等都在发生着改变，进而促使他们重新思考电子政务生态下的工作哲学、生活哲学等。反过来，基于对电子政务文化的认知和理解，公职人员的行为、思维方式也会受到影响。作为电子政务实践者的社会参与人员在日常生活中把电子政务文化带入社会，而这种新文化的渗入，使得整个社会文化加速改进。

4. 体系的完整性

电子政务文化有着清晰的层次，其内容相对丰富，同时，电子政务文化外部环境较为友好，电子政务文化生成机制基本成熟，电子政务文化体系日趋成熟，而且具有一定的创新发展能力。从文化解构角度，电子政务文化分为以信息技术为主要标志的物质层文化、以制度政策为内核的制度层文化、以行为习惯转变为特质的行为层文化以及以人们思维方式变化为标志的精神层文化。这四方面文化有机组合、互相促进，形成了具有标志性意义的电子政务文化。但是，这四个方面并不是同步发展的，从单纯的信息技术应用，到制度规约的发展，再到人们行为的改变，在这个过程中人们学会了用互联网思维指导前三个方面的发展，直至最后才渐趋稳定并固化下来。电子政务文化的形成不仅离不开内部结构的变革，还离不开环境的作用，一个国家的整体社会环境是电子政务文化的温床。电子政务文化中的技术性文化、制度性文化、透明性文化、效率型文化会对社会产生积极的影响，进而推动社会文化创新；社会文化中的传统优秀文化、创新精神以及包容性等文化也会融入电子政务文化中，加快电子政务文化的内容扩充和创新发展。电子政务文化与外部环境的作用关系，直接决定了电子政务文化的生成质量。

5. 整体的协同性

电子政务文化是一个协同运行的系统，其体系的完整性来自系统内部各个结构之间的协同。世界各国在发展电子政务初期，只是一味地闷头搞技术建设，并且认为技术越先进，政务服务就会越顺畅。但是后来发现，推动技术应用的主体是网络技术公司，这些公司不停地向政府推荐新一代技术，这并不能解决政府自身的结构问题以及部门之间的信息堵塞问题，而且很多国家没能掌握信息核心技术，在电子政务后期应用中出现了信息泄密、网络被控制以及网络内容混乱等问题，这引起了各个国家对加强网络制度建设的重视。信息技术在不同领域的发展引发了人们对"数字鸿沟"现象的关注，人们发现在某些领域信息技术造成的数字鸿沟难以跨越，比如：疫情期间一些老年人无法完成网购，买不到药物、食品等生活必需品；大山深处的孩子们要爬到山巅接收网络课程的信号。即便在政府的不同部门之间，以及不同年龄段的公职人员之间，也存在"数字鸿沟"问题。电子政务文化的生成和成熟其实就是系统的完善和体系协同的过程，是电子政务各组成部分相互制约、相互促进的过程。增强电子政务文化的协同性，才有可能逐步发挥电子政务文化的影响力。

6. 典型的时空性

电子政务文化具有一定的时空特征，即在不同阶段、不同国家或地区，电子政务文化具有很大差异。信息和通信技术在政务中的应用是电子政务文化生成的开端，各国/地区受到技术能力、网络水平以及社会发展程度的影响，电子政务建设存在一定的时间差异。即便在一个国家/地区内部，各个政府部门应用电子政务的时间也是不同的，各地在电子政务发展政策、支持力度等方面存在差异，如中国的东、中、西部地区在电子政务发展水平方面存在明显差异。这就说明在发展电子政务文化的过程中不用追求完全的一致性，发展电子政务文化的多样性特征，反而能够给它带来更大的生机与活力。我国在1993年启动了"三金工程"，后来又启动了"十二金"等行业系统的电子政务建设，其中金税工程已经发展到了第四期。目前我国在努力实现从电子政务到数字政府的飞跃，更加先进的虚拟政府时代正在向我们走来，电子政务文化也可能迎来向数字文化的飞跃。因此，电子政务文化一定不是行政文化创新的全部内容，也肯定不是行政文化发展的最后形态，而是新时代我国政府行政职能转变下的一种文化形态，我们的任务就是适时地促使这种文化迈向成熟。

2.2 电子政务文化结构与内容

电子政务文化作为一种文化现象，同样有其自身的结构和相应的内容。电子政务文化结构包括两个方面：一是从文化体系的宏观视角，确定电子政务文化在文化体系中的位置，相当于为其进行文化脉络梳理；二是剖析电子政务文化内部结构，展示电子政务文化的层次。电子政务文化内容则是通过阐释不同内部结构对应的具体文化内容，表明电子政务文化的多样性以及特殊性，同时开展某种特定文化的培育，促进电子政务文化体系的成熟。

2.2.1 结构：属性定位与内部解剖

文化的界定难以统一，但如果具体到某种文化，则必然能在文化的图谱中找到其特殊的位置，即根据该类文化的属性确定其在文化宏观结构体系中的具体定位。电子政务文化属于行政文化范畴，这在宏观定位上是相对清晰的，因此只要明确行政文化的宏观结构，作为其亚类文化的电子政务文化就能够被准确定位。对于微观结构，则是通过剖析电子政务文化系统，观察其具体的内部文化组成，研究其内部四个结构层次是如何相互作用的。

1. 宏观结构——文化归属的图谱定位

文化的内涵非常丰富，其外延更是广泛。文化家族有着复杂的分支，要想确定某类文化的归属，需要在图谱中寻找其踪迹。电子政务文化是近些年出现的新文化，其结构是完整的，体系是丰富的，表明该文化已经成熟，完全可以在文化图谱中占据一席之地。从文化的顶端进行相关性梳理，可以找到与电子政务文化直接相关的多种文化，如：技术文化、网络文化、行政文化以及社会文化等。其中，与电子政务文化关系最密切的就是技术文化和行政文化。

1) 文化：定性与框架

从性质上分析，电子政务文化具有文化属性，可以根据该属性在文化的脉络中厘清其具体位置，这就是性质定位法。从词源和语义上分析，拉丁语中的"Culture"是文化转化的载体，意指对土地的耕耘、加工和改良，后来引申出改造、完善人的内在世界，使其外延和内涵都变得更为广泛和丰富。19世纪末，文化开始表示一种物质上、知识上和精神上的整体生活方式[①]。至此，文化形成了若干共性特征。

首先，文化是一种社会历史现象，每个社会或者社会的每个发展阶段，都有与其相适应的文化并随着社会物质生产的发展而发展，即处在不断的调整和发展中。

其次，从表现形态上看，文化包含两种元素，即显性元素和隐性元素，就是通常所说的文化现象和文化精神[②]。

再次，从结构上看，文化分为物质文化、制度文化、行为文化和精神文化。这四种文化在特定时期相互依赖，相互依存。

最后，从文化承载的主体上看，文化是由人在生产实践中创造的，因此，电子政务文化的快速发展，肯定会对传统文化秩序造成冲击。

电子政务文化是一种文化现象，这是毋庸置疑的。在文化图谱分析中，文化居于框架的最外层，决定了电子政务文化的根本属性，是电子政务文化的核心标签。文化搭建起宏观结构，并为电子政务文化预设了具体位置。

2) 行政文化：归属与创新

行政文化是文化的下一层结构，即文化亚结构。关于行政文化的界定，学术界尚未取得一致。夏书章(2003)主要从精神层面界定行政文化[③]，彭国甫和颜佳华(1998)则从制度和精神两个层面界定行政文化[④]，门泉东(1989)认为，行政文化是文化在行政管理中表现出来的一种独特的文化样式，是一定行政组织中行政员工集体创造并公认的文化，是行政物质文化、行政制度文化和行政精神文化有机结合的整体[⑤]。莱因哈德(Reinhard，2004)则分别从行政文化主体、客体和过程等方面进行了多视角的研究[⑥]。

在行政文化的生成环境和成长环境中，最重要的是其"行政"属性。第二次世界大战结束后，各国的行政权力比较大，不但在行政机构内部形

① 张继平. 制度转型的文化制约：文化社会学的一个分析[J]. 社会科学战线，2006(2)：295-298.
② 林国标.中国传统文化对社会主义核心价值观的涵养机制及路径选择[J].中共天津市委党校学报，2015(3)：27-34.
③ 夏书章. 行政管理学[M]. 广州：中山大学出版社，2003：149.
④ 彭国甫，颜佳华.现代行政管理新探[M]. 北京：北京燕山出版社，1998.
⑤ 门泉东. 行政文化改造的意义[J]. 理论界，1989(6)：14-16.
⑥ Reinhard. Electronic Government[M]. Berlin: Springer, 2004.

成了某种特定的文化，而且深刻地影响到社会文化的塑造。电子政务有利于传统行政方式的升级，能够用技术的力量弥补传统行政方式的缺陷，由此生成的基于"电子技术"的行政文化，已经与传统行政文化有了较大的差异，逐步形成新的文化范式，直至发展出一种新的文化类型——基于信息技术的新时代行政文化。

3) 技术文化：支撑与硬核

行政文化限定了电子政务文化的领域，而技术文化则是电子政务文化的支撑并为其提供了强大的内核。尽管现在人们普遍认为电子政务的核心是"政务"，但大部分人都接受信息技术的文化特质。

技术文化的概念也是多样的。部分学者认为技术和文化是对立的，技术中并不存在文化。德国技术哲学家拉普(Rapp，1986)认为，技术基本上是一种生物和本能的现象而不是理论的或文化的成就[1]。部分学者则从文化的角度看技术，提出了技术文化论，如法国技术哲学家李克特(1985)把技术看成文化中活生生的一部分[2]。日本学者栗原史郎(1987)把技术看成一种"文化技术"，主张文化包括技术[3]。上述学者的观点基本确定了技术在文化中的位置。另一些学者从技术角度看文化，提出了文化技术论，如德国技术哲学家冈特·绍伊博尔德(1993)认为文化具有技术的性质，其本质就是技术展现的过程和结果[4]。部分学者认为技术和文化是一体的，提出了技术文化一体论，如张明国提出(1999)"技术—文化"的概念，并提出了在技术文化相互作用下形成的"技术—文化"系统[5]。

关于技术文化的争论真实地反映出技术与社会文化相互作用的复杂性。但从学术界整体观点看，技术文化是存在的，并且有特定的结构。电子政务文化也具有技术文化的特质，因为没有电子信息技术就没有电子政务，更不会有电子政务文化。因此，技术文化全方面支撑起电子政务文化，并为电子政务文化提供了技术文化特性：客观性、服务性、透明性等。技术文化是电子政务文化的基础，是撑起电子政务文化的脊梁，没有技术文化提供的优质"养分"与"支撑"，电子政务文化就不能成长起来。技术文化已经成为电子政务文化的硬核，人们希望通过技术文化重新塑造传统行政文化，构建新的行政文化。

---

① 拉普·F. 技术哲学导论[M]. 沈阳：辽宁科学技术出版社，1986：10, 57, 100.
② 李克特. 科学是一种文化过程[M]. 上海：生活·读书·新知三联书店，1985：53.
③ 栗原史郎. 未来的技术哲学(日本版)[M]. 日本欧母出版社，1987：81-85.
④ 冈特·绍伊博尔德. 海德格尔分析新时代的科技[M]. 北京：中国社会科学出版社，1993：168.
⑤ 张明国. "技术—文化"论——一种对技术与文化关系的新阐释[J].自然辩证法研究，1999(6)：16-20, 30.

4) 网络文化：价值的展现

网络文化与技术文化相比，既有类似之处，也有很大不同。因为互联网本身就是一种技术，因此必然含有技术文化。但网络文化更突出网络内容，即网络中的信息和平台价值。匡文波(1999)指出，网络文化是指以计算机和通信技术的融合为物质基础，以发送和接收信息为核心的一种崭新文化，这是一种与现实社会文化具有不同特点的文化[①]。陈德权和毕雪娟(2012)认为网络文化是一种产业革命形成的新文化，是继农业革命、工业革命之后的一次全方位的产业变革[②]。

网络文化出现于20世纪中后期，而被广泛接受仅仅是21世纪以来的事情。但是网络文化具有的价值和影响力却得到了各国的高度重视。各国一般都认为网络文化的发展，是引导信息社会文化发展，促进信息社会和谐进步，制定网络政策、文化政策时必须关注的重要内容。电子政务文化是网络文化在政务管理和服务中的具体展现，能够表现出强大的文化服务价值，并对社会的发展起到积极的引领作用。随着政府数据文化逐渐被人们熟知，网络文化的平台价值普遍被人们接受，如果政府不能构建起网络空间，不能确保网络安全，电子政务文化就难以发挥出其应有的社会服务作用。

电子政务文化的生成和发展是信息社会各种文化创新发展的一部分，是在各种亚类文化层出不穷并加速发展的大背景下逐步成长和发展起来的。具体来说，这几种文化类型的关系如图2.1所示。文化是总体符号特征，代表各类文化的总体性质，居于最外层，包括各种类文化。技术文化是电子政务文化的一个来源，是重要的基础和支撑，它必然包含部分电子政务文化内容。网络文化和技术文化有交集，交集主要反映技术和网络之间的关联，网络文化是电子政务文化生成的网络环境，必然包含电子政务文化的部分内容。行政文化是电子政务文化的母文化，电子政务文化是行政文化在信息技术时代的重要内容，但不是全部内容，行政文化与技术文化、网络文化的交集也不一定都产生电子政务文化。由此可见，电子政务文化包含在行政文化体系内，而其又与技术文化、网络文化有相应交集，表明电子政务文化具有多种文化特质，是不同类型文化的交融和创新。

---

① 匡文波. 论网络文化[J]. 图书馆，1999(2)：20-21.
② 陈德权，毕雪娟. 电子政务文化：内涵与框架初探[J]. 电子政务，2012(12)：15-21.

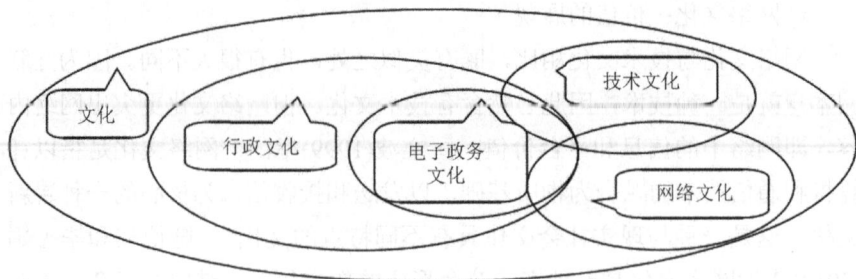

图2.1　各种文化在文化图谱中的定位

2. 微观结构——体系的解构与功能

微观结构主要是指电子政务文化自身的结构，也就是把电子政务文化分解开，观察里面的结构以及具体层次。电子政务文化的微观结构能使其区别于其他文化，每一个微观构成都具有明确的组织职能，发挥着不可替代的文化作用。按照文化构成的结构四分法，电子政务文化微观结构可对应分为物质层文化、制度层文化、行为层文化以及理念层文化。

1) 物质层文化：前提与保障

物质层文化是电子政务文化生成的物质基础，也是推动电子政务文化发展的基本动力。信息和通信技术包括各种应用，终端产品多种多样，极大地方便了人们的生产和生活。政府组织和社会公众在应用信息技术的过程中感受到了信息技术的重大价值，并日益依赖信息技术，对信息技术产生新的需求。没有信息技术的发展，就不会有电子政务文化的现在及未来。如果说"电子"是电子政务的前提，那么电子政务文化的前提依然是"电子"，新技术的不断涌现，成为电子政务文化创新发展的基本保障。

2) 制度层文化：规范与引领

没有规矩，无以成方圆。技术的发展、变化是难以预测的，因为无序使用技术而造成的技术灾难，可能造成难以预计的巨大损失。这方面的教训，在人类技术发展史上并不少见。信息和通信技术的飞跃发展，特别是在电子政务领域的广泛应用，也会滋生很多新的社会问题。电子政务文化中的制度层文化就是指为促进电子政务发展而形成的一系列方针政策、体制机制、标准文件、法律法规等。一般来说，制度层文化代表某个国家或地区对电子政务文化建设的明确态度和电子政务文化建设在该国家或地区的规范程度。国内外电子政务文化在制度层建设方面有一定差异，这主要是因为各国法制传统以及技术管控能力的差异。我国各地区电子政务发展差异较大，制度文化形成过程中的差异比较明显。但是，我国通过立法有序推进电子政务文化制度层建设，目前，已经基本形成以相关行政法规为主体框架的法治体系，推进了我国电子政务法治体系和治理能力现代化。

3) 行为层文化：践行与展现

行为层文化主要指通过行为选择而形成的习惯倾向，能够促使人们进一步形成行为规律。一般来说，人们的行为习惯是在长期的社会实践中逐步固化下来的，在短时间内不容易改变，一旦生成，就会在较长时间内遵守。电子政务已经渗入各个阶层人群的生活中，从"默默无闻"到"声名鹊起"，在新技术和新应用的驱动下，电子政务这种基于信息与通信技术的行为已经成为一种习惯。行为层文化主要包括两个方面：一是人们日常行为的电子化，行为者主动地改变自己的日常行为，使其与电子政务要求相适应，这是最关键的一步；二是人们不断创造各种条件，如技术创新、制度突破，促使人们的行为更加符合电子政务需要。政府为公众提供政务信息的行为已经愈发公开透明、便捷高效，制度约束、技术进步和行政组织重塑为公职人员履行公职提供了支持和保障。

4) 理念层文化：灵魂和反作用

理念层文化是电子政务文化的灵魂，也是电子政务文化成熟的标志，即在人们的精神深处和社会文化系统中，能够产生足以反作用于人类行为的精神力量。在电子政务的长期社会实践中逐步形成的有关电子政务的核心价值观、理念、愿景等是电子政务文化的精神层内容，是人们把外部事物的长期作用内化为自身价值判断和行为选择的思想和意愿。理念层文化的形成需要物质层、制度层以及行为层出现足够改变现实的比较优势，并且在一定的有利因素激励下，逐步固化思维认知和价值选择。理念层文化一旦生成，就会积极地指导另外三种文化不断创新，并以整体性思维和系统性判断，优化电子政务文化发展路径，加快电子服务落地并取得成效。党和国家对信息技术发展予以高度重视，正是因为看到了信息技术的巨大价值和潜力，同时表明电子政务文化一旦形成，就会反作用于电子政务实践，并潜移默化地引导电子政务的发展。理念层文化是电子政务文化高度的主要体现，因为理念层文化的重要价值就是以精神的力量指引实践行为，这是文化的内核，也是文化价值在行为主体中的呈现。

通过对电子政务文化四种微观结构的分析，我们可以进一步看到电子政务文化的复杂性、全面性和创新发展性。四种结构的成熟推动了电子政务文化的成熟，反过来又能激励电子政务在实践中向着更好的目标迈进。四种结构组成一棵大树：物质层文化是树基，是电子政务文化发展的基础和前提；制度层文化是树干，一方面抵御外部因素干扰，保护合法权益，另一方面以制度方式调适各个要素之间的关系；行为层文化是大树的树枝，大树是否繁茂，行为层的作用非常重要，再好的文化都是在行为层面展示出来的，人们要把电子政务文化中的诸多优秀行为展现出来，使之成为社会的新文化行为；理念层文化在社会个体的精神深处形成对电子政务的观点和评价，是电子政务文化大树上结出的累累硕果。

2.2.2　内容：多样的文化姿态

电子政务文化因为其宏观属性而明确了自身的位置，又因为其微观结构而让自身内容缤纷多彩。微观结构使电子政务文化的特性在各个方面充分展现出来，加快了电子政务文化的广泛传播，使其能够迅速地扎根于社会土壤之中，发挥出巨大的文化价值。

1. 物质层文化：重在应用支撑

物质层文化是电子政务运行与发展所需要的人才、信息、技术、设施等一切组织要素的统称。物质层文化具有典型的区域性、时空性特征，可以直接反映电子政务的实体建设状况。因为信息技术在政务活动中的普遍应用，虚拟的网络政府逐渐发展、成熟，网络信息技术等物质载体展现出了不同于线下实体政府的状态，相应地产生了两种电子政务文化。

1) 技术型文化

技术型文化源于电子政务应用的各种技术和产品。电子政务中的技术一旦在具体业务实践中得到使用，就会形成一种稳定的价值体系，这种价值体系不会随意地因人的意志而改变，即便改变了，也会留下技术"痕迹"，比如客观性、公平性和可溯性。制度虽具有刚性约束特征，但可能因为执行者的价值选择而出现"制度漏洞"，而技术应用系统能最大限度避免制度的随意性选择问题。

电子政务新技术不断涌现，推动政府决策者选用新的技术。政府、社会公众以及企业等电子政务应用主体对公共服务创新的需求推动电子政务建设日新月异。在不断发展中，技术的公共服务性、民族性和时空性逐渐渗透到各个产品中，如办公自动化系统。我国把十二个重要业务系统建设统称为"十二金"工程，而这个"金"指的就是各类技术的价值，被赋予了文化内涵。未来某种技术如果不能以特色文化的姿态出现在大众视野中，就难以在政府中应用。

技术型文化所具有的规范性、科学性和严谨性等特质，确保技术在公共服务过程中较少受到人为因素干扰，政务数据可以在互联互通的政务系统中自由穿梭。技术型文化促使公职人员严格遵守公务流程，认真执行操作规范，可重复、可记录、可观察地依法履行岗位职责。公众通过电子政务平台满足自身公务需求，逐渐接受了电子政务模式并从中感受到了技术的价值。

2) 业务型文化

业务型文化也被称为数据型文化，因为大数据是电子政务各个分支体系中流淌的"血液"，是体现电子政务价值的最重要物料。电子政务包含各种技术架构起来的网络以及基于政务建构起来的业务流程，这一切其实都在为政府业务服务，即让各类数据能够在网络中多跑路、不受阻。2016年国务院政府工作报告中强调的"互联网+政务服务"以及"让数据多跑腿，让群众少跑路"就是对业务型文化最好的诠释。也就是说，我们费大力气建设电子政务，从根本上是为了发挥电子政务的技术价值，切实把政务梗阻、数据不通、办事低效等业务问题解决掉，从根本上扭转传统官僚体制带来的百姓办事难问题，树立公众对政府的信心并提高公众满意度。我国构建的政务服务网实现了大量政务数据的互联互通，使各项行政审批事项实现了"一站式""一网式"办理。政府加强数据开放和政务数据集建设，不仅要满足政府部门的公务数据共享需要，还要向社会公众提供原始数据，推进社会发展。如今的电子政务就如人体中密布的神经和血管，大量数据在里面日夜不停地流淌，公众眼中的"花瓶"和"面子工程"已经成为发挥实质作用的"动力工厂和繁忙车间"。

对政府数据文化的研究丰富了电子政务文化中的业务型文化。从某种意义上说，在进行电子政务建设时要重新梳理传统业务框架，塑造新的业务流程。我国早期的办公自动化系统以单独部门内的系统数据分享为主，这个过程往往是从上至下的；而我国目前正在完善的政务服务网则是从下至上的，能够真正满足一线政务服务者高效率办公需求。业务型文化要求政府实现服务的线上化，从技术角度来说，这并非难事，问题在于政府部门(特别是拥有数据的部门)是否愿意释放手中的权力。业务型文化倡导政府的整体性构建，各个业务之间应该既是相对独立的，又存在一定联系，这样才可以实现政府部门之间的信息优化，才能确保公共服务网从虚网、空网变成满足公众需要的快捷办公网。

2. 制度层文化：重在规范

从形式上看，制度层文化与电子政务发展中的方针政策、体制机制、规章标准有关。但从实质内容上看，制度层文化则是对电子政务发展的规划，表明一个国家或者地区在电子政务发展方面的制度设计和执行能力。制度层文化与国家的发展模式以及法制传统密切相关。在电子政务发展初期，很多国家起步基本相同，但建设结果往往存在很大差异，其中一个重要原因是各国传统制度的差异。一些国家采取制度先行模式，按照既定制度指导实践；一些国家则通过实践积累经验，逐渐构建成熟的制度体系。两种模式各有利弊，关键取决于构建制度的质量和政府的贯彻执行力。各国制度层文化可以分为法治型文化和流程型文化两类。

1) 法治型文化

法治是社会规范发展的前提和保障，法治建设水平能够反映国家的发展水平。电子政务的法治型文化主要体现在电子政务制度的成熟度上，包括各个层级立法和政策的贯彻实施情况。政务部门依法行政，规范履行公职，任何违反制度的行为都会受到法律的约束和制裁。公众法治意识和依法参与社会活动的能力得到了显著提升。公共部门在公务中出现的推诿、漠视和渎职行为都将受到法律的严厉惩罚，任何人内心深处都埋下法治的种子，时刻接受法治的拷问与提示，全社会以法为纲，法治意识深刻嵌入公务行政的所有环节，乃至社会的每一个角落。

因为电子政务充分使用网络技术，并依托网络技术重塑了政务流程，所以各个政务环节必须相互配合，政府公职人员各自履责，这样才能确保政务数据的流通和行政事务的顺利实施。政府公职人员遵守法规是政务顺利开展的重要前提，也是组织正常运转的必要条件。此外，公职人员还要认真履行保护公众隐私和信息安全的责任，要具备足够的风险意识和安全意识，学会用法律保护自己和服务对象，以此树立依法行政的形象，促进法治型文化的生成和发展。

电子政务法治型文化还体现在技术应用领域和相关部门的活动中。电子政务法律体系庞大，一般来说由三个层次的法律法规构成：①电子政务的基础性法律法规，主要包括与政府一般信息行为相关的法律法规，如《中华人民共和国政府信息公开条例》；②电子政务活动方面的法律法规，主要是指与政府信息网络、建立政府信息网站、政府无纸化办公等相关的法律法规，如《中华人民共和国计算机信息系统安全保护条例》《计算机信息网络国际联网保密管理规定》《中国互联网络域名管理办法》等；③与电子政务活动相关的法律法规，主要涉及电子签名、网上采购、网上申报等具体工作，如国务院办公厅发布的《关于进一步加强政府采购管理工作的意见》。

2) 流程型文化

传统行政的一大弊端就是节点分立，互不相通。电子政务就是要在互联网平台上实现政府部门基于数据的流通互享，消除数据壁垒，实现政府部门组织重构，打造数字政府。流程型文化强调电子政务要按照科学规划，重构组织系统，在技术专家、政务专家的协同下，系统梳理业务流程，在确保数据安全和尊重个人隐私的前提下，推动"一张网"覆盖政府各项业务，打通数据流、业务流。从源头到业务完结的整个过程中，各项业务数据实现多部门共享，相互确认电子签单，各项政务信息流以严谨、封闭的程序，贯穿政务处置的全流程，任何节点出现瑕疵，都可以实现数据留痕，为绩效评估提供依据。

电子政务是基于信息化、网络化而形成的新管理体系，信息技术的客观性和规律性要求我们打破传统权力体系，重新分配权力资源。可见，流程型文化是一种全新的服务机制，它以让公众满意为目标，注重提供优质服务，摒弃了传统官僚文化中"统治"的理念，转而建立扁平化的组织架构，以事务处理为中心，使组织管理和业务处理更加高效。电子政务极大减少了人治的干扰以及随意性，以维护政务信息的真实性。由此理念和认知形成的流程型文化，催生出了积极的文化特质：遵从、客观、效率、职业等。

3. 行为层文化：重在突出优势价值

行为层文化主要体现在行为者在电子政务活动过程中的行为上，进一步来看，行为层文化也包括电子政务之外的类似电子政务的行为倾向，如：学习型文化、透明型文化和效率型文化。一般来说，有什么样的思想，就会有什么样的行为。从心理学角度来看，当某种行为被连续地强化并且得到奖励时，这种行为就会变成一种规律性的自觉行为。公职人员以及社会公众都会在参与电子政务活动的过程中感受到它的独特价值，进而选择在日常活动中接受这种行为倾向，这种行为将演变为社会大众行为。行为层文化主要包括以下几种。

1) 学习型文化

21世纪是终身学习的世纪，学习被认为是这个年代的主流生活方式。网络信息技术日新月异，使整个社会发生了颠覆性变化，如果不想被淘汰，每个人都必须努力学习，不停地更新自身的知识，提升自身的技能。一方面，公职人员必须主动加强网络知识学习，提升网络公务能力，更好地适应各种新技术；另一方面，社会公众努力与政府的服务模式相适应，能够基本按照政务服务平台要求，提升适应现代化生活的能力。

20世纪80—90年代，企业界先后兴起了企业重塑和流程再造运动，大大提升了企业的效率。电子政务同样要求政府像企业那样进行业务流程再造，破除低效障碍。在政府进行组织重塑的过程中，公职人员感受到了危机——不学习就意味着被淘汰。大数据、云计算以及人工智能技术替代一般人力的现象也会在公务活动中发生。学习成为社会的新常态，学习型文化更是社会的主旋律。

但是我们也要看到，信息技术时代对一部分人是相当不友好的，比如一些缺乏新技术技能或者不具备这方面条件的人，这些人会成为"数字鸿沟"的牺牲品。这样的现实显然是残酷的，是与公共行政理念背道而驰的。国家正在有序地推进学习型基础设施的建设，包括电力、网络和终端设备的建设。个体也需要发挥自主学习积极性。电子政务激发了社会公众的学习热情，当下，公众不仅学会了电子政务应用，还能利用各种信息终端享受生活乐趣，一下子迈入数字时代。据有关部门统计，我国移动政务发展迅猛，其中，公众的学习能力和适应力是重要的推动因素。

2) 透明型文化

政府与公众之间存在着一个难以协调的矛盾，公众经常怀疑政府存在管理不透明或者说"暗箱操作"的问题。"权力只有在阳光下才不会腐败"已经成为社会公众的共识，政府公务要遵循透明原则，接受公众和上级部门的监督，避免出现暗箱交易。电子政务公开透明，大量的政府信息和公众需求透明地展示在电子政务平台上，处置事务的要素、条件、进程和结果均接受公开监督，这样就极大地避免了权力的干预和任性处置，最大限度地保护了当事人的权益和社会公正。

电子政务的技术型文化特质，令其具有天然的透明型文化特征，营造了清廉的政治环境，增强了政府与民众彼此的信任。陈梦(2012)认为政府的公信力建立在透明和公开的基础上。信息公开是打造阳光政府和责任政府的重要途径，也是夯实政府公信力的基础性工程。英国建立了专门公布政府数据的网站，比如，英国政府的数据开放网站有三千多项民生数据。如何收集数据、利用数据和开放数据，是中国各级党政部门面临的重大挑战和课题，也是走向善治之路的重要通道①。

公众能够接触到透明的信息与服务，政府与公众可以在透明的平台上，更好地研讨公共政策或解决公共问题。透明型文化极大改变了传统政

---

① 陈梦. 一部"透明政治"的教科书[EB/OL]. http://cul.china.com.cn/book/2012-11-13.

治生态和行政行为取向，不公开成为特例，公开透明成为日常行为规范。公职人员不再害怕群众的监督，把监督视为依法行政的合理行为，通过政府的透明引领社会诸多领域走向透明，使公开政府信息、社会参与监督形成风尚，成为常态。

3) 效率型文化

20世纪70年代末，欧美国家普遍遭受财政赤字和服务低效的困扰，公众质疑政府官僚之声不绝于耳。英国首相撒切尔夫人掀起的新公共管理运动，以解决政府低效率为目标，采取了多项举措，力图破解政府"减员增效"的难题。直到20世纪90年代，美国掀起电子政务运动，依托技术在政务活动中的大量应用，为真正破解现代政府的低效率带来了曙光。政府拿出一定的财政资金建设电子政务系统，大力发展线上办公，切实解决了行政效率问题，带动全社会进入信息技术时代。大量财政资金投入信息技术领域，也推动了数字经济和信息产业的快速发展。

公共部门提升效率，能为纳税人节约资金，从而为社会提供更多的公共物品和服务。效率意味着竞争力和可持续发展能力。公共部门和私营部门都需要不断提升效率，重视投入产出比。公共部门虽然将公平置于优先地位，但这与效率并不矛盾，公平是底线，效率则是生命力。当前，世界各国都希望借助电子政务提升服务效率、改善公共物品品质。各国政府加快推进公共管理改革和业务流程优化，使组织结构更加合理，打破了行政部门条块分割的传统体制，实现政府部门信息共享，提高了公共管理效能和社会服务质量。

2003年11月，时任总理温家宝在一次"电子政务研讨班"上指出："电子政务从根本上讲是为了提高行政效率，降低行政成本，改进政府工作，方便人民群众。"之后，人们常把电子政务与行政效率紧密联系在一起。也就是说，电子政务建设的根本目的就是提升行政效率，如果电子政务不能有效提升工作效率，就失去了其存在的意义。

4. 理念层文化：重在实现公共行政价值

各种有形内容在长期实践中产生了某种精神价值，反过来作用在人们的具体实践上，这就是精神或者意识的力量，是一种特定的文化类型。对理念层文化进行评价，关键要看它的引导力、作用力，一般来说，诚信型文化、服务型文化、参与型文化是其具体组成部分，而这三方面文化恰好也是公共行政的最高价值追求。

1) 诚信型文化

在中华优秀传统文化中，诚信文化有着非常高的地位。人如果没有诚信，就没有在社会上立足的基础。国家缺少诚信，在世界舞台上就失去了发展根基。国家政权缺少诚信，社会就会出现动荡。诚信是立国之基，立事之本。电子政务业务流程是稳定的，所有信息的输入最后都能产出可预期的结果，换句话说，在输入端按照要求完成输入，输出端就会得到固定的、确认的结果，这就是诚信。政府利用电子政务公开信息，接受公众监督，向群众征询意见和建议，都是诚信型文化的体现。公众也会因为信赖政府而愿意把权力委托给政府，对政府投出信任票。

电子政务的目标是推动政府诚信文化建设，但因为在实施过程中缺乏经验，可能会产生电子政务诚信不足的问题。为此，一方面要加大电子政务诚信型文化建设，特别是高度重视社会主义核心价值观的引导和践行；另一方面，政府要在建设线下诚信的同时构建线上诚信，激发公众培育契约精神，增强道德意识。

2) 服务型文化

服务型文化是公共服务意识和网络技术价值的生动融合，是电子政务文化体系中的核心内容，因为服务最能彰显电子政务的时代价值。20世纪70年代的新公共管理运动和80年代的新公共服务理念，为建设一个更高效的"服务型政府"奠定了理论基础。其中，张秉福(2006)认为服务型政府的理念是：管理就是服务，政府的存在是为了满足社会的需要，政府应该尽可能地为社会提供满意的公共物品[①]。我国进入新时代以后，在全心全意为人民服务宗旨的基础上，明确提出要以"人民利益至上"作为执政之基。这里不仅涉及执政理念的变化，还要求党在执政方式和执政行为上全面创新。电子政务具有传统政务服务远远不及的技术优势和服务优势，可以实现全天候在线服务。公众在这个过程中得到了满意的结果；政府则依法履职，实现了对人民的承诺。以此建构的技术网络和服务模式，深深嵌入社会文化各个层面，政府转变为服务型机关，公众成为享受服务过程的权利主体，官民关系、政民关系都得到了极大改善，社会更加和谐、温馨。

我国从2018年开始推进三级政务服务网建设，我国的政务服务网在疫情期间经受住了考验，赢得了公职人员和社会公众的支持。实践表明，政务服务网极大提升了政务服务效率，"最多跑一次""一站式""不求人

---

① 张秉福.服务型行政文化：特征·意义·构建[J].高校社科动态，2006(2)：13-16.

办事""跨域通办"等创新模式，极大满足了公众的办事需求和企业的发展需求，实现了真正意义上的服务型政府模式。电子政务的核心价值追求正在各项公共服务中得到体现。基于电子政务构建起中国特色的服务型政府模式指日可待。服务已经从口号转化为具有实际意义的应用，服务型政府已经跃然"网上"。

3) 参与型文化

参与型文化是指公众借助电子政务平台在参与决策、执行监督等行为中形成的文化，该文化能够确保公民有效地表达诉求和实现权利，以达到政府治理效益最大化。公民的政治参与权是合法政治权利，具有不可剥夺性。在代议制框架下，公民主动参与政府决策和监督官员，维护和捍卫自身利益。在电子政务模式下，公民参与途径、渠道和机制更加成熟，能够有效地保障公民权利，体现了公民参与的价值，改善了公民和政府之间的关系。

电子政务为社会公众有序参与政府活动提供了方便的渠道：一方面，电子政务成为政府信息公开的重要通道，网络使政府变得更加透明，公众的监督更加便捷；另一方面，公众可以通过政府部门监督网进行监督。例如，2012年伦敦奥运会期间英国政府开展的公民"随手拍"活动、我国开通的中央纪委监察委网站，都是典型的民众参与监督的有效形式。

我国鼓励民众参与政府决策和监督政府的行为，是切实贯彻"坚持人民主体地位"这一重要原则的具体体现，更是新时代发挥人民群众智慧，开创中国式现代化的重要保障。人民参与才能体现人民群众的主体地位。电子政务打开了人民群众参与政府活动的大门，建立起了安全参与政府活动的保障机制，因此，西方国家部分学者把电子政务视为一种民主政治形式，认为电子政务即民主。

2.3　电子政务文化的功能与价值

电子政务文化不同于一般的政务模式，具有独特的功能，不仅能够实现不断的自我重塑和发展，也能改变周边事务和环境。随着电子政务文化的深入发展，电子政务文化的价值也逐步获得认同。进入新时代，电子政务文化的功能和价值将被深入挖掘，为政府改革创新提供积极的动力。

2.3.1 功能：独特的影响力

电子政务文化的功能主要表现在其对电子政务多主体行为和凝聚力的影响上，电子政务文化对政府形象的塑造有着积极的推动作用。

1. 规范电子政务主体行为

文化一经形成，就会形成巨大的反塑力，即对行为主体和社会环境产生积极的反作用。在一定时期内，新形成的文化往往是积极向上的文化，能够对社会主体起到积极的规范和引导作用。与传统行政文化相比，电子政务文化具有新文化的独特优势，而且是符合历史潮流的积极文化。电子政务文化中包含的服务、效率、公开、参与等文化内容，逐步在社会公众和公职人员心中扎根，并能积极地反作用到电子政务参与主体上，对电子政务的行为主体起着指导、监督和自我评价的作用，即以一种文化的力量影响电子政务行为主体。

党的十七大报告提出要"加快行政管理体制改革，建设服务型政府"，并明确指出要"健全政府职责体系，完善公共服务体系，推行电子政务，强化社会管理和公共服务"。党的十八大、十九大和二十大报告则从不同角度要求加强网络文化建设，推进互联网、大数据等技术在电子政务中的应用进程，以提升政府服务效能。当前，电子政务在国家治理体系和治理能力现代化中的地位和作用已经不可替代，电子政务文化的生成和发展则对未来电子政务具有重大的影响和积极的社会价值，能够引导电子政务行为主体做出正确的行为选择。

2. 增强电子政务主体凝聚力

电子政务文化的塑造是一项社会性活动，具有相对复杂性。佟德志(2015)认为电子政务文化子系统是连接电子政务任务、技术和结构的组带[①]。电子政务在实践中的巨大价值，让参与者感受到其不可替代性。电子政务文化通过整体塑造和文化的反塑，促使行政组织不断追逐新的行政目标，加快完善行政制度，优化政务服务机制，推动电子政务主体向着共同的目标努力。在奔向目标的过程中，行政组织的凝聚力和战斗力都会得到提升。

---

① 佟德志. 电子政务原理[M]. 北京：高等教育出版社，2015：55.

　　电子政务的发起者往往是各国的政治家和具有决策能力的国家管理者。电子政务的执行力量则是国家行政机构的人员，他们既欢迎电子政务，以减少重复性行政工作，提高工作效率，也具有一定的抵制心理，因为新的业务系统可能削弱甚至剥夺他们手中的权力。电子政务服务对象是广大社会公众和企业，这些主体当然希望政府能够提高效率、改善传统的行政流程，但是不愿意为此担负更多的成本。电子政务文化通过整体性协同促使各个主体逐步形成默契和共识，在愿意增加一定社会成本的前提下，协作推动电子政务向前发展。

3. 塑造良好的政府形象

　　政府的形象很大程度上要通过政府的服务行为展示出来，行政文化是政府形象的有机组成部分。电子政务文化全面展示了新时代行政文化的特质和价值，符合社会对电子政务的预期，达到了重塑政府的目的，形成了民主、高效、透明、廉洁等新风气和新形象，赢得了社会公众对政府的信赖和认可，政府也因此具有了日益强大的号召力和权威性。

　　姚梅(2017)认为，电子政务文化塑造的政府形象具有公开透明、高效智慧和法治廉洁的特点。首先，公开透明的政府形象。《中华人民共和国政府信息公开条例》于2007年1月17日在国务院第165次常务会议通过，自2008年5月1日起施行，该条例于2019年4月3日修订，修订条例自2019年5月15日起施行。该条例推进基于电子政务的政务信息公开渠道建设，很大程度上解决了传统媒介信息公开渠道和受众受限问题，我国各级电子政务网站以及政府部门门户网站成为公众了解政府信息的主要渠道，政府透明度显著提升。其次，高效智慧的政府形象。通过"互联网+政务"服务，以及我国在"十三五"期间构建的三级政务服务网，打通了各级政府部门的数据梗阻，大数据、云计算以及人工智能技术得到普遍应用，使得政府决策、政府部门联动机制显著改善，政府在回应力、执行力方面显著提升，政府不再是迟钝、木讷的政府，而是聪明、快速的服务机构。再次，法治廉洁的政府形象。我国在转型期曾一度出现公权力交易、权力寻租以及监督疲弱等问题，严重损害了政府形象。电子政务文化则如一缕新风，用制度和组织机制荡涤黑暗交易和违法违规行为。要想确保公权力在政务系统内部运行中"电子留痕"，首先要实现程序规范化、可追溯，这样才能够对公职人员的权力起到一定的监督作用，也能够使政务系统内部的公权力运行规范化、合法化。同时，外部公众借助政务微信、政务微博等平台加强对政府及公职人员的监督与约束，有利于减少贪污腐败、违法违纪等行为的发生，进而为塑造廉洁法治的政府形象提供新的契机[①]。

2.3.2 价值：不可替代的作用力

电子政务文化的价值主要来自文化的价值属性。在中国古代有关文化的讨论中，文化的最初含义很简单，就是指"文而化之"的内容和形式，是"文治"与"教化"的融合。《易经》中提到"观乎人文，以化成天下"。在这里"人"是目的，"文"是内容和实质，"化"是方法、路径，化境或者说转化是"文"的本质要求和最高境界。电子政务文化同样要达到统筹电子政务物质和精神建设的目标，进而转化为成熟的电子政务体系，实现电子政务建设的目标。

具体来说，电子政务文化具有"文而化物""文而化人""文而化思"和"文而化文"等层面的价值。"文而化物"是指电子政务文化作为一种思想意识，能够对具体器物的建设起到指导、约束的作用。"文而化人"则强调电子政务文化在塑造人、影响人、培育人方面所具有的积极价值，可以促使电子政务行为者养成整体性观念、系统性思维以及规范行事的作风。"文而化思"则是指电子政务文化可以启发人们的思考，使其形成一定的思维定势，展现出一定的行政精神，进而设计现代的电子政务运行系统，更好地实现社会治理目标。"文而化文"则强调电子政务文化是需要丰富和完善的对象，同时，电子政务文化也是治理工具，是对象和工具的统一。

电子政务在各国的发展，引发了行政体系和管理内容的变革，各国也在多领域探索文化治理所具有的认知和思维价值，进而推动本国从体系塑造转向文化治理，以求在变革的时代加快实现文化治理价值，推进行政文化的现代化进程。

1. 文而化物：物质层的系统构建

电子政务文化是电子政务发展到一定阶段形成的文化形态，能够对电子政务的发展进行反思和重构，加快电子政务的健康发展。不同国家电子政务的起步阶段以及发展环境可能存在一定差异，各国电子政务的发展都得益于美国率先发展的网络技术。这就导致各国在网络技术领域对美国存在很强的依赖性，由此也产生了制度依赖、文化依赖等问题。这对主权国

---

① 姚梅．"互联网+政务"背景下我国政府形象塑造研究[J]．安徽商贸职业技术学院学报，2017(3)：6-10．

家或者存在意识形态差异的国家来说，是比较危险的。大量事实显示，技术依赖会导致国家网络信息安全无法得到保证，这种问题会进一步扩散到信息网络技术应用的所有领域。斯诺登事件以及近几年美国对我国进行的信息窃取、网络攻击等都充分地证明了这一点。

在电子政务建设过程中，首先要建构起强大的安全技术体系，网络核心技术不能受制于人，要确保芯片、材料、应用系统、操作系统等方面安全可控。美国对华为的制裁，以及对我国芯片和高性能计算软件的封锁和禁运都表明了技术自主可控的重要性。因此，在电子政务物质层建设过程中，我们不仅要发挥自身优势，比如制造业强大、生产体系健全、工人技能水平高、营商环境好等，还必须尽力占领网络信息技术的制高点，从全局和系统性角度，引导我国电子政务物质层的安全发展，既要满足我国的安全发展需要，又要为世界输出安全可靠的产品，促进世界多极化和包容性发展。

我国在电子政务物质层方面的产品设计与开发并不落后，有一些甚至走在世界的前列。我国在超级计算领域的技术成果，在生物制药、气象预报、国民经济调查、农业生产、军事等领域都发挥着巨大作用。在这方面，我国从跟跑、并行到完成超越，向世界展示了中国速度和中国质量新高度。我国在新型网络技术产品开发速度和市场占有率方面，也走在世界前列。总体来看，我国在网络信息产品开发与制造领域，已经掌握了一定话语权，并且正在从低端向中高端迈进。

人离不开物的支撑，需要不断地构建物质世界，改善物质成果，使其更好地服务人类；同时人类不能被物绑缚，人要有精神生活，追求高雅的精神世界，通过精神的力量，使更多物具有人文价值。

2. 文而化人：参与人员能力和意识的提升

电子政务文化的核心价值在于该文化对人的影响。党的十七大报告提出我国要建设"服务型政府"，并将电子政务建设作为加快行政管理体制改革，建设服务型政府的重要手段。建设服务型政府，不仅需要服务手段的现代化，还需要服务供给者的现代化。电子政务是实现政府办公现代化的关键，而参与电子政务的服务者和服务对象的意识提升和思维转变，同样不可忽视。电子政务文化中包含服务、效率、公开、民主等理念，要让这些思想意识在广大公职人员心中扎根，使其能够时刻敦促电子政务参与者做出相应的行为，从而达到文而化人的效果。

电子政务文化要求从政者改变传统行政文化思维，牢固树立电子政务文化思维，用先进的文化武装自己的思想，用文化塑造的"果"去扩展电子政务的服务价值。这方面的塑造进程是缓慢的，却是有意义的。

电子政务流程宛如一条生产线，公职人员在办事流程上与一般流水线工人相似，这会导致公职人员的使命感以及荣誉感大大降低，工作价值难以体现。一些人会主动适应这种情况，另一些人则可能选择离岗，放弃公务岗位，这对电子政务文化的塑造来说是一个冲击。

另外，电子政务文化也会在政府服务对象群体中产生较大的影响，新的政务流程和办公模式建立起了以"顾客"为中心的服务体系，电子服务广泛渗透到社会生活各个领域，公众的满意度日益提高。公众从主动寻求政府服务转向接受政府主动提供的服务，从登门拜访转向居家一键通。电子政务文化激励公众基于政府开放数据，进行文化创新方面的思考，整个社会将享受更加便捷的电子服务。

电子政务文化的"化人"作用，提升了参与者的文化素养和文化技能，为信息时代下的"数字化生存"奠定了人文基础。可见，电子政务文化的"化人"价值是全面的、系统的，不仅能为整个社会带来创新发展的新风，也能为以公众为中心的服务理念奠定坚实的人文基础。

3. 文而化思：制度体系和文化体系的成熟

思想价值是文化的核心价值。"文而化思"就是发挥文化价值中的思考、思维功能，以系统的思考建构规则，追寻事物发展的规律，进而以整体性行动推进痼疾的化解，在提升文化高度的同时，使人们的思维高度再上新台阶。世界各个国家和民族处于不同的发展阶段，具有不同的经济基础和政治制度，因此拥有不同的思想文化。当代中国，社会主义核心价值观居于文化的核心地位，行政文化作为社会文化的重要组成部分，要求政府推动其他文化主体的行为符合社会主义核心价值观。

电子政务文化的生成离不开符合电子政务发展的制度体系的建立。电子政务的发展有其固有规律，人们需要在总结规律的基础上，对实践经验进行总结，发挥制度的优势，加强对电子政务物质层、行为层的引导，推进电子政务制度体系的建立。在我国电子政务制度层文化发展过程中，一般优先建构技术制度体系，进而规范人们的行为，也就是说，电子政务文化的成熟依赖于电子政务制度体系的完善。当然，电子政务制度体系也会不断发展，前提是制度体系要与电子政务相匹配，制度文化要与社会文化、行政文化相符。

电子政务文化不仅要形成自身的文化体系，还要与其他文化一起形成文化整体框架。电子政务文化是传统行政文化遇到信任危机之后，因电子政务快速发展而逐渐形成的新文化。电子政务文化从出现起就具有新型文化的诸多特征，能够依托物质技术体系、制度规则建构起自身的新型行政文化体系，并且在服务型文化、民主型文化、透明型文化、法治型文化和效率型文化等方面深入人心。新时代行政文化体系的重心成功地转移到电子政务文化体系中。同时，电子政务文化建设加快了社会文化创新和新文化体系建构，加快了信息技术文化的传播和推广。电子政务文化在社会上得到了迅速扩展，并演变出诸多具有新文化特质的文化体系。

4. 文而化文：文化治理——对象与工具

电子政务文化的重要价值体现在其文化治理上，我们能够运用文化思维、工具和方法分析社会文化现象，提升文化治理价值。电子政务文化具有信息技术时代的文化特质，当下整个社会已步入信息时代，网络文化、电子商务文化、数据文化等概念被公众熟知并在政府的推动下发展起来。电子政务文化首先要完成自身的文化塑造，然后通过网络信息技术对政府管理模式进行再造，并基于此对网络社会生活的文化进行再造，形成物质文明和精神文明的双向互动。电子政务文化得到了外部的重塑和内涵的提升，加速构建起严谨的文化体系。作为一种文化治理工具，电子政务文化能够反向检测相关文化的建设水平和发展方向。电子政务文化具有文化的渗透、规范功能，是新时代各种后发文化的对标工具、评价工具和监测工具，在政务公开、信息共享、民主参与、提高效率、改善服务、整合流程等方面能够发挥积极作用，能够极大地推进政府管理和运作模式的创新，并最终体现在社会文化的创新成果中，体现电子政务文化作为治理工具的巨大价值。

2.4　电子政务文化的生成与培育

电子政务文化不是自古就有的，也不是天然生成的，它是在特定的条件和环境的综合作用下，经过一段时期的发展，最终形成的特殊的文化形式。全面分析电子政务文化生成的直接和间接要素，并发现其具体的生成机制，能够为电子政务文化在不同国家和地区的生成提供培育策略。

2.4.1 文化生成：界定、过程与价值

1. 生成与生成论

《现代汉语词典》中将"生成"解释为"形成"和"产生"。《马克思主义词典》中把"生成"解释为"变易"，即"事物现象普遍变化和发展的契机，可能性与现实之间的过渡状态"[①]。也就是说，生成是过程和结果的统一，是多种因素在一定条件作用下呈现出的新样态。生成论则把研究对象置于变化之中，进而探寻研究对象生成的基础、条件以及路径，它是一种系统的观点，是透视事物本质的学说。

2. 电子政务文化生成：过程与结果的统一

新事物的出现都要经历复杂的背景转换和结果更替。文化生成也是如此，即一种新文化的生成是从旧文化状态转变为新文化的系统性过程。学者们对文化生成阶段的划分存在一定差异。格里芬等学者(2010)认为组织文化的变革包括三个阶段：解冻阶段，即人们认识和感受到文化变革的需求；变革阶段，即从旧的文化状态向新的文化状态转变；再冻结阶段，即新的文化相对稳定和永久化的过程[②]。李继先(2009)则将文化的变革分为四个阶段：预备、解冻、变革及冻结。这四个阶段又可以分为七个步骤：感知现有文化、诊断现有文化、酝酿与准备变革、制订变革方案、实施变革、反馈与调整和完善与固化[③]。

电子政务文化的生成并非线性的、流畅的过程，相反，其在各种复杂因素的作用下，呈现出曲折的转化过程，并最终形成一定的成果，发挥出应有的社会文化价值。电子政务文化生成过程主要包括以下三个阶段。

1) 倡议阶段

该阶段是指电子政务文化在一定的环境刺激和人们需求的推动下，各方面主体充分意识到传统行政文化变革的必要性，并对新的文化产生了相应的诉求。政府积极推进电子政务建设，以期改革传统的官僚行政体制。但传统的行政文化却深深地影响和束缚了新的技术体系，现实行政运行中信息不公开、暗箱操作等顽疾依然存在，引起了社会对政府行为的不满，社会矛盾进一步激化。电子政务领域学者认同推行电子政务的价值，

---

① 许征帆. 马克思主义词典[M]. 长春：吉林大学出版社，1987：547.
② 格里芬 R W，唐宁玉，摩海德 G. 组织行为学[M]. 刘伟，译. 北京：中国市场出版社，2010：463.
③ 李继先. 企业文化变革理论与实务[M]. 北京：经济管理出版社，2009：103.

政府、非政府组织以及公众渴望新文化，希望政府能够建立一套行之有效的自我约束机制。社会公众的关注焦点也从基本的温饱问题转移到社会领域，特别关注民主、公共服务等方面。

2) 标准化阶段

该阶段是指政府等参与文化生成的主体，依据电子政务发展的态势和社会发展的需求，建立起具有普遍接受度的电子政务文化模式。政府及公职人员深刻影响着电子政务文化的形成和发展，但政府已经不能控制电子政务文化的走向，因为其他社会主体的参与已经具有了更强大的力量。在政府与其他主体的博弈中，客观上政府依然占据着主导性地位，政府在电子政务基础设施建设、制度规范化建设、电子政务行为的推进以及公众的教育方面，都发挥着主导作用。

3) 习惯化阶段

该阶段是指电子政务参与者从内心到行为普遍接受电子政务文化，并在情感上形成相应的价值认同，愿意接受电子政务。电子政务文化是行政管理体制在电子政务实行阶段形成的一种普遍的文化范式。电子政务文化的生成离不开电子政务参与者的普遍认同和积极践行，他们在日常行为和精神上，乐于接受这种新的文化。电子政务文化已经具有一定的稳定性。

3. 电子政务文化的生成价值

1) 能够提高电子政务工作人员的服务观念和效率意识

电子政务文化包括多种类型，如服务型文化、民主型文化、透明型文化、法治型文化、效率型文化等。这些新文化一旦生成，就会为电子政务参与者提供一个良好的文化氛围，并潜移默化地引导电子政务参与者改变行政观念，使电子政务价值符合社会期待。

2) 能够弥补电子政务工具的不足

电子政务文化是一种新的文化价值，追求理性、公平和共享。但是，单纯的电子信息技术却极可能产生"数字鸿沟"等问题，割裂了社会历史价值和人群之间的信任。电子政务文化可以从文化生成的内在机制上防范和消减电子政务的负面作用，推进电子政务普适文化观的形成。

3) 能够带动相关文化的发展

电子政务文化是新时代的文化，符合社会发展潮流。电子政务文化生成过程也是新旧文化相互斗争的过程。这个过程会使整个社会形成积极向上的文化创新氛围，引导社会建立起破除旧弊、建立新文化的氛围，促使阻挠者认清社会形势，顺应者敢于勇立潮头，带动相关文化不断创新，顺应时代发展潮流。

2.4.2　生成土壤与要素：自然的融合过程

1.完善的市场经济体系：主体参与能力与意愿

经济基础决定上层建筑。当代市场经济体系要求政府建立与之匹配的高效率的政务管理体系和政府服务体系。亨廷顿指出，经济发展促进了社会结构的变迁并鼓励了民主化的价值观。信息经济的发展必然伴随着社会和政府结构的巨大变化。社会所有制结构、分配原则都可能发生巨大的变化，进而深刻地影响政府管理模式。

一方面，有参与能力的主体持续增加。随着市场经济体系日益完善，经济资源在市场机制作用下有序流动，物质财富极大丰富，社会资产迅猛增加，人们不再为温饱而操劳奔波，具备了"闲"下来参与政治的经济基础和物质条件。同时，不同的经济实力造就了不同的经济阶层，人们的诉求愈发多样化、具体化，要求政府在管理模式、管理体系方面充分保障不同阶层人群的利益，满足他们的诉求。电子政务为这部分人参与政治对话、表达政治诉求提供了更好的平台，政民互动、官民对话、信息公开等践行民主权利的方式日趋深入人们的生活中，网络政治时代已经到来，电子政务文化成为政治民主进步的产物，反过来也成为推进民主政治的重要力量。这是电子政务文化生成的政治基础。

另一方面，参与意识和参与水平得到了显著提升。市场经济追求的公平、效率、法治等市场意识同样适用于社会生活和政治领域。随着市场经济的快速发展，社会公众的参与意识以及参与水平都得到显著提升。社会公众已经不再简单地单向接收信息，而是借助电子政务平台开展更多的在线互动，参与水平较以往得到了显著提高，极大地推动了电子政务文化的发展。

市场经济的发展加快了社会资本的积累，人们物质财富的增长促进了市场意识和参与意识的提高，为电子政务文化生成奠定了坚实的物质基础。

2.政府职能转变：服务与效能

党的十八大报告提出，要深入推进政企分开、政资分开、政事分开、政社分开，建设职能科学、结构优化、廉洁高效、人民满意的服务型政府。行政体制改革的核心是实现人民民主，推进政社分开，实现行政权力的层层下放，进一步打破传统的集权体制，进而为新的行政价值理念、行政思维模式的形成提供一定的前提条件。

政府职能指的是政府在社会中应承担的职责，转变政府职能是行政系统适应社会环境的必然选择。计划经济下的政府是全能型政府，公共权力的触角伸向社会各个角落。随着社会问题的日益复杂化、多元化，政府自身难以应对复杂、多变的社会问题。因此，政府不得不将手中的一部分权力让渡给体制外的行动者，将职能重心转移到社会管理和公共服务上来。政府职能重心的转移，使得政府能够充分利用社会资源和自身资源，为现代化的电子政务文化提供了土壤。

3. 新型文化涌现：宽松的文化环境

政治主导行政，政治文化的发展必将带动行政文化的变迁。政治文化是人们对政治的主观意识和社会心理反映，是政治历史与现实交互作用的产物。随着市场经济的发展和权力结构的调整，人们开始由被动服从政治法令，转向积极地参与到政治过程中，公民的心态也由臣民心态向以独立人格为基础的市民心态转变，这就奠定了电子政务文化生成的坚实思想基础。

信息社会的发展催生了一种以网络技术为载体的新型文化——网络文化。基于网络活动而形成的网络文化具有平等性、大众化和包容性等特点，使其一开始便随着网络的普及而产生极大的社会影响力，对其他领域的思想观念产生冲击。以网络技术为依托，网络文化的繁荣必然会带动电子政务理念的创新。

4. 社会组织：新文化的推动力量

从历史视角来看，"强政府弱社会"的政治格局延续了几千年，公民的主体意识和公共精神在强势政府下逐渐被弱化。改革开放以后，我国的民间组织数量迅速增长。社会组织的广泛建立和公民社会的兴起，凝聚了分散的个体力量，使社会与政府之间的力量差距不断缩小，为二者的平等对话和交流提供了基础，从而为传统行政文化的转型提供了可能。

5. 网络信息技术：新型文化载体与突破力量

在互联网出现之前，社会公众普遍难以实现与政府的平等、直接对话，造成政府对社会力量的忽视。而随着互联网在政府管理中的应用，政府与社会公众的地理界限被打破，为实现二者的充分交流提供了网络平台。公众能够从网络上获取时政信息，并通过政府微博、电子邮件等方式表达意见、参政议政。此外，网络的去中心化，使公众能够平等参与到政府活动中，拉近了公民与政府的距离，激发了公民参与行政的热情。

网络参政的兴起，使得政府必须建立允许社会参与政治的机制，由传统对社会力量的漠视转为与社会形成良好的互动关系。总之，互联网的发展与普及为电子政务文化的生成注入了更多的力量。

6. 国际规则：文化交流与碰撞

经济的全球化打破了各国闭关自守的状态，使各国处于相互联系和相互竞争的状态中。随着世界各国间交流频率的增大和相互依赖程度的加深，国际制度发挥着越来越重要的作用。中国加入世界贸易组织等国际组织后，政府必须按照国际规则在管理方式、管理理念方面进行调整。

表2.1列出了一些影响力较大的国际规则对政府行为的约束。政府只要加入这些国际组织，就要接受国际组织制定的国际规则。

表2.1　一些影响力较大的国际规则对政府行为的约束

国际规则	国际规则对政府行为的约束
《关税及贸易总协定》	每一个缔约方应当以统一、公正的方式实施法律、法规、有普遍约束力的判决和裁定；政府必须遵守承诺，依法行政
《公民权利和政治权利国际公约》	直接或自由选择参与公共事务；在一般平等的条件下参与公共事务

为了更好地融入国际环境，对外展示良好的国家形象，政府必须遵守、履行国际承诺，在管理方式、管理理念等方面进行变革。因此，经济全球化和国际规则的约束为电子政务文化的生成提供了国际导向。

7. 行政文化的渐进传播

20世纪80年代，英、美等西方国家率先开始行政改革，将市场机制引入公共部门，要求政府人员奉行"顾客至上"的全新价值理念，并重视行政效率。随后，以登哈特夫妇为代表的学者们提出了新公共服务理论，主张将公共利益最大化视为公共行政的目标，鼓励公众参与决策。

由于行政理论的完善和电子政务的较早推进，英、美等西方国家在电子政务发展方面已形成了相对完善的文化体系。西方国家电子政务所蕴含的以民众为核心、以业务整合为导向和依靠技术来提高效率的理念，可以说是新公共管理思想和新公共服务思想在电子政务中的应用和内化。平等开放、民主参与、公平竞争等西方行政理念在互联网的全球化过程中逐步影响中国，并与中国的市场经济、民主体制改革等国情相映衬。异质文化的交流、碰撞和融合，是我国电子政务文化生成的重要契机。

总之，电子政务文化在当代中国的生成绝非偶然，政治、经济、文化和社会的发展为其生成提供了环境，它既反映了我国现实的文化诉求，也展现了当今世界文化的发展潮流。

2.4.3　孵化与培育：多方主体的有机协同

1. 多方主体的自觉行动及其权力逻辑

电子政务具有多种运行模式，是不同主体基于各自职责和需求而进行的一项正式活动，其中，在市场经济体系下，电子政务的参与者具有法定的民事权利能力和行为能力，政府是管理者和服务者，企业、公众和其他组织则是市场经济运行的主体力量。多方主体基于市场经济规则和电子政务平台，履行各自的职责，达成各自的目标。

1) 政务提供者及其权力逻辑

政务提供者在我国泛指在电子政务活动中为社会提供公共服务并管理公共事务的"大政府"及其各类工作人员。政务提供者在电子政务文化生成体系中占据主导性地位，主要是因为其具有以下权力和能力。

(1) 政府的权力。政府是伴随着国家的出现而产生的，政府具有不同形态，但本质上都具有依法履行管理国家事务和提供社会服务的职能。政府的这种"民赋权力"是政府在电子政务平台建设过程中获得主导性地位的前提。沙因(Schein，1989)认为领导者的唯一职能就是文化的创造和管理[①]。政府的行政领导者在一个行政管理周期内，会根据自身的行政价值和权力基础，推动构建电子政务文化，进而影响国家电子政务文化的整体水平和状态。

(2) 政府人员的业务技能。政府部门人员在长期的电子政务工作中，一方面要依法履行公职，熟悉政府部门的业务要求；另一方面要熟悉本部门的业务流程，具有相应的专业能力和服务本领，能够对社会事务进行一定的判断和处置。尽管部分公职人员使用计算机和网络的能力较差，但是

① 沙因.企业文化与领导[M].马洪宇，等，译.北京：中国友谊出版公司，1989：189.

他们具有公务处理技能，深谙行政法规和国家大政方针，在遇到具体问题的时候，能够较好地处理公务。这些人在电子政务架构设计、业务流程再造、法规政策制定等方面能够发挥指导作用(甚至决定性作用)。

电子政务文化的建立需要政府部门以及公职人员的全员参与，每一个政府人员既是电子政务文化的塑造者，也是电子政务文化的具体体现，具有双重身份。在电子政务文化的生成过程中，政府部门人员的态度、行为具有决定性影响。

2) 服务接受者及其参与权力逻辑

随着电子政务文化的生成，政府服务对象的参与程度提高，文化特点也十分突出，这主要是因为政府外部的服务接受者不再简单地被动接受政府的服务，而是可以通过电子政务主动参与，因此，电子政务文化不再仅仅取决于政府的行政文化，还要体现大众文化的诉求。

(1) 电子政务服务对象及其广泛的社会资本。电子政务服务对象是指电子政务活动具体指向的服务群体，包括社会公众和各类市场组织。在市场机制下，市场主体拥有独立的民事权利，依法行使民事权利。这些社会主体并不是被动地接受政府的服务，相反，他们在市场利益的激励下，往往会借助广博的社会资本推动电子政务的进步和完善，进而影响电子政务文化的生成进程。电子政务文化生成客体的资本主要体现在以下几方面。

① 公民的法赋权利。国家公民依法受到宪法保护，享有宪法赋予的公民权利，比如法定的选举权、知情权、参与权和监督权等。我国宪法明确规定我国的一切权力属于人民。中国共产党的执政宗旨也是"全心全意为人民服务"以及"人民利益至上"。我国公民享有的权利比以往任何时候都具体、可触及。我国2008年5月1日开始实施、2019年4月3日修订的《中华人民共和国政府信息公开条例》特别强调，保障公民、法人和其他社会组织依法获取政府信息的权利以及参与政务服务的权利，基本遵循的就是"法赋人权"理论。

② 公民与政府间形成的互信资本。各国社会公众受到历史和文化的影响，在参政意识、能力和需求方面存在一定的差距。电子政务为社会公众提供了更多与政府互动的机会以及诉求表达通道，在政府和公众之间搭建了信任的桥梁，提升了诉求的表达愿望。社会公众可以更加便捷地参与社会事务，基于电子政务畅所欲言(当然要在法律允许范围内)；政府也提升了对公众的信任，愿意广开言路，问计于民，愿意接受公众的批评，以此作为评价政府官员绩效的标准，实现政府追求的目标。

③ 市场组织的经济资本。市场组织是社会的财富基础，是社会经济

资本的主要创造者和贡献者。电子政务为政府改善营商环境、优化经济运行提供了更好的模式，选择什么样的办公手段和提供什么样的服务内容，对市场经济组织来说至关重要。从官僚视角看，政府部门很显然更愿意墨守成规，不愿意变革，但是市场经济组织的内在发展压力和外在竞争压力，迫使市场经济组织要求行政组织变革，优化服务体系，降低经济成本，提高经济管理效能，助推市场经济组织在国际竞争和国内区域竞争中占得先机。我国是社会主义国家，公有制经济是我国必须巩固和提升的经济力量，我国要不断推动公有制经济的发展；同时，要促进民营经济的发展，这些举措全都依赖于良好的电子政务服务和营商环境。

(2) 有影响力的第三方行动者及其潜在的资本。在推动电子政务文化生成的多方社会主体中，除了政府、市场经济组织两大力量主体，还有社会的第三方行动者。这些主体(包括社会个体、群体或组织)尽管在电子政务文化的生成过程中并不占据显著地位，却能对电子政务文化的生成产生潜移默化的影响。在电子政务服务中，并不是每个独立个体或者组织都会参与到电子政务活动中来，大部分第三方主体是旁观者或者无关者。但是，从电子政务文化生成后的社会影响力角度看，各类社会个体及组织都会谈及电子政务文化的相关话题，他们关注政府的办公效率、服务方式。部分独立主体甚至会通过新闻媒体以及其他参政议政渠道，针对电子政务文化的相关问题开展讨论。他们所具有的潜在社会资本包括以下几项。

① 专家学者拥有的文化资本。电子政务领域中的专家学者类型多样，他们拥有诸多专业文化资本，包括专业技能、政务管理能力以及文化知识等。专家学者是推动社会进步的力量，他们用专业知识履行社会责任，不断推动行政变革以及社会进步。各类专家学者在电子政务文化生成过程中拥有话语权，能够为政府决策提供建议，专家学者往往凭借电子政务方面的专业知识和技能，游说政府部门的人员，指出当下行政运行之弊，并为未来变革提供路径和技术框架，同时，专家学者能通过媒体等渠道影响社会公众的看法，从而为政府变革赢得公众支持。我国特别重视专家在电子政务文化生成过程中发挥的作用，鼓励专家广泛参与到电子政务文化生成的过程中来，使电子政务变革更具全面性、客观性和前瞻性。

② 社会组织拥有的社会资本。社会资本实质上是能够获得的社会支持。社会组织在电子政务文化生成过程中拥有较多的社会资本，他们凭借的不是行政权力，而是优质的服务，为自身生存获取所需要的社会资源。社会组织的民间性以及公益性特点，更能反映民众的心声并赢得公众的信赖，因而在社会动员、树立良好的社会形象方面具有较强的优势。

③ 媒体拥有的信息资本。媒体是社会信息的传播主体，在电子政务文化的生成中发挥着不可替代的作用。越是公开、透明的社会，媒体的责任就越大，其地位就越发重要。专业化的社会分工使得媒体的触角异常灵敏，政府和社会的任何行动都会进入媒体的视野并产生相关的报道，进而影响社会公众的判断。近年来，大量新媒体涌现，媒体通过制造公共舆论，迫使政府关注自身的行政问题，推动政府培养新的电子政务文化。媒体也凭借自身的信息优势和渠道优势，不断整合信息，持续激励政府做好电子政务文化的生成工作。

2. 基于规则的高效率协同

没有规矩不成方圆。电子政务文化的生成不仅受环境要素和主体要素的影响，也受规则要素的制约。电子政务文化生成涉及的规则，不仅包括那些具有强制性的法律、法规、制度，还包括一些不具有强制性的非正式规则。

1) 电子政务文化生成涉及的正式规则

为了保障电子政务活动的有序运行，我国颁布了《计算机信息系统保密管理暂行规定》《互联网信息服务管理办法》等一系列法规、政策。

此外，为了保障社会公众依法参与行政的权利，国务院先后颁布了《中华人民共和国行政许可法》《全面推进依法行政实施纲要》《中华人民共和国政府信息公开条例》等法规、政策，要求政府遵循民主、科学、依法的决策原则，把"公众参与、专家论证、风险评估、合法性审查、集体讨论决定"作为政府重大行政决策必须遵守的法定程序。法规、政策的颁布，为社会公众依法参与政务活动提供了强有力的制度保障。

2) 电子政务文化生成涉及的非正式规则

电子政务文化生成涉及的非正式规则主要包括风俗习惯、社会道德规范等。当行动者的行为符合社会风俗习惯、道德规范时，往往容易获得其他行动者的认同和支持，否则会遭受其他行动者的排斥。尤其是在由公民、市场组织、社会组织、专家等组成的社会行动者中，非正式规则的作用更为显著。例如，惩恶扬善、同情弱者的道德意识使得政府能够在正式制度缺位的情况下有力地协调各个行动者之间的关系。

总之，正式规则和非正式规则共同构成了制约电子政务文化生成的规则，都能对行动者的行为进行有效调节和控制。

第3章 | 场域机制：空间要素协同与演化机理

电子政务文化是在某个特定阶段，多种要素于一定环境中经过复杂的演化而生成的。新时代电子政务文化生成机制区别于以往时期的文化生成过程，新时代是一个特定的环境"场"，电子政务文化生成需要具备的条件、要素均已发生积极的变化，主体行动能力和行为环境也大大改善，政府对电子政务文化尤其重视。这就需要以系统论为指导，对新时代电子政务文化生成机制进行详尽的分析，以更好地指导我国的电子政务文化体系建设。

布迪厄的场域理论解释了某种社会网络中存在的多主体之间的内在关联，该理论从多个视角分析某种文化生成涉及的条件、要素和空间作用，适用于阐述某种文化在特定环境中的生成过程。布迪厄的场域理论强调了不同主体之间的关系网络，是充满互动、竞争和力量的社会空间。资本、习惯相较于实践来说，是普通的生产要素，而场域则会通过竞争放大资本和习惯。场域和实践之间具有乘积关系。良好的场域能够加速资本的转化和新习惯的形成。电子政务文化会在某个特定场域中生成，如果场域是积极的，则会促进电子政务文化的生成，反之，则会阻碍电子政务文化的生成。通过场域理论，可以进一步明确相关主体要素在空间中的分布以及结构关系，并通过演化分析，确定行为环境、地理环境对电子政务文化生成的影响。可见，布迪厄的场域机制为研究者提供了一个基于"界面"状态的平台，有利于研究者分析特定时期下多要素的演化关系以及环境对行为的影响，进而分析电子政务文化生成过程中涉及的要素以及他们之间的关系、要素与环境条件之间的"关联性"以及"场域内资本策略的互动性"。这就是电子政务文化生成机制所要呈现的动态关系和要素逻辑，对其进行深入探讨，能够分层次地展现电子政务文化生成机制的特殊性和全景性。

3.1 布迪厄场域生成理论

3.1.1 场域理论：概念阐释与要素关系

1. 核心概念

1) 场域

布迪厄(2004)认为场域是各种位置间存在的客观关系网络。这些位置是客观存在的，取决于人们在资本分配结构中所处的位置[①]。因此，场域的本质是社会空间中居于不同位置的行动者之间的客观关系网络，是不同的行动者相互交往的社会空间。

场域具有三个特征。一是相对独立性。布迪厄(2004)认为整个社会由大量具有相对自主性的小社会构成，这些小社会就是具有自身逻辑的客观关系的空间，即每个场域都有自己的行动主体和关系逻辑。二是相系的网络空间。场域是"诸客观力量被某种赋予了特定引力的关系构型"[②]，即场域中的行动者之间存在着一定的关系。三是充满竞争的空间。场域的运行是行动者依据其在场域结构中的位置和拥有的资本与其他行动者进行互动甚至博弈的过程。因此，场域形态的结构会随着行动者资本结构的变化而不断调整。

2) 资本

布迪厄将"资本"定义为一个特定的社会领域里有效的资源，个体行动者据此来影响他人、获取利益。个人在场域中的位置取决于掌握资本的数量和类型，例如专家学者拥有的专业知识使其处于政府智囊团或参谋的位置。

布迪厄认为资本可划分为经济资本、文化资本、社会资本三种形态，后来又添加了符号资本。经济资本是指主要行动者的经济收入等物质性资产；文化资本则包括身体形态、客观形态和制度形态三种，这里的文化资本主要是指个体通过教育获得的知识、教养、技能等文化产物；社会资本是指一个人拥有的社会关系网络，主要指行动者的社会影响力；符号资本

[①] 布迪厄，华康德. 实践与反思：反思社会学导引[M]. 李猛，译. 北京：中央编译出版社，2004：97.

[②] 布迪厄，华康德. 实践与反思：反思社会学导引[M]. 李猛，译. 北京：中央编译出版社，2004：143，157.

以符号化的高贵头衔形式存在，主要指某种荣誉、良好的形象等。布迪厄认为不同的资本之间是可以相互转化的，例如政治资本可以转换成经济资本，行政者可以通过权力谋取经济利益。文化资本可以通过知识和技能获取符号资本或者经济资本等。

3) 习惯

布迪厄发现人并非总是按照特定的规则行动，有时一些行为是一种无意识的结果。布迪厄将这种无意识的行为定义为"习惯"，即经过长期积累形成的"性情倾向"[①]。习惯有如下特征。

习惯是"外在的内在化"和"内在的外在化"的统一[②]。一方面，社会结构形塑着行动者的习惯，习惯是社会结构的内在化；另一方面，习惯能够通过指导行动者的行动对社会结构产生影响。

习惯兼具稳定性和变动性。一方面，习惯是在历史长河中逐渐积淀而形成的，具有相对稳定性；另一方面，习惯是一个开放的系统，会随着社会结构的变迁，不断接受新的体验。

2. 布迪厄场域理论的逻辑关系

场域、资本、习惯和规则等核心概念之间是以实践为纽带的，它们存在一定的逻辑关系。布迪厄所说的"实践"是指行动者在一定的场域中凭借自己的资本来提高自己在场域中的地位以及获取资本的行动。它们的逻辑关系可以用"(资本+习惯)×场域=实践"这一公式来表达。

首先，场域是行动者行动的社会空间。场域是行动者的行动领域，行动者为了实现自己的利益诉求而与场域中其他行动者互动、博弈。因此，行动者并不是孤立的，而是在与其他行动者彼此联结成的关系网络中得以存在和发挥作用的。这也印证了人的本质以及社会网络系统的价值。

其次，资本是行动者的行动工具和目的。一方面，资本是行动者的工具，行动者凭借其掌握的资本对其他行动者施加影响。因此，行动者的影响力取决于拥有的资本量。另一方面，资本是行动者行动的目的。资本是能够给行动者带来某种利益的资源，行动者行动的目的就是维持或增进资本，实现自己的利益诉求。

再次，习惯是行动者行动的指引。布迪厄(2004)指出人的行动并非总是取决于理性计算[③]。行动者的习惯与行动者自身的能动性有关，习惯能

---

① 布迪厄. 国家精英：名牌大学与群体精神[M]. 杨亚平，译. 北京：商务印书馆，2004：35-37.
② 布迪厄. 实践感[M]. 蒋梓骅，译. 上海：译林出版社，2003：9.
③ 布迪厄. 国家精英：名牌大学与群体精神[M]. 杨亚平，译. 北京：商务印书馆，2004：39.

够指导行动者采取相应的行动策略。

最后，规则是行动者行动的催化剂或抑制剂。布迪厄认为场域是一个布满规则的关系网络，行动者的行动必须符合其所在场域的游戏规则。当行动者的行动遵循了场域中的规则时，就能够得到其他行动者的认同，否则会受到排斥。因此，场域规则对行动者来说就是行为的催化剂或抑制剂。

总之，场域、资本、习惯和规则是相互关联的，场域的运行是场域行动者基于自身拥有的资本，在一定的利益、习惯和规则的引导下与其他行动者进行互动、博弈的过程。布迪厄场域理论的逻辑关系可以用图3.1表示。经济资本、文化资本、社会资本以及新增加的符号资本是各类参与者开展社会实践行动的资本形式，而充满竞争和力量的各类行动或者实践，则受到习惯的引导以及规则的约束，正是在这样的场域环境或者社会空间中，相关主体的行动和实践不断创新发展。

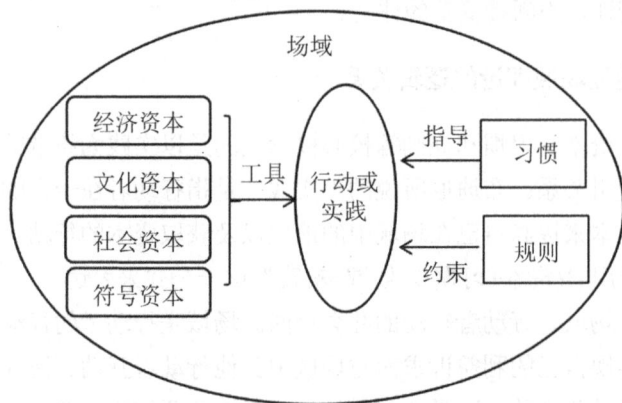

图3.1　布迪厄场域理论要素逻辑关系

3.1.2　电子政务文化生成场域：理论与应用

1. 电子政务文化生成场域的概念

布迪厄指出场域既可以是一种网络关系，也可以是一种空间。李松林(2006)认为场域这个概念主要用于对行动者地位、关系、资本、规则等进行分析，强调彼此关联的各个行动者之间的关系[①]。电子政务本身就是一个场域，它以政府内外部事务为主导，由政府公职人员、企业、专家学

---

① 李松林.政策场域：一个分析政策行动者关系及行动的概念[J].西南大学学报，2006(1)：40-41.

者、公众及社会组织等主体组成，在一定的网络空间内开展行动。电子政务文化生成场域则指拥有不同资本的多方行动者推动电子政务文化孕育、形成和稳定的社会空间。

2. 电子政务文化生成场域的特征

(1) 开放性。在传统的行政模式下，由于时间、地域及信息等的限制，只有一小部分社会精英能够参与到行政活动中来。而网络技术在行政活动中的应用打破了时空的界限，为普通公众参与政务活动提供了更加广阔的空间，公众可以自由地获取有关政府活动的各种信息，表达自己的意见和建议。

(2) 主体的虚拟性。与传统交往方式不同，从存在形式上看，电子政务场域内的主体都是用信息代码表示的，所有的行政活动都是以符号的形式呈现出来的。虽然电子政务文化生成场域中的主体和行政活动都是虚拟的，但是他们的行动效应是真实的，电子政务是现实行政活动在网络上的反映和延伸。

(3) 主体互动的直接性。在传统的行政模式中，公众主要通过选取代表参与政府活动，是一种间接参与的形式。但随着大数据、云计算等新一代技术在政府中的广泛应用，政府门户网站、政府微博等网络平台成为政府与公众直接沟通的桥梁，社会公众的意见可以直接表达出来并能够迅速得到反馈，政府与公众之间的互动变得更加便捷。

3. 电子政务文化生成中场域理论的应用

阿尔蒙德(2008)认为公共文化的基础来自政治系统内部主体和社会各利益诉求主体对该系统的态度[①]。电子政务文化是一种公共文化，其生成依赖于社会对电子政务的利益诉求或情感取向，也依赖于电子政务主体对自身角色的认知和评价，是在一定社会环境下电子政务主客体交互作用的结果。电子政务文化的生成与场域的运行过程有着相似的机制和逻辑。它可被视为电子政务相关者在一定的环境下，凭借自身拥有的资本，在利益、习惯和一定规则的引导下围绕电子政务活动进行互动和博弈的结果。具体来说，场域理论在电子政务文化生成中的应用主要包括以下三个方面。

(1) 场域间的关联性全面地揭示了电子政务文化生成环境的复杂性。布迪厄指出，一个大的社会可以分成不同的场域，如经济场、政治场和文

---

① 阿尔蒙德，维巴. 公民文化——五个国家的政治态度和民主制[M]. 许湘林，译. 上海：上海东方出版社，2008：35.

化场等。刘超(2012)认为场域虽然是一个独立的社会空间，但场域的独立性是相对的[①]，不可避免地会受到其他场域的影响。任何一种社会现象的生成都有其深刻的经济、政治、文化等背景。电子政务文化也不例外，其生成和变迁都离不开其外部环境——经济、政治、社会等现实背景。

(2) 场域内的关系性深刻地阐释了电子政务文化生成主体的多元性。徐淑华等学者(2014)认为调整各主体间关系的制度安排对文化的演进起着决定性作用[②]。布迪厄将场域看作不同资本竞争的空间，场域的关系结构会随着行动者资本结构的调整而变化。由于不同时期政府与社会力量之间存在着差异，在时间序列上，政府与社会主体的关系结构也是有差异的。在传统行政模式中，政府高度集权，控制着各种资源，其他社会行动者由于与政府力量差距悬殊，对行政文化的话语权微乎其微；而在电子政务这一行政模式下，政府与社会的关系发生了显著的变化，政府失去了在传统行政模式下的绝对垄断地位，逐渐成长起来的市场力量和社会力量获得了一定的话语权，成为电子政务文化生成过程中不可忽视的重要力量。因此，电子政务文化的生成主体不仅包括政府，还包括其他能够凭借各种资源对电子政务文化生成发挥作用的主体。

(3) 场域运行的策略互动性生动地映射出电子政务文化生成过程的互动性。布迪厄认为，场域的运行过程是各行动主体凭借其拥有的资本进行策略选择，并与其他行动者进行互动、博弈以实现自己利益、目标的过程。电子政务相关主体的关系结构对电子政务文化具有一定的塑形作用。然而，这种关系结构对电子政务文化的塑造作用还需要通过一定频率的互动来实现。电子政务文化所体现出来的行政态度和行政行为，在事实上都会对社会公众乃至政府本身产生直接或间接的影响。从场域运行的视角出发，电子政务文化的生成过程可以解释为电子政务相关主体在一定的场域内，在一定的利益、习惯和规则的引导下，凭借其拥有的资本进行策略选择，并与其他主体进行互动、博弈的过程，而正是在这个互动、博弈过程中，电子政务文化得以生成。

运用场域理论分析电子政务文化生成过程，可以恰当地将电子政务文化生成的外部环境、主体及其行动逻辑、行动者的行为选择与互动过程等不同部分结合起来进行综合分析。场域理论中的宏观环境包括国内环境和国际环境，涵盖电子政务文化生成过程不可脱离的地理环境和行为环境。

① 刘超. 县级政府决策力生成场域研究[M]. 湘潭：湘潭大学出版社，2012：110.
② 徐淑华，高红，汤峰. 论不同行政模式之行政文化演进的制度逻辑[J]. 湖北行政学院学报，2014(6)：47.

中观场域则是电子政务文化生成的具体场域，主要包括政府行为主体内部的文化生成过程以及外部行动者接受和创造电子政务文化的过程，两大相对独立群体在互动过程中塑造和培育着电子政务文化。微观行动则是指政府内外部行动者在特定场域中不断发生互动的过程，正如化学反应或者黑箱，电子政务文化主体间的互动过程充满各种要素的相互影响，包括规则、习惯等的复杂影响。此外，也可以从宏观环境、中观场域和微观行动三个层面实现对电子政务文化生成的全景观察和理解。

3.2　两个环境交相作用

布迪厄认为场域本身存在着自主性的独立，但同时，场域是相对独立的空间存在，很可能会受到其他场域的影响。其中，科学场域是最强的自主性存在，政治场域则是最差的。

从行政场域来看，其在电子政务文化生成场域中具有低自主性。一是因为经济、政治、文化相互交融，行政场域并不能排除经济场、政治场、社会文化场等诸多场域的影响。二是随着经济全球化、复杂化和国际竞争的日趋加剧，政府不能仅关注国内况况，还必须面对国际环境剧烈变化带来的挑战和制约。可见，要系统分析电子政务文化的生成场域问题，必须关注行政场域与其他场域的联系，特别是社会场域，要从国内环境和国际环境两个主要方面进行综合考察。

3.2.1　国内环境：文化生成的基础土壤

1. 社会主义市场经济体系：从基础性作用提升到决定性作用

马克思认为经济基础决定上层建筑。1993年我国明确提出建设社会主义市场经济体制，并指出市场在要素资源配置中起到基础性作用。2013年党的十八届三中全会进一步指出，要让社会主义市场经济在整个要素资源配置中起到决定性作用。从"基础性作用"到"决定性作用"，仅仅两个字的差别，却反映出党在政府和市场关系的定位上给出了更加明确和清晰的判断，这是符合我国实际的重大理论突破。电子政务从本质上看是我国政治上层建筑的一部分，其发展水平和状态直接受到我国经济制度和经济发展水平的制约。亨廷顿(2013)认为经济发展促进了社会结构的变迁并鼓励了民主化的价值观①。这其实也印证了在我国社会主义市场经济体制逐步建立和日趋完善的过程中，我国的经济所有制结构、分配原则、要素配置方式等都将发生不可逆转的变化，进而深刻地影响着我国的政治与社会发展环境。

(1) 市场资源配置主体和方式的变化。市场资源配置主体包括政府和市场，要么其一发挥决定作用，要么两者相互作用。对完善的市场经济体系来说，市场必然会成为资源配置的核心主体，发挥着决定性作用。传统政府分配市场资源时，主要采用自上而下的纵向资源配置方式，而市场分配资源时则采用横向资源配置方式。人们物质财富的增长，满足了人们基本的物质需求，进而使人们对政府产生了新的要求，在政治与行政领域则表现为有更多的主体愿意并且有能力参与到政治生活中，这是电子政务文化生成的核心主体力量，一切外部事物离开了人这个特定主体，就没有了意义。

(2) 市场意识得到尊重和推崇。在市场经济体系中，公平、效率、法治等意识是社会良性发展的基础。市场经济追求效率，但是必须以法治为前提，在公平有序的环境中，市场要素才能按照价值规律合理分配，实现社会生产效益的最大化。我国当前的市场经济体系日益完善，效率、公平、法治等规则意识逐渐积淀并成为共识，广泛渗透到社会各个领域。2013年，我国明确提出市场经济要在社会生产中发挥决定性作用，这意味着随着我国社会主义市场经济的发展，市场意识也必将逐步扩展到社会各个领域，而私权意识的觉醒有助于促进公众对公权的监督。

社会主义市场经济的快速发展，促进了我国社会资本的原始积累。人们物质财富的增长和市场意识的培育为电子政务文化的生成提供了最为关键的物质基础和环境支持。

2. 行政权力：结构调整与职能转变

改革开放以来，政府行政权力的调整以及行政职能的转变一直是人们关注的焦点。党的十八大报告提出要深入推进政企分开、政资分开、政事分开、政社分开，建设职能科学、结构优化、廉洁高效、人民满意的服务型政府。其核心要义就是要推进人民民主，通过"放管服"等行政改革，打破传统的集权体制，一方面确保权为民所用、利为民所谋、情为民所系；另一方面确保人民民主权利得到尊重，发挥人民监督政府的作用，督

---

① 亨廷顿. 第三波——20世纪后期民主化浪潮[M]. 刘军宁，译. 上海：生活·读书·新知三联书店，2013：68.

促政府依法履责。

行政职能的变化对社会各方面权利主体有着巨大的影响。政府在某些方面的权力下放以及某些方面的权力强化，都是以市场发挥作用和明晰政府与市场的边界为前提的。政府转变职能是行政系统适应社会环境的必然要求，是建设"小"而"强"的善治政府的关键。计划经济模式下的政府是全能型政府，行政权力越俎代庖，僵化的行政触角延伸到社会各个角落，干扰着社会的有序运行。在市场经济的激励下，社会多元主体引发的社会问题日益复杂化、多样化，政府难以通过自身努力有效解决各类复杂多变的社会问题。政府需要结合新的社会变化，适度逐次地将手中的部分权力让渡给体制外的社会行动者，并把行政职能重心转移到自身管理和公共服务上来。第一阶段为行政管理阶段，第二阶段为经济管理阶段，第三阶段为社会管理和公共服务阶段。随着行政职能重心的转移，政府需要有效地集中社会资源和行政资源，并为其运行提供保障，这就要求政府改变自身的管理结构和服务模式，建立起高效、务实、透明、廉洁、法治的新服务体系，为电子政务文化生成提供适宜的土壤。就如恩格斯说的"社会一旦有技术上的需要，这种需要就会比十所大学更能把科学推向前进"，这在电子政务文化生成过程中同样适用，即政府的变革需求极大促进了电子政务文化的推广。因此，行政职能的转变所产生的强大需求，促进了电子政务文化的生成。

3. 社会文化：多元化发展与相互交融

社会文化是多样文化交融发展的产物。社会文化如同一个大染缸，不同主体浸润其中，都会受到不同程度的影响，反过来，每个主体也在不停塑造着社会文化。政治文化在诸多社会文化中具有显性地位，对其他文化具有积极的影响。王慧岩等人(2007)认为政治文化是人们对政治及政治过程的主观意识和社会心理反映，是政治历史与现实交互作用的产物[①]。政治文化最直接的反映就是行政文化，各种政治力量在社会的博弈中，都把有效治理作为获取公众信任和优化行政效能的关键。随着市场经济的发展和权力结构的调整，人们开始由被动服从政治法令，转向以积极的姿态参与到政治过程中，广大公民的心态逐渐由臣民心态转向以独立人格为基础的公民心态，为电子政务文化的生成奠定了思想基础。

网络文化是信息社会发展催生出的一种以网络技术为载体的新型文

---

① 王慧岩，韩冬雪.政治学原理[M].北京：高等教育出版社，2007：21.

化。万峰(2010)将网络文化界定为以网络技术为支撑的基于信息传递而衍生的所有文化活动及其内涵价值观念的综合体[①]。网络文化具有平等性、大众化和包容性等特点。随着网络的普及，网络文化产生了极大的社会影响力，并对其他领域的思想观念造成了冲击和影响。其中，网络文化对电子政务文化的影响尤为巨大，是推动电子政务理念创新和行政价值创新的重要思想。

政治文化、网络文化等社会文化的快速发展，带动了电子政务价值观念、思想意识等方面的革故鼎新。多元文化的交融和发展加快了电子政务文化的生成。

4. 社会组织：广泛建立与职能泛化

政府与社会组织的关系一直是备受关注的研究对象。从历史视角来看，"强政府弱社会"的政治格局延续了数千年，公民的主体意识和公共精神在强势政府的管理下逐渐淡化。而改革开放以后，我国的民间组织数量迅速增长。据统计，20世纪80年代初，我国仅有十几个官办的群众团体，而到2021年，全国共有各类民间组织90多万个，如图3.2所示。社会组织的广泛建立凝聚了个体的力量，培养了社会公众的公共精神，也在一定程度上增强了社会个体的主体意识。

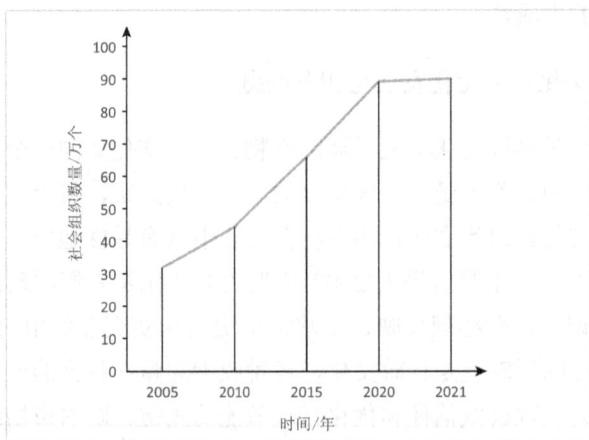

图3.2　我国社会组织数量的变化趋势

20世纪80年代，为应对西方政府的诸多矛盾，关于公民社会的理论研究在西方兴起。俞可平(1999)在梳理公民社会的各派理论观点后认为，公民社会是国家或政府之外的所有民间关系的总和，其要素是各种非国家或非政府所属的公民组织[②]。公民社会主要有以下特征：一是彰显公民的权

[①] 万峰. 网络文化的内涵和特征分析[J]. 教育学术月刊，2010：63.
[②] 俞可平. 中国公民社会的兴起及其对治理的意义[J]. 中国社会科学，1999(3)：53.

利和自由；二是强调公民的参与和责任。随着我国社会组织的广泛建立和社会公众的民主参与意识的不断增强，公民社会的雏形逐步形成。公民社会的兴起，必然要求政府建立容纳社会参与诉求的机制，为民主、透明的电子政务文化提供广泛的社会基础。

5. 互联网技术：便捷化与大众化

在互联网出现之前，社会公众普遍难以实现与政府的平等、直接对话，造成政府在决策过程中往往忽视社会的力量。而互联网在政府管理中的应用消除了政府与社会公众的地理界限，为实现二者的充分交流提供了渠道。公众能够从网络上获取时政信息，并通过政府微博、电子邮件等方式表达意见、参政议政。中国互联网络信息中心(CNNIC)发布的第53次《中国互联网络发展状况统计报告》显示，截至2023年12月，我国网民规模达10.92亿人，较2022年12月新增网民2480万人，互联网普及率达77.5%[①]。网民数量的不断上升表明社会公众具备了参与电子政务的基本条件，如图3.3所示。此外，网络的去中心化，使得公众能够平等参与到政府活动中，拉近了公民与政府的距离，激发了公民参与行政的热情。

随着网络参政的兴起，政府必须建立能够容纳社会参与的机制，由漠视社会力量转为积极与社会形成良好的互动关系。总之，互联网的发展为电子政务文化的生成注入了更多的力量。

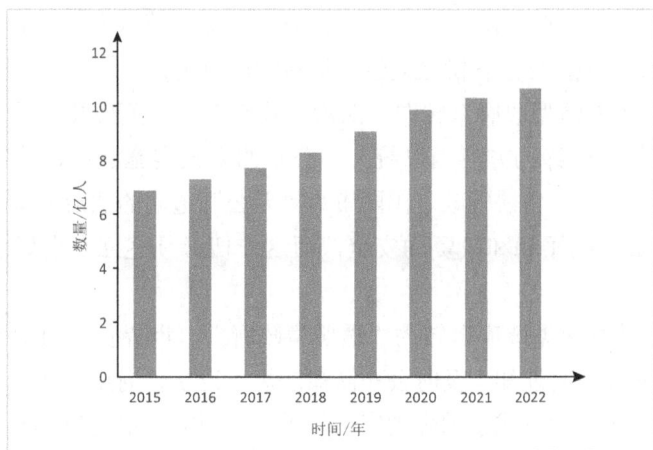

图3.3　我国网民的数量变化

(资料来源：2115—2022年的《中国互联网络发展状况统计报告》)

---

① 中国互联网络信息中心. 第53次中国互联网络发展状况统计报告[EB/OL]. https://baijiahao. baidu.com/s?id=1794231131139613229&wfr=spider&for=pc，2024-03-22.

3.2.2 国际环境：激励或遏制

国际环境是电子政务文化生成的重要条件，具有十分重要的影响。有利的国际环境会加快电子政务文化的生成，不利的国际环境则会抑制电子政务文化的生成。当今的世界是开放的世界，"随着各民族的相互交往和资源依赖，民族过去的那种封闭自守的状态被打破，物质生产如此，精神生产亦如此"[①]。在全球一体化、国际经济社会联系日趋紧密的大环境下，国际环境中的一些重要因素(比如技术环境、规则环境以及人文交流)会对电子政务文化的生成产生重要的影响。

1. 经济全球化：激励政府创新

20世纪90年代初，国际经济全球化浪潮冲破了各国的封闭状态，全球配置市场资源成为各国参与竞争的基本条件。世界贸易组织的基本规则加强了各国之间的交流、互鉴，以及国际产业链、供应链上的分工与合作，各国之间的联系越来越紧密。我国在2001年加入世界贸易组织后，必须依照国际贸易规则建立良好营商环境，加大行政管理方式、行政价值理念方面的转变，更好地服务于国际贸易。表2.1列出了部分国际规则对政府行为的约束(参见2.4.2节)。

(1) 从"全能型政府"转向"有限型政府"。世界贸易组织要求各国政府减少对经济的干预，释放若干经济管理职能，着重为经济贸易创造公平、自由的环境，促进各国之间经济贸易的自由化。

(2) 从"人治型政府"转向"法治型政府"。《关税及贸易总协定》规定："每一个缔约方应当以统一、公正的方式实施法律、法规。"政府必须遵守承诺，依法行政。国际贸易需要公开透明的法治环境和执法体系，确保贸易的平稳和投资的安全，而这一切必须建立在良好的法治基础上。

(3) "从神秘型政府"转为"透明型政府"。世界贸易组织要求各国政府承诺履行及时通知、及时公布法律法规、设立咨询点等义务。各国政务公开从道德自律变成了国际制度。除了一些明文规定的制度外，国际组织还通过创建排名的方式来实现对各个国家的约束，例如定期发布各国经济与清廉程度等领域的专项排名报告，表明一个国家或者地区的开放程度和投资环境的优劣。

---

① 中共中央马克思恩格斯列宁斯大林著作编译局. 马克思恩格斯选集：第一卷[M]. 北京：人民出版社，1997：255.

2. 西方行政文化：网络传播与辩证吸收

始于20世纪70年代的新公共管理理论以及80年代的新公共管理实践、新公共服务理论，在一定程度上回应了当时西方国家面临的尴尬处境。英、美等西方国家在行政改革运动中，把盛行于企业的市场机制引入公共部门，要求政府人员奉行"顾客至上"的企业价值理念，努力提高行政效率。登哈特夫妇则明确主张将公共利益视为公共行政的目标，鼓励公众参与到行政决策中来。

经过行政理论创新和公共改革运动，英、美等西方发达国家初步形成了面向信息时代的公共文化体系。电子政务作为先进的技术服务体系可以有效地满足政府追求效率的公共服务理念，并使政府的公共改革运动具备了更为重要的条件支持。1993年电子政务在美国一出现，就立即受到了世界各国的欢迎，并很快在新世纪之初在世界各国普遍建立起来。各国政府的门户网站组成了世界互联网体系的关键节点，西方国家电子政务所蕴含的以民众为核心、以业务整合为导向和以技术提高效率的理念，推动了新公共管理思想和新公共服务思想在电子政务中的应用。诸如平等开放、民主参与、公平竞争等西方行政理念也普遍传播，并在互联网的全球化过程中逐步引入中国，与中国的市场经济、民主体制改革等相映衬，给我国电子政务文化的生成提供了重要契机。

3.3 场域行动主体及其行动逻辑

电子政务平台改变了传统行政模式，其中一个特点是从传统的"人—人"模式转为"人—机器"模式。随之而来的是行政场域的改变，即从固定场域模式转为"虚拟"场域模式。场域的转变必然引起参与者在行为模式、互动方式等方面的变化，人们的行动逻辑也会发生改变。传统行政模式以政府公职人员为主导，以管理为主；电子政务行政模式则以网络化、平行化为主要特征，场域中的参与主体在地位、参与态度、行为方式等方面均可能出现与以往不同的变化，并由此进一步引发场域行动主体的类型、身份特征、行为趋向等方面的变化，而这些变化的背后则是参与主体行动逻辑的变化。

3.3.1 场域行动者及其关系结构

电子政务文化的生成是多主体行动的过程，他们在这个过程中会形成稳定的社会关系结构。邹扬(2007)认为文化的生成既是一个"化人"的过程，也是一个"人化"的过程[①]。社会环境的变迁不会自动引发电子政务文化的生成，此过程依赖人的主体推动作用。文化在某种意义上是人形成某种特质的过程。

1. 场域行动者：文化生成的主要力量

电子政务是一项社会性活动，其中，电子政务的行为主体主要是政府以及受电子政务行为影响的社会公众、企业和社会组织，多主体之间的互动过程(比如公众意见反馈以及企业诉求等)相互交织，最后形成稳定且被接受的文化内容。据此，可以认为电子政务文化生成场域的行动者包括凭借自身资源直接或间接参与电子政务活动，对电子政务文化的生成产生影响的个人、团体或组织；也可以根据是否属于政府系统，把场域行动者分为政府系统内部行动者和政府系统外部行动者。

1) 政府系统内部行动者及其资本

政府系统内部行动者是指在电子政务活动中合法地使用公共权力管理公共事务和提供公共服务的政府及其工作人员。政府系统内部行动者能够对电子政务文化的生成产生重要影响，原因在于其拥有以下不可替代的资本。

(1) 政府的权力资本。政府是国家行政机关，作为国家权力的行使主体，政府不仅具有相应的职能，还拥有国家和人民赋予的干涉国家事务以及社会公共事务的权利。中国现有的"首长负责制"决定了政府领导者与电子政务文化之间的关联。政府领导者掌握着最高决定权，对行政目标、行政结构以及行政方式的选择都具有最终的发言权。因此，凭借其拥有的权力资本，政府能够对电子政务文化的生成发挥重要作用。

(2) 政府的专业能力。行政人员是电子政务的具体执行者，由法律保障其身份、规定其职责。行政人员的职位相对稳定，长期从事电子政务领域工作的人更熟悉电子政务的方法和技术。因此，行政人员能够以其特有的专长影响电子政务文化的生成。

---

① 邹扬. 当代文化的生成机制[M]. 北京：中央编译出版社，2007：56.

此外，电子政务文化基于电子政务实践活动而产生，最终体现为一种行为方式。政府领导及其工作人员是电子政务活动的实践者和电子政务文化的承载者，电子政务文化的生成很大程度上取决于政府这一行动者。因此，政府内部行动主体对电子政务文化的生成起着特殊的作用。

2) 政府外部行动者及其资本

政府外部行动者主要指政府权力系统以外的能够对电子政务文化生成产生影响的参与主体。政府外部行动者可以分为以下两种。

(1) 电子政务目标群体。电子政务目标群体，即电子政务活动所指向的对象，主要包括公民和市场组织。在电子政务文化生成场域中，这些对象并不是被动的，在一定的利益引导下，他们能够借助一定的资源影响电子政务工作者，进而影响电子政务文化的生成。电子政务目标群体之所以能够影响电子政务文化，主要是因为其拥有以下资本。

一是公民的权利资本。公众拥有法定的知情权、参与权和监督权。我国宪法明确规定我国的一切权力属于人民。2008年5月开始实施的《中华人民共和国政府信息公开条例》明确保障了公民、法人和其他社会组织依法获取政府信息的权利。

公民掌握着政府所需的信任资源。一方面，随着教育的普及和公民参政机会的增多，社会公众的行政认知能力不断增强。通过行政参与，公众不仅能够知晓电子政务的运行状况，还能够形成对电子政务活动的态度和评价。另一方面，伴随着政府改革实践的深化和行政理论的发展，人们越发认识到，公众满意度才是评判政府管理绩效的最终标准。因此，获得社会公众的信任，是政府追求的重要目标。

二是市场组织的经济资本。市场组织的经济资本主要指市场组织参与电子政务活动所凭借的经济基础和物质性力量。经济发展是社会发展的基础，也是政府财政收入的主要来源。利益的关联性和市场组织所掌握的强大经济资本，使得市场组织能够对政府产生影响，促使政府做出相应的行政行为来满足自身的需求。

(2) 第三方行动者。第三方行动者是指与电子政务及其文化没有直接关联，却能够对电子政务文化产生影响的个人、群体或组织。从电子政务主体与对象之间的互动关系来看，第三方主体可能处于一种旁观者地位，但在电子政务活动中，他们又会以职业关联性等方式主动介入电子政务文化的生成过程中，并在其中发挥重要的作用。第三方行动者主要包括专家学者、媒体和非政府组织。第三方行动者之所以能够对电子政务文化的生成产生影响，主要因为其拥有以下资本。

一是专家学者拥有的文化资本。该文化资本在电子政务文化生成场域中主要表现为专业化的行政知识和行政技能等。专家学者是一群不满于社会现状，以追求发展为使命的探索者。在电子政务文化生成场域中，专家意指拥有电子政务方面的专业化知识和技能，能熟练运用自己所具备的知识为电子政务文化生成提供分析与咨询的个体和群体。相较于政务人员拥有的专业技能，专家拥有的知识更具全面性、客观性和前瞻性，在理性知识的获得与储备上是其他行动者难以企及的。

二是社会组织拥有的社会资本。社会资本是一张纵横交错的关系网，实质上体现为自身能够获得的社会支持。在电子政务文化生成场域中，社会组织拥有较多的社会资本。与凭借权力获取资源的政府组织不同，社会组织通过提供优秀的服务来获取自身生存所需的各种资源。社会组织的民间性和公益性等特点使其具有贴近民众等诸多优势，因而具有较强的资源动员能力。凭借其拥有的社会资本，社会组织能够将分散的个体力量凝聚起来，进而在电子政务文化生成的过程中取得重要的话语权。

三是媒体拥有的信息资本。作为生产、传播各种信息的主体，媒体在电子政务文化的生成中发挥着重要的作用。在专业分工越来越细的社会背景下，任何行动者都难以掌握全面的信息。媒体的嗅觉灵敏性使其能够及时捕捉电子政务的进展、各行动者的言行等一系列相关信息，从而扩大了政府决策的信息来源。此外，媒体能够"放大"某类问题或信息，使之成为社会广泛关注的焦点，进而制造公共舆论，使政府能够关注到某类现象并及时做出回应，推动电子政务文化生成的进程。

可见，今天的公众已经具备以往任何时代均不具备的获取政府信息和参与政府治理的优势，图3.4展示了社会公众获取政府信息的主要渠道。网络和电视成为公众获取时事政治信息的主要渠道，通过传统纸媒获取信息的人则比较少了。在智能手机日趋普及的情况下，我国公众对政治的关注度会日趋提升，而在互联网普及率进一步提升的当下，城市公众和广大乡村的农民都有机会通过智能手机获取政府信息和参与政府决策。

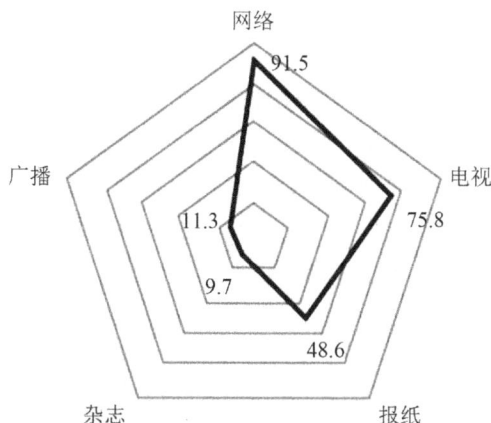

图3.4　社会公众获取政府信息的主要渠道

(资料来源：2016年《中国公众的政治参与度调查报告》)

2. 行动者的关系结构：影响与塑造

刘燕(2014)认为人会不自觉地从自己所处的关系中汲取价值观念，并凝结成一定的价值观[①]。电子政务文化生成场域是一个关系网络，这些关系会对个体行动的认知产生一定的影响，进而影响电子政务文化的整体价值取向。从电子政务行为和行动者的资本关系来看，政府、电子政务目标群体和第三方行动者之间存在着相互依赖、相互制约的关系。

一方面，政府作为国家行政机关，拥有法律规定的行政权。政府凭借其拥有的独一无二的权力，能够对电子政务进行管理，公民和市场组织必须接受政府的管理和制约。另一方面，政府又是公共利益的代表，其权力的合法性与有效性依赖于社会的认可与支持。公民可以凭借其拥有的权利参与和影响政府的电子政务活动，并不总是被动接受政府的管理。因此，二者之间既相互依赖，又相互制约。

此外，第三方行动者是政府和社会公众之间的"桥梁"。从与电子政务客体的关系来看，第三方行动者凭借自身拥有的文化资本、社会资本等，为社会群体(尤其是弱势群体)提供了表达诉求的"窗口"，能够将电子政务客体的利益诉求、意见等整合起来，并凭借自己的影响力将其传达给政府。从与政府这一电子政务主体的关系来看，第三方行动者由于具有文化资本、信息资本等优势，能够为政府提供一些有价值的信息、知识等，从而使政府克服决策片面性的问题，做出正确的决策。三者的具体关

---

① 刘燕.当代中国社会转型时期的价值重构[M]. 北京：人民出版社，2014：246.

系如图3.5所示。作为主体的政府及其工作人员承担着为客体服务和相关管理的职责，也为第三方提供广泛的知识和信息，并依赖于第三方的政务咨询；作为客体的公众和社会组织需要接受主体的管理和政务服务，也与第三方有直接的利益往来和信息交流；第三方汇聚了专家学者、媒体和社会组织等，他们广泛参与政府项目并为客体提供相关服务，对主客体产生重要的影响。这三方主体在电子政务文化生成场域中相互协调和紧密配合，能够极大地促进电子政务文化的生成。

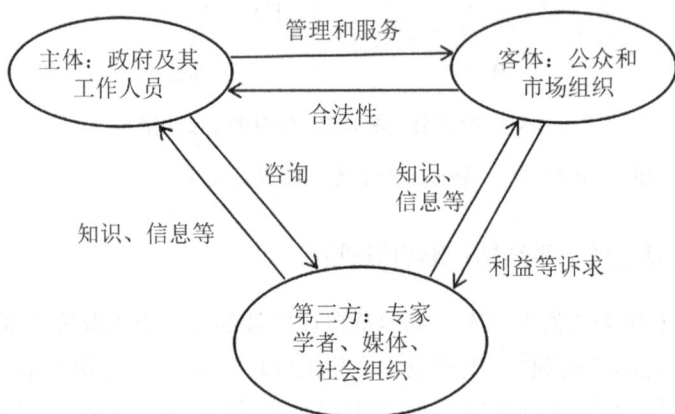

图3.5　电子政务文化生成场域中行动者之间的关系

3.3.2　行动主体影响文化生成的逻辑分析

行动者的行动逻辑能够表明电子政务文化生成场域中的行动者参与到电子政务文化生成过程中的原因。布迪厄认为，行动者的行动或是为了自身利益，或是出于习惯，或是受到特定规则的激励或约束。因此，从利益、习惯和规则三个方面，可以了解到各行动者背后的行动逻辑。

1. 行动者影响电子政务文化生成的资本逻辑

布迪厄指出，资本不仅是行动者行动的工具，还是行动者行动的目的。场域行动者的行动是为了维持和获取一定的资本。在电子政务文化生成场域中，电子政务相关主体正是基于自身对资本利益的追求而关注着电子政务文化的生成。

1) 政府内部行动者的资本追求

政府的合法性来源于社会的支持和认同。因此，从政府整体来讲，作为公共权力机关，政府是为了获取公信力以及良好的政府形象等符号资本而影响电子政务文化的生成。

政府的公信力来自两个层面：一是国家赋予的公权力，以公权力的运行强制约束公民行为；二是社会认同和社会依赖，即以自身的能力获得社会的自愿服从。随着社会力量的不断壮大，后者对政府的约束作用越来越明显。为了增强其公信力，政府必须争取社会对自身合法性的认可，在行动上表现为合法地行使公权力，满足社会主体对政府的各种期望。

政府形象是政府的内在素质和外在表现的反映，是一种特殊的政治资源。良好的政府形象对内有利于获得社会公众的自愿追随和支持，降低政府运作成本；对外则可以增强国内凝聚力，提高我国的国际地位。而良好的政府形象源于政府对"为民服务""依法行政"等理念的恪守。

2) 政府外部行动者的资本追求

在基本的温饱问题得以解决后，社会关注的焦点不再是穿衣、吃饭等个人问题，社会公众对政治民主、公共服务等方面的需求日益强烈。

作为电子政务的主要服务对象，公众和市场组织是电子政务活动的受益者。对于公众而言，电子政务能够改善政府的服务模式，有利于实现自身的知情权、监督权等民主权利。对于企业而言，追求经济资本是其参与电子政务活动的目标。一方面，市场经济是效能经济，市场组织希望通过电子网络系统便捷地获取各种政策、法规等政务信息，希望政府能够通过电子政务提高办事效率；另一方面，市场经济是法治经济，市场组织希望政府通过电子政务合法地对市场经济进行规范和调整，保证市场的正常运行和健康发展。

作为电子政务的外围行动者，第三方行动者参与电子政务文化生成的动机表现为政治取向和利益取向并重。有一部分学者、媒体等参与到电子政务文化的生成中，致力于确保政府行为的有效性和合理性，以维护社会公共利益。还有一部分专家学者、媒体等容易受到各种因素的干扰，他们不是为增进公共利益而服务，而是以个人效用最大化为原则。总的来说，由于职业的关联性，第三方行动者的行动偏向于追求社会资本和符号资本，以获得自身生存发展的资源。

2. 行动者影响电子政务文化生成的习惯逻辑

人们的行动并非总是服从于自身对利益的认知。正如布迪厄指出的那样，行动者的行动并非总是取决于理性计算，还与行动者的性情倾向——"习惯"有关。这种"习惯"会悄无声息地引导或阻碍行动者的选择。

1) 政府内部行动者的习惯逻辑

一是政府"讲政绩"的习惯。目前，在我国的政府管理体系中，政绩是考核各级政府(尤其是领导者)的重要指标。这种政府管理体系的长期存在，使得政府逐渐形成了"讲政绩"的习惯。从电子政务建设的角度来看，"讲政绩"能够激励政府决策者积极进行电子政务建设，客观上有利于电子政务文化的生成。但是，政府决策者的根本出发点是提高个人政绩，因此在电子政务建设方面更注重电子政务基础设施建设等表面工程，而对人民群众迫切需要解决的现实问题置若罔闻。

二是政府"讲政治"的习惯。政府"讲政治"的习惯一方面体现在上下级的政治控制上。虽然随着网络技术的应用，政府的组织结构和业务流程发生了相应的变化，但上下级之间的命令与服从关系依然没有发生实质性变化，使得横向的政府与社会的关系处于劣势，下级政府更加关注上级政府的政策命令，而将社会的意见和建议放在次要地位。另一方面，政府"讲政治"的习惯还体现在政府的管理手段上，具体表现在政策、法规、命令的制定与推行上。

2) 政府外部行动者的习惯逻辑

在传统的行政模式下，社会公众(尤其是普通公民)对政治参与表现出一种冷漠的态度，存在一种依赖政府的习惯。随着公民受教育水平的提高，公众参与公共生活的机会越来越多，社会公众开始由被动服从转向以积极的姿态参与到政治过程中。

众所周知，公民的政治素养与公民的教育水平密切相关。随着经济的发展和教育的普及，我国公民的受教育水平得到了极大的提高。中国互联网络信息中心发布的资料显示，我国网民的学历呈上升趋势，如图3.6所示。我国网民的学历逐渐提升，学历较高的网民会更加关注公共事务和行政决策，教育提升了公民的政治素质。此外，随着社会公共空间不断扩大，公众参与公共生活的机会越来越多，社会公众的行政认知和行政参与能力普遍提高。公众不再被动地接受政府的管理，而是以主体的姿态活跃于政务中，这种主动参与政务的行为逐渐成为社会公众的一种习惯。

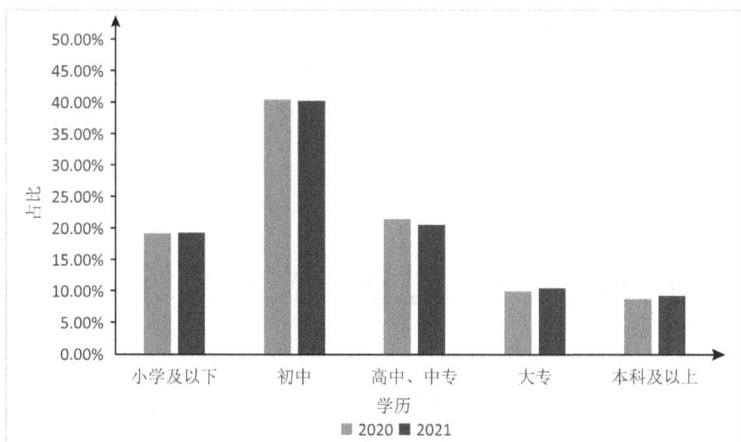

图3.6　中国网民学历结构

(资料来源：2020—2021年的《中国互联网络发展状况统计报告》)

3. 行动者影响基本范式：规则逻辑

行动者影响电子政务文化生成的方式是多样的，除了前述的资本、习惯之外，还有场域的规则限制：不仅包括强制性的法律、法规、制度等正式规则，还包括一些不具有强制性的非正式规则。

1) 电子政务文化生成场域的正式规则

我国特别重视电子政务活动的依法有序运行。在确保电子政务基础设施安全、高效运行方面，我国先后颁布了《计算机系统保密管理暂行规定》《互联网信息服务管理办法》《关于维护互联网安全的规定》等一系列法规、政策。为了确保公众依法有序参与行政活动，国家先后颁布了《中华人民共和国政府信息公开条例》《全面推进依法行政实施纲要》等法规，要求政府遵循民主、科学、依法的决策原则，把"公众参与、专家论证、风险评估、合法性审查、集体讨论决定"作为政府重大行政决策的法定程序。法规、政策的颁布，为社会公众参与政务活动和约束政府行为提供了强有力的制度保障。

2) 电子政务文化生成场域的非正式规则

电子政务文化生成场域的非正式规则主要包括风俗习惯、社会道德规范等。当行动者的行为符合社会风俗习惯、道德规范时，就容易获得其他行动者的认同和支持，否则会遭受其他行动者的排斥。在由公民、市场组织、社会组织、专家等组成的社会行动者场域中，非正式规则的作用更为显著。例如，惩恶扬善、同情弱者的道德意识使政府能够在正式制度缺位的情况下有力地协调各个行动者的关系，引导场域行动者同向发力。

总之，正式规则和非正式规则共同构成了电子政务文化生成场域的规则，两者都能对场域中行动者的行为进行有效调节和控制，使众多行动者进入良性互动模式。

3.4　行动者的互动过程：文化淬练

社会环境的变迁不会自动引发电子政务文化的生成，行动者(尤其是政府体制外的行动者)若想使电子政务行为满足自己的利益需求，必须运用各种方式不断刺激政府系统并产生影响，从而推动政府转变自身的行为，形成相应的文化模式。

3.4.1　交互作用：多元行动者的逻辑关系

电子政务文化所体现出来的行政态度、行政行为，事实上都会对社会公众乃至政府本身产生直接或间接的影响。因此，各行动者出于自身需求，试图影响电子政务文化的生成，并形成了特定"力场"。

1. 倡议阶段：社会诉求与政府回应

1) 政府外部行动者对电子政务文化的诉求

社会转型及电子政务的应用带来了一系列新情况、新问题，公民对政府提出了更高的要求，例如要求政府公开透明、提高办事效率等。政府体制外的行动者若想使电子政务符合自己的利益，必须不断运用各种方式向政府表达自己的利益诉求。结合许多现实案例，政府外部行动者采取的策略主要有以下几种。

(1) 直接利益表达。这是指社会行动者通过政府网站、政府微博等渠道与公共权力机关直接沟通，提出自己利益诉求和意见的过程。根据中国政府网对2022年7月网民留言的分析，63%的留言表达个人诉求，17.5%的留言属于政务投诉，10.9%的留言提出了各类意见和建议，5.2%的留言为政策咨询，1.9%的留言为表达情感，其余1.5%为其他留言。随着互联网技术的普及，网络表达渠道的便捷性使得越来越多的公众愿意通过网络这一平台表达自身的利益诉求，以获得政府对自身利益诉求的关注与回应。当然，社会上仍有一些行动者会采取上访等传统的方式来引起有关政府部门的关注。

(2) 诉诸公共舆论。这是指社会行动者借助新闻媒体、网络媒体等渠道表达自身的利益诉求以及对政府电子政务行为的不满与期许。张宇(2016)认为网络媒体能够通过各种方式聚集民意，形成网络舆论①。公共舆论在电子政务文化的倡议阶段发挥着巨大的作用。因受众广、传播速度快，网络报道的社会现象能够引起广泛关注，形成强大的舆论压力，从而提高政府的回应速度和处理效率。近年来，政府审批流程过多、政府信息不公开、更新不及时等行为屡登媒体报道，引发了社会的热议和对政府的强烈不满。从现实来看，"网络传播—媒体曝光—引发关注"的途径已成为当前有效的利益表达方式之一。随着网络影响力的不断上升，社会公众逐渐学会通过网络这一传播媒介引发社会关注，争取外部力量的介入，使得政府对问题的回应速度大大提高。

(3) 专家学者呼吁。专家学者能够及时发现电子政务中的问题并提醒政府及有关部门关注该问题。通过社会调研，专家学者能够了解社会对电子政务的需求，总结出目前电子政务中存在的问题，并将自己的研究成果以口头或书面的形式向政府部门反映。尤其是作为政府顾问的专家学者，能够直接接近和影响政府决策者，通过递交研究报告等方式对政府提出建议。例如，早在2003年，吴敬琏先生就呼吁"信息民主"，提醒政府部门要防止电子政务沦为"信息孤岛"。近年来蓬勃兴起的新媒体为专家学者提供了新的表达平台，通过接受媒体采访，撰写博文等方式批评政府在电子政务中的不作为、乱作为现象，从而引起社会广泛关注，促使政府做出相应的改进。

(4) 形成合作联盟。这是指行动者为了实现一定的目标，在行动过程中通过与其他行动者联盟的形式来提高自身的行动能力。刘力锐(2014)认为在现代民主社会里，处于权力差序格局的政治行动都可以通过动员来获得同道者的援助，从而影响核心圈的权力运行②。在电子政务文化的倡议阶段，某一行动者会对政府的行动产生影响，行动者的联盟会对政府的行动产生更为强烈的促进作用。在官僚主义体制下，官僚阶层垄断着权力和资源，民众很难获得接近权力的机会和渠道，难以与政府权力系统进行有效抗衡。随着网络技术的发展，政府体制外行动者能够通过网络等方式盘活各种资源，进行权利救济。同处于权力体制之外的普通公众、社会组织、专家学者以及网络媒体在反对政府不公、关注政府行为等方面具有高

---

①　张宇. 网络媒体：公民政策参与有序性增量的新载体[J]. 公共行政，2016(2)：70.
②　刘力锐. 基于网络政治动员态势的政府回应机制研究[M]. 沈阳：东北大学出版社，2014：68.

度的一致性。随着互联网的日益普及，我国群体性事件数量不断增加，如图3.7所示。多元行动者结成的联盟通过集体行动对政府形成强大的社会压力，使政府意识到信息公开和回应社会关切的重要性，进而加快了将电子政务文化的生成提上政府议程的脚步。

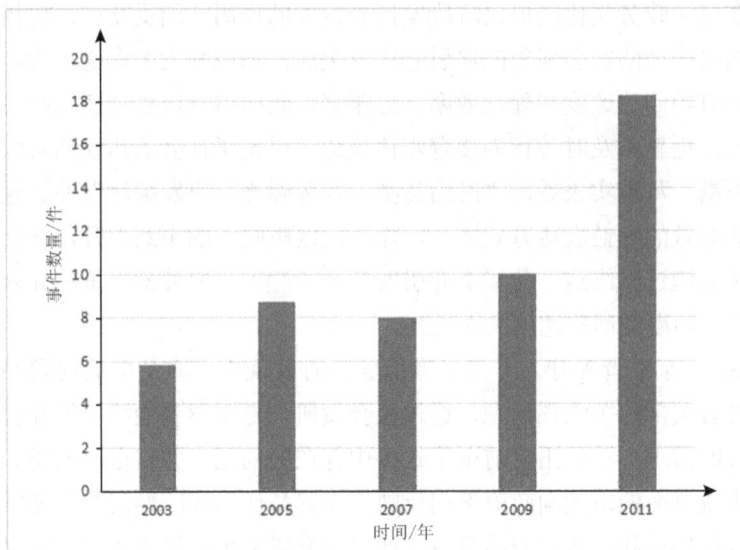

图3.7　2003—2011年我国群体性事件数量

2) 政府内部行动者对社会诉求的回应

虽然电子政务文化生成的动力越来越多地来自社会，但其进程和方向依然由政府把握。领导干部的重视和内部思想认识的统一是推进电子政务文化生成的重要前提。

首先，被动回应策略。按照卡蓝默等人(2004)的表述："我们生活在一个技术、经济高速发展的世界，但思想和意识形态发展却相对缓慢。"[①]电子政务的应用和社会公众民主参与意识的增强，对政府的行政理念提出了新的挑战，在管理行政模式下形成的行政文化在电子政务这一新行政模式下失去了其原有价值，传统行政文化面临认同危机。在这些压力的驱使下，为了维护社会稳定和自身的合法性，政府必须更新行政理念以适应新的社会形势，满足新的社会需求。

其次，主动调整策略。对于电子政务文化的生成，政府并不总是被动的。党和国家领导人在政务活动中，凭借所处的领导地位以及所具备的知识、理论素养、实践经验等，能够预测和确认电子政务的发展方向，并将

---

① 卡蓝默，塔尔芒. 心系国家改革[M]. 胡洪庆，译. 上海：上海人民出版社，2004：21.

之列入政策议程。

在传统的行政模式下，虽然社会不断向政府提出各种要求，但由于社会力量相对分散和薄弱，政府较少关注社会力量，难以以社会需求为中心来做出相应的行政行为。但是社会的发展过程是一个资本积累的过程，社会主体经济资本的快速增长使社会力量在公共领域中的地位越来越显著，电子政务的应用又为社会力量提供了与政府交流的平台，社会力量成为行政过程中不可忽视的力量。为了增强社会对政府的认同和信任，政府也逐渐意识到应该倾听社会公众的利益诉求和意见，转变传统的官本位思想，形成与时俱进的行政理念。

总之，发展电子政务文化的倡议是电子政务文化生成的触发器，电子政务文化只有得到政府乃至全社会的关注，才能纳入政府的议程中并从制度层面规范公职人员的行为，并使这种行为成为一种习惯。

2. 标准化阶段：社会建言与政府整合

电子政务文化生成的标准化阶段是指对电子政务实践中已证明有效的行为方式进行提炼和整合的过程。哈耶克(Hayek，1982)指出文化的演化是群体选择的过程①。电子政务文化的标准化阶段，是多元行动者相互交流和多种思想碰撞的过程，权威和专业知识在其中发挥着关键作用。

1) 电子政务文化标准化阶段的社会建言

首先，专家提供咨询建议。电子政务领域的专家学者凭借其拥有的知识、技能等文化资本在电子政务文化标准化阶段发挥着重要的导向作用。在电子政务文化的标准化阶段，专家学者不断总结电子政务取得的成就以及存在的问题，依据自己积累的专业知识和社会发展形势，借鉴国外电子政务文化模式，积极探寻本国电子政务文化的发展方向，通过著书等形式向政府献计献策，发挥了巨大的作用。专家拥有丰富的专业知识，面对大量的反馈信息，能够发挥信息的最佳作用，为政府提供最优选择，这也是很多政府机构聘请专家顾问的重要原因。例如，学界每年举办的电子政务相关论坛、会议(见表3.1)，就以"学术性、开放性和务实性"为原则，交流电子政务应用的若干问题，探讨电子政务发展趋势，为我国电子政务文化的生成提供理论与实践指导。

---

① 哈耶克.致命的自负[M].冯立克，胡晋华，等，译.北京：中国社会科学出版社，2000：25.

表3.1　历届中国电子政务论坛主题

举办届次	电子政务论坛主题	主要方向
2008年(第三届)	推进电子政务，构建服务型政府	电子政务与公共服务；信息安全、公开；信息共享与业务协同
2009年(第四届)	创新政府管理，深化公共服务	从整合、互联、共享、重构、效率方面思考未来电子政务发展
2010年(第五届)	融合·发展·创新	政府服务协同；提高公众参与度；设立政府首席信息官
2011年(第六届)	推动电子政务，提升社会管理和公共服务能力	电子政务与开放式改革；政府云与下一代电子政务
2012年(第七届)	中国电子政务十年回顾与展望	电子政务发展趋势；政企合作
2013年(第八届)	数字化时代的政府管理	电子政务下的公共服务与公众参与
2014年(第九届)	发展电子政务，推进治理能力现代化	电子政务法治建设；电子政务服务能力
2015年(第十届)	互联网+政府管理	电子政务与政府治理；网上政务服务；新技术发展与应用；新时期电子政务发展
2016年(第十一届)	互联网+政务服务	互联网+时代的政府治理创新；网上政务服务平台建设；政府大数据应用与数据开放共享
2017年(第十二届)	电子政务让人民更有获得感	电子政务顶层设计；互联网+政务服务；政务信息资源整合；政务大数据；电子政务创新实践
2018年(第十三届)	信息化推进国家治理体系和治理能力现代化	政府数字化转型；电子政务顶层设计、互联网+政务服务、政务信息资源整合共享；政务大数据
2019年(第十四届)	推动政府数字化转型 引领经济社会高质量发展	政府数字化转型；"数字中国"全面发展；服务型政府创新发展
2020年(第十五届)	新阶段、新理念、新格局——以信息化驱动现代化 提升国家治理效能	数字政府建设；一体化政务服务平台；政府信息共享；优化营商环境；"十四五"时期我国电子政务发展思路
2021年(第十六届)	建设数字政府 加快数字化发展	数字政府服务与专题治理；智慧城市建设；数字财政
2022年(第十七届)	加快数字政府建设 驱动引领中国式现代化	数字政府；政务服务；数据治理；城市数字化转型

　　其次，媒体聚焦信息。电子政务是一项社会性活动，其业务涉及企业、公民、社会组织等多个主体。由于信息和能力的限制，政府在面对复杂的电子政务问题时，难以在较短的时间内做出科学、合理的决策。媒体

能够及时捕捉行动者的言行、电子政务的进展等信息，为电子政务建设提供重要依据。此外，对于电子政务中存在的严重问题，媒体可以通过传播将其"放大"，使其成为社会关注的焦点，进而引起政府的关注并推动政府做出相应调整，加速相关制度建设，从而为电子政务文化的生成明确制度方向。媒体对政府电子政务行为的一些报道如表3.2所示。

表3.2 媒体对政府电子政务行为的一些报道

时间	单位	新闻标题
2014年5月	新华社	南京、杭州政府信息披露不及时、不对应
2015年4月	新快报调查	广州政府网站：旅游局网站有栏目7年未更新
2015年4月	海南特区报调查	海口市政府网站"睡觉"，市长信息10日才变为倪强
2016年6月	株洲网络政务微调查	被点名的政府网站，睡醒了吗？
2017年7月	中国经济网	触手可及的"网上政府"还有多远
2017年8月	中国网	"互联网+政务"，该多些"刷脸证明'我是我'"
2018年1月	南方日报	我们需要怎样的政府网站
2018年3月	今日头条	广西公布全区政府网站"红黑榜" 倒逼政府网站加强自身建设
2019年4月	新华网	政府网站、政务新媒体买"粉"、强制要求群众点赞将被"单项否决"
2019年6月	新华社	天津开发区推进"互联网+政策"模式 搭建"指尖政策枢纽"
2019年10月	人民网	中国为什么有这么多政务新媒体？
2020年7月	光明网	让每位群众都能摸到新时代政务服务的温度
2021年11月	曲靖日报	警惕形式主义借电子政务重来
2022年7月	人民网	县域数字化路在何方？"云"帮手助力
2023年7月	网信江苏	电子政务不应沦为"数字形式主义"
2023年8月	福建财政	电子政务平台这样收费要不得

2) 电子政务文化标准化阶段的政府整合

"组织创始人通过描述组织应该是什么样子的方式来建立早期的文化。"[①]电子政务文化的标准化过程是群体选择的过程，政府作为网络关系结构的中心，具有高度权威性和强大影响力。因此，电子政务文化的成型与推进很大程度上依赖于政府对行为方式的提炼与整合。影响政府选择的因素主要有如下几种。

从国家建设方向来看，现实的国家发展战略对政府提出的要求更具

---

① 罗宾斯. 管理学[M]. 孙建敏，译. 7版. 北京：中国人民大学出版社，2004：65.

有权威性和引导力。党的十七大报告明确提出要加快行政管理体制改革，努力建设服务型政府。党的十八届三中全会通过的《中共中央关于全面深化改革若干重大问题的决定》明确强调要推进国家治理体系和治理能力现代化。而国家治理能力现代化对电子政务的信息整合、信息公开和信息多元供给提出了新的要求，如表3.3所示。前面已经提到，政府具有"讲政治"的习惯，那些符合国家政策取向的电子政务行为模式更有可能得到政府的关注和青睐。

表3.3　国家发展战略与电子政务发展方向

国家发展战略	电子政务发展方向
建设社会主义和谐社会	以人为本，促进社会公平
建设服务型政府	提升服务效率和质量，惠及全民
推进国家治理现代化	信息公开、协同和共享

从公共舆论来看，互联网的"倒逼"机制成为推动政府转型的一个社会舆论场[①]。在多数情况下，公共舆论所表达的民意能够反映大多数人的利益诉求。如表3.4、表3.5所示，社会对政务活动关注的焦点集中在社会矛盾、公共管理、公共安全和吏治腐败领域，公共舆论成为政府洞察社会形势和审视自身行为的窗口。在政府满足公众正当权利要求的前提下，其合法性来源于社会公众的认同和支持。因此，无论是为了实现公共利益还是追求自身的合法性，政府都必须重视公共舆论，将之视为衡量自身行为的重要指标。

表3.4　2017年不同舆情领域压力指数

分类	热点事件数量	平均热度	舆情压力指数
社会矛盾	103	56.79	106.46
公共管理	156	65.77	90.34
公共安全	58	62.54	61.41
吏治反腐	70	61.81	49.82
公众人物舆情	27	66.1	12.41
其他	17	66.76	8

（资料来源：《2017年中国互联网舆情分析报告》）

① 顾丽梅，翁士洪.网络参与下的地方治理创新[M].上海：上海人民出版社，2015：112.

表3.5 2018年不同舆情领域压力指数

分类	热点事件数量	平均热度	舆情压力指数
社会矛盾	190	52.96	132.78
公共管理	141	57.29	39.64
公共安全	96	58.77	77.61
吏治反腐	10	51.63	5.86
公众人物舆情	28	58.12	27.50
其他	19	55.70	6.42

(资料来源：《2018年中国互联网舆情分析报告》)

实践是检验真理的唯一标准。当若干行为能够适应电子政务的发展环境，并获得社会的广泛支持时，这种行为就容易被其他人或组织学习和模仿，从而形成一种广泛认同的行为模式，并慢慢积淀下来，成为电子政务文化的一部分。例如，为了解决群众办事难、行政审批程序过多的问题，各地区政府先后推行了"一站式服务"；针对政府回应不及时的问题设立了"政府新闻发言人制度"；由于政府在社会管理和服务中存在"越位、错位和缺位"现象，建立了权力清单制度，等等。总之，通过电子政务实践，一方面可以将有益的内容作为电子政务的经验；另一方面，可以将有害的内容作为政府的教训，最终推动政府完善电子政务文化。从各地的电子政务实践来看，那些广泛吸纳公民参与的实践，往往是成功的。

3. 习惯化阶段：社会监督与政府推进

电子政务文化的生成离不开电子政务工作者的认同和践行，只有将电子政务文化模式付诸电子政务实践，才能真正发挥其价值引导作用，电子政务文化才能在真正意义上生成。尽管电子政务的习惯化是电子政务工作人员的内心情感活动，但是社会和政府依然在其中发挥着重要的监督和引导作用。

1) 电子政务文化习惯化阶段的社会监督

首先是来自电子政务服务对象的监督和评估。公众和市场组织是电子政务服务的主要对象，他们对电子政务行为的优劣有着最直接的体会，在这方面最有发言权。来自电子政务目标群体的监督是一种直接、广泛的监督，通过对某一电子政务行为进行评价向政府有关部门传达评估信息，起到规范电子政务行为的作用，使电子政务文化能够得到践行。目前，各级政府网站相继开辟了公众留言这一模块，鼓励社会公众针对政府的行为提出批评和建议。

其次是来自媒体的监督与评估。在现实生活中，由于地域、时间的限制，企业和公民不可能直接监督政府的行为，他们的利益极有可能因政府的自利性行为倾向而受到损害。媒体作为"第四种权力"，为社会监督政府行为提供了强大的工具。媒体(尤其是网络媒体)对电子政务文化的践行情况和不良电子政务行为进行大胆的披露，能够引起社会各界对政府电子政务行为的关注，督促政府调整电子政务行为，进而确保电子政务文化的践行。面对媒体的全方位监督，政府必然有所顾忌，因为稍有不慎，就会被嗅觉灵敏的大众媒体发现，并被曝光于社会之中。从此意义上讲，媒体为社会公众提供了有力的监督平台，督促政府依法行政。

然后是来自专家学者的指导和评估。电子政务方面的专家学者具有理论和学术方面的优势，对电子政务文化的指导和评估更具权威性和科学性。在电子政务实践中，专家学者通过评估电子政务行为来判断这些行为是否符合既定的规则和文化理念，寻找其中存在的问题，综合各方面的意见，及时提出改正措施和方案，从而为电子政务文化的改进提供支持。例如，中国社会科学院国情调研组每年发布的《中国政府透明度年度报告》、国脉互联政府网站评测中心每年发布的《政府透明度排名表》都对政府检视自身的行为起到了督促作用。总之，来自专家学者的评估能够为电子政务文化的形成和推进提供科学依据和智力支持。

最后是来自社会组织的监督和评估。社会组织是公共利益的代表，其对政府的评估更具客观性和公信力，其评估结果更容易获得公众的认同。此外，社会组织具有广泛的民意基础，能够争取更多行动者的关心、支持和认同，因此能够形成一个可以制约政府权力的社会权力，向政府施加强大的社会压力，推动电子政务朝着公开、公平、廉洁、高效的方向发展。

2) 电子政务文化习惯化阶段的政府推进

电子政务文化的习惯化阶段是电子政务文化在政府组织中制度化的过程，需要通过互动和循环迭代来实现。一方面，政府高层可以凭借其拥有的领导权，依靠政治权威，向电子政务工作者灌输新的文化理念。另一方面，电子政务工作者能够从内心深处接受电子政务文化，形成相应的价值取向、行为倾向。

首先，教育培训。政府公职人员必须具备相应的电子政务文化理念和价值观。因此，政府必须通过教育培训向政府公职人员灌输新的电子政务文化理念，使他们能够以电子政务文化理念为行动导向，确保电子政务符合社会发展要求。从传播或教育手段来看，目前我国的电子政务培训主要包括定期或不定期开展的宣传和教育活动以及邀请有关专家进行的专门培训。除此之外，在互联网时代，以微博、微信等为代表的新媒体因互动性强、受众广泛等特点在电子政务文化的传播过程中发挥着越来越重要的作用。新媒体的多渠道渗透和推广使电子政务文化得以在更大范围内扩散。

其次，制度安排。电子政务文化的制度安排是指通过一系列制度规范将电子政务文化转变为可以操作的规定。行政文化虽然是行政人员内心的价值观念，但并非在任何情况下都能自发生成，它也需要与其自身成长相适宜的制度环境。如果没有硬性制度的约束，一切价值、道德体系都难以产生持续的影响。

为了确保电子政务朝着社会期待的方向发展，国务院等部门先后颁布了一系列政策、法规。2014年11月，国务院办公厅发布《国务院办公厅关于促进电子政务协调发展的指导意见》，要求逐步建立与政府职能相适应的电子政务体系，有效服务于创新政府、廉洁政府、法治政府建设；2016年2月中共中央办公厅、国务院办公厅印发《关于全面推进政务公开工作的意见》，要求推进政务阳光透明、扩大政务开放参与、提高政务公开能力；2016年9月国务院印发《关于加快推进"互联网+政务服务"的工作指导意见》，要求各级政府按照建设法治、创新、廉洁、服务型政府的要求，推进数据共享，推行公开透明服务，最大程度利企便民；2020年6月印发的《国家电子政务标准体系建设指南》指出，要推动电子政务标准化发展，增强电子政务标准化服务能力，如表3.6所示。此外，还有各地方政府依据本地实际情况制定的制度和规则。政府制定相关管理制度的目的在于引导各级政府部门及工作人员的行为，促使各级政府部门及工作人员依据社会要求做出行为选择。

表3.6　国务院关于规范电子政务行为的相关制度安排

颁布时间	制度	制度内容
2014年11月	《关于促进电子政务协调发展的指导意见》	建立有效服务于创新、廉洁、法治政府建设的电子政务体系
2016年2月	《关于全面推进政务公开工作的意见》	推进政务透明、扩大政务开放参与、提高政务公开能力
2016年9月	《关于加快推进"互联网+政务服务"的工作指导意见》	推进数据共享，推行公开透明服务，最大程度利企便民
2016年10月	《关于在政务公开工作中进一步做好政务舆情回应的通知》	将政务舆情回应情况纳入考核体系，并将之与奖惩相联系
2016年12月	《关于印发"互联网+政务服务"技术体系建设指南的通知》	构建统一、规范、多级联动的"互联网+政务服务"服务体系

（续表）

颁布时间	制度	制度内容
2018年6月	《关于印发进一步深化"互联网+政务服务"推进政务服务"一网、一门、一次"改革实施方案的通知》	构建方便快捷、公平普惠、优质高效的网上政务服务体系
2019年4月	《关于在线政务服务的若干规定》	建设全国一体化在线政务服务平台
2019年12月	《国家政务信息化项目建设管理办法》	规范国家信息化建设管理，强化政务信息系统应用绩效考核
2020年6月	《关于印发国家电子政务标准体系建设指南的通知》	推动电子政务标准化发展，增强电子政务标准化服务能力
2020年9月	《关于加快推进政务服务"跨省通办"的指导意见》	建立权威高效的数据共享协调机制，满足"跨省通办"的数据需求
2021年4月	《关于印发2021年政务公开工作要点的通知》	全面推行政府网站集约化建设，推动公开、互动、服务融合发展
2022年6月	《关于加强数字政府建设的指导意见》	将数字技术广泛应用于政府管理，构建数字化、智能化的政府运行新生态
2022年10月	《关于印发全国一体化政务大数据体系建设指南的通知》	构建标准统一、布局合理、管理协同、安全可靠的全国一体化政务大数据体系
2023年2月	《数字中国建设整体布局规划》	要强化数字化能力建设，促进信息系统网络互联互通、数据按需共享、业务高效协同

最后，绩效评估。科学合理的绩效评估体系可以督促各级政府尤其是地方政府更加注重电子政务文化理念，并将民主、服务、公开、协同等电子政务文化理念体现到电子政务行为上来。近年来，为了能够保障各级政府的电子政务行为朝着民主、公开、协同的方向发展，我国不断完善政府网站考核指标，这在一定程度上提升了政府电子政务的服务质量，如表3.7所示。

表3.7　政府网站评估指标的变化

网站评估指标	一级指标
2009年省级政府网站评估指标	网站或专栏建设情况；网站链接情况；内容发布情况
2012年政府网站评估指标	信息公开透明度；互动交流能力；办事服务能力；技术应用能力

(续表)

网站评估指标	一级指标
2014年中央部委网站的评价指标	信息公开；办事服务；互动交流；舆论引导；网站功能与管理；新媒体应用；用户满意度
2015年第一次全国政府网站评价指标	单向否决(站点无法访问，网站不更新，栏目不更新，网站错误，互动回应性差)；网站可用性；信息更新情况；互动回应情况；服务回应情况
2016年中央部委门户网站评价指标	信息公开；在线服务；互动交流；回应关切；用户体验
2017年中国政府网站评估指标	信息公开；互动交流；政务服务；政策解读；监督管理；展现设计
2018年中国政府网站评估指标	解读回应；办事服务；互动交流；管理保障；功能推广；优秀创新案例
2019年中国政府网站评估指标	信息发布；解读回应；办事服务；互动交流；管理保障；功能推广；优秀创新案例
2020年中国政府网站评估指标	信息发布；数据开放；解读回应；办事服务；互动交流；管理保障；功能推广；优秀创新案例
2021年中国政府网站评估指标	信息公开；政策解读；在线服务；互动交流；展现标识；监督管理；传播应用
2022年中国政府网站评估指标	信息公开；政策解读；在线服务；互动交流；展现标识；政务新媒体；传播应用；监督管理和优秀创新案例
2023年中国政府网站评估指标	政务公开；政策发布与解读；办事服务；政民互动；智能化应用；网络影响；网站管理

(资料来源：2009—2023年《政府网站绩效评估报告》)

　　当所有电子政务工作人员都开始自觉运用电子政务工具开展电子政务工作时，电子政务文化将会成为一种新的且相对稳定的文化范式。

　　总之，电子政务文化的生成过程就是电子政务文化场域中行动者依据其拥有的资本，遵循特定的场域规则，参与到电子政务文化生成过程中，使之体现自己利益和目标的动态过程。它是多元主体互动、共同推进的过程。在电子政务文化生成场域这个特定环境下，公众、市场组织以及其他主体通过媒体以及多元路径与政府内部行动者在场域特定空间内发生互动，该时期行为规则以及资本、习惯等，决定了电子政务文化的生成质量。如果从纵向角度分析，则从电子政务文化生成过程开始到倡议阶段、标准化阶段，最后至习惯阶段，也就是文化从孕育开始，然后进入社会，并逐步为社会接受，在环境作用下，成为人们内化于心的行为倾向和无意识行为习惯。

3.4.2　角色与特征：复杂的分类与外化

各行动主体拥有不同的资源和偏好，并在电子政务文化生成场域中处于不同的地位，因此，各行动主体在电子政务文化生成过程中发挥的作用也是有差异的。

1. 电子政务文化生成过程中的主导者：政府及其工作人员

政府作为电子政务运行的主体，凭借其拥有的政治权力资本和强大影响力在电子政务主体关系网络中居于核心地位。电子政务效能和电子政务文化的成型与推进很大程度上都依赖于政府在电子政务实践中的作为，因此，政府及其工作人员在电子政务文化的生成过程中居于主导地位。

从认知特点来看，政府人员职位具有相对稳定性，长期从事专业领域工作的公务员，相较于其他行动者，具有更丰富的实践经验，在电子政务文化的塑造上具有更强的可操作性。从行动价值取向来看，作为公共权力的拥有者，政府推动电子政务文化的生成，主要是为了缓和社会矛盾，从而维护自身的合法性和公信力。因此，政府及其工作人员在利益权衡和价值判断方面更具有综合思维，能够做出相对正确的利益取舍。

2. 电子政务文化生成过程的重要参与者：政务目标群体

作为电子政务行为的目标群体，市场组织和公民是电子政务文化的直接体验者和主要受益者，对电子政务文化最有发言权。随着政务目标群体权利意识的增强、行政参与能力的不断提升及批判精神的增强，为了寻求社会的认同和支持，政府必须倾听公众的需求和意见，从而完善自身的行政行为。市场组织和公民对电子政务文化的生成起着越来越重要的作用。

从认知特点来看，具有不同利益倾向的市场组织和公民，在涉及自己利益的公共事务上表现出更高的关注度和参与度。因此，政务目标群体在电子政务文化生成的倡议阶段发挥着重要的推动作用，但由于认知的局限性，其在电子政务文化的标准化阶段发挥的作用不是特别明显。从参与策略上看，随着各种组织的广泛建立和新媒体的发展，公众越来越多地使用网络这一新工具来获取资源，维护自身利益。

3. 电子政务文化生成过程中的引导者和探索者：第三方行动力量

在电子政务文化生成的过程中，第三方行动者将社会公众的意见、建议、诉求等整合起来，并以多种方式影响政府，使政府成为电子政务文化的引导者。例如，媒体能够及时捕捉各个行动者的言行、电子政务的进展等信息，从而扩大政府决策的依据。此外，在电子政务活动中，专家学者等第三方行动主体通过社会调查等方式不断总结电子政务取得的成就和存在的问题，并依托自身的知识积累，借鉴和吸收外国电子政务发展的经验，积极探寻电子政务的正确发展方向，成为电子政务文化的探索者。

从认知特点来看，相对于公共权力主体基于权力的展示性内容和电子政务目标群体基于自身利益的展示性内容，第三方行动者在电子政务文化生成过程中更加强调电子政务全貌的展示，对电子政务文化发展趋向的认识和建议更具有客观性和公信力。就电子政务文化对其主客体带来的影响而言，第三方行动者更像是某种意义上的"局外人"，以"旁观者"的身份相对客观地介入电子政务文化的生成过程，以职业责任为使命，较为中立。

第4章 | # SECI模型：多场景
叠加下的运行逻辑

党的十八大以来，我国电子政务发展进入快车道，电子政务不断突破制约，逐步实现了完善基础设施建设、数据共享以及重构组织管理模式等目标。党的十九大报告指出"中国特色社会主义进入新时代"，党和国家领导人强调文化自信，因此我国行政文化应立足于新时代，寻求理论突破和创新，推动行政文化的发展。同时，"十三五"期间，深化"放管服"改革成为我国行政体制变革的主要任务，电子政务也需要转型。基于此，行政文化创新与电子政务实践逐渐催生了基于我国国情的"电子政务文化"。

电子政务文化不会凭空出现，其生成也遵循特定规律，有其自身的运作机制。它起始于电子政务实践，经历理念交流和话语整合阶段，最终应用于实践并继续向纵深发展。SECI(社会化，socialization；外化，externalization；组合，combination；内化，internalization)模型是一种知识转化和创造螺旋模型，最早出现于野中郁次郎与竹内弘高合作的《创新求胜》一书中。SECI模型最早应用于知识管理领域，主要揭示了隐性知识与显性知识相互转换的过程，该模型区别于布迪厄的场域理论，从另一个视角揭示了电子政务文化生成机制的全过程及其要素特征。SECI模型本身揭示了一个螺旋式上升的文化生成过程，揭示了文化思想创新四阶段中各个要素的作用机制以及每个阶段中都包含的"场"的作用。电子政务文化的生成过程可以视为电子政务系统中隐性知识向显性知识转化并最终内化到相应群体中的过程，电子政务文化从内在隐含转向社会化、外在化，进而在组织协同作用下，形成具体的文化生成理论和文化组织形态。这就需要从四个阶段进行分析，研究电子政务文化在四个阶段的存在样态、作用机制，特别是每个阶段中的"场"，即环境和群体如何接受和转化电子政务文化，并能在实践中体现电子政务文化的指导作用。

显然，运用SECI模型，能够较为准确地揭示电子政务文化生成的起点和终点，这里要指出的是所谓的隐性知识并非个人化的，而是电子政务系统在长期实践中逐步形成的隐性知识的积累。这既表明了SECI模型所具有的知识生产模式的过程属性特征，强调其螺旋式、顺延式的纵向生成过程，也能够更好地评估和诠释电子政务文化四个阶段中"场"面临的特殊性问题以及发展状态。尽管SECI模型也存在一定的弊端，但对于揭示电子政务文化生成机制的过程性、阶段性仍然具有价值。

4.1　SECI模型：四种"场"环境

野中郁次郎把"场"界定为知识转换的基础环境，认为"场"是实现知识共享的环境。他认为在每个知识转换的阶段都存在一个对应的"场"环境，环境的优化会加速知识转换的进程。电子政务文化生成与当前大环境有关，但同时每个阶段对应的"场"环境有所区别，文化生成初期一般需要良好的技术环境和畅通的交流环境，到了中期则需要重视公民意识和民主的社会氛围，后期则需要变革的社会环境，只有将四个场的知识转化过程前后加以连贯，才能为电子政务文化生成扫清环境障碍。

4.1.1　创始场：环境的引导和刺激

创始场是隐性电子政务文化开始生成的场所，个体在这一阶段开始接触电子政务，对其产生相应印象，并开始相互交流。因此，技术革新和交流渠道是创始场环境的关键因素。

1. 互联网等新兴技术突破

随着科学技术的进步，我国互联网信息技术飞速发展，新兴技术发展势头迅猛，正改变着电子政务的发展模式。

在互联网通信技术较为落后的时代，由于通信速度和设备的限制，许多电子政务平台无法搭建，无法有效发挥相关作用，进而导致电子政务发展迟缓，阻碍了电子政务文化生成。现今，在光纤宽带等新型技术出现并普及的情况下，电子政务平台的搭建与升级轻而易举。第51次《中国互联网络发展状况统计报告》显示，截至2022年6月，我国光纤接入(FTTH/O)用户数量逐年递增，占固定互联网宽带接入用户总数的比例也持续上升[①]，如图4.1所示。

此外，在过去几年里，我国互联网发展取得了突破性进展，5G通

---

① 中国互联网络信息中心. 第51次中国互联网络发展状况统计报告[EB/OL]. https://www.cnnic.net.cn/n4/2023/0303/c88-10757.html.

信、大数据、云计算等诸多新兴互联网技术不仅深刻改变了群众的生活方式，也改变了政务形式。尤其在大数据领域，我国的行业领军者在大数据研发方面持续发力，推进神经网络芯片研发，将大数据与云计算、数据仓库等技术深度融合，运用公共云技术提供线上服务。此外，大数据产业的深度发展推动了政府机构改革，广东、上海、贵州等地开设了大数据管理部门，有效地融合了大数据技术与"互联网+政务服务"，进一步推动了电子政务数据融合，打破了信息孤岛。

总之，互联网技术对电子政务基础设施建设起着关键作用，在此基础上，个体在接触电子政务时产生了独特的感官体验，这便是最早的隐性电子政务文化。因此，互联网等新兴技术为电子政务文化的生成提供了重要的技术环境。

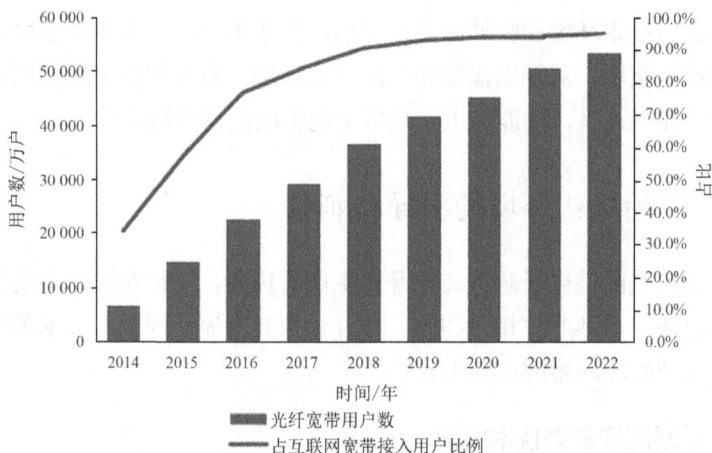

图4.1　我国光纤宽带用户规模及占比(2014—2022)

(资料来源：2014—2022年的《中国互联网络发展状况统计报告》)

2. 互联网的普及

在互联网尚未普及的阶段，民众获取政治信息的途径极其有限，并且几乎无任何互动行为，民众仅仅是信息的接收者，难以向政府提出自己的意见。互联网的普及不仅大大拓宽了民众接收政治新闻的渠道，也为民众架起了一座与政府沟通的桥梁，提升了公众的参与度。第51次《中国互联网络发展状况统计报告》显示，我国互联网使用率逐年攀升，截至2022年12月，我国网民规模达10.67亿，互联网普及率也逐年上升[①]，如图4.2所示。

① 中国互联网络信息中心. 第51次中国互联网络发展状况统计报告[EB/OL]. https://www.cnnic.net.cn/n4/2023/0303/c88-10757.html.

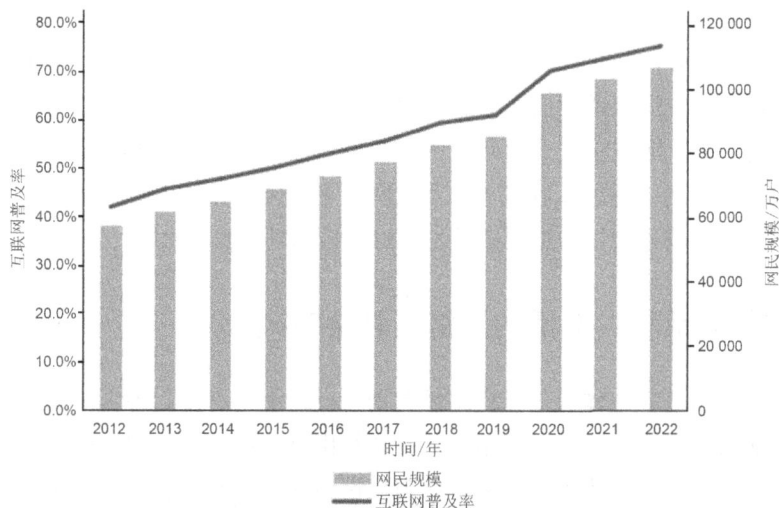

图4.2 我国网民规模和互联网普及率(2012—2022)

(资料来源：2012—2022年的《中国互联网络发展状况统计报告》)

在网民数量不断增加的同时，我国网民的年龄结构也在不断优化，并有进一步向中老年人群渗透的趋势，如图4.3所示。

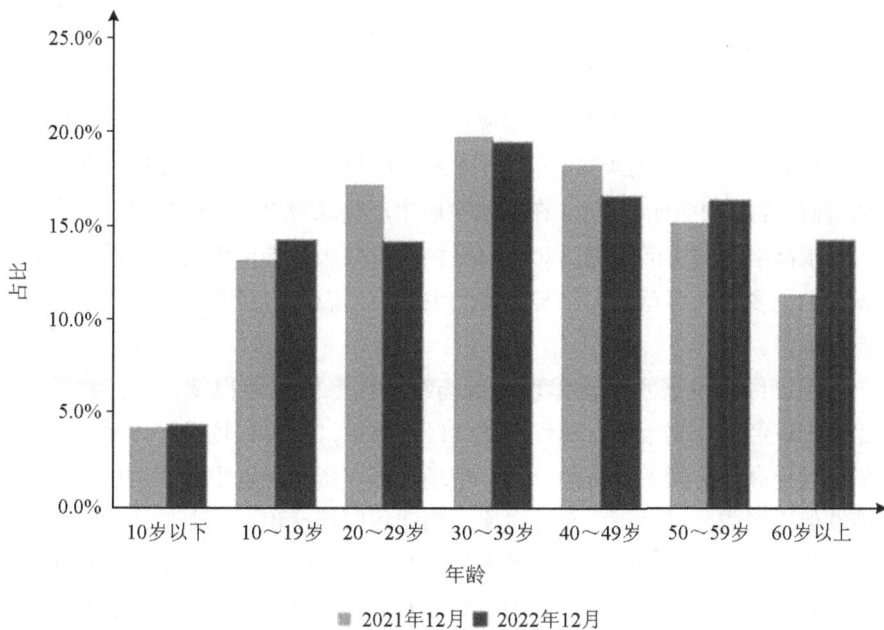

图4.3 我国网民年龄结构

(资料来源：2021—2022年《中国互联网络发展状况统计报告》)

随着网民数量的增加以及年龄结构的优化，越来越多的民众开始在互联网上获取政治信息，并通过网络参与政治生活。网络的普及让电子政务的实现方式由原来的政府主导转向政民互动，这一转变缩短了政府与民众之间的距离，激发了民众参政议政的热情。因此，互联网的普及与网民群体的壮大，使得各主体可以借助互联网互通有无，并进一步加强了各方联系，为电子政务文化的生成提供了良好的技术环境。

4.1.2 对话场：对话的经济与社会基础

对话场是各主体充分交流意见的场所。在上一阶段，各主体能够有效地将他人看法与自身观念相结合，并总结出具备电子政务文化内涵的语言文字，这使得电子政务文化从隐性向显性转换。因此，意识觉醒是本阶段电子政务文化生成的关键因素，而影响主体意识觉醒的因素分为客观和主观两个方面。

1. 客观因素：国民经济持续向好

物质决定意识，经济水平能从根本上影响民众的思想意识，而个体政治意识的觉醒是电子政务文化生成的必要条件，因此，电子政务文化生成在一定程度上受经济发展水平限制。

国民经济的发展能直观地体现在居民可支配收入的变化上。2022年我国居民人均消费支出24 538元，居民人均消费支出结构不断优化，文娱生活日益丰富，如图4.4所示。在基本物质生活需求得以满足的情况下，人们会追求高层次的生活，进而对政府提供的公共服务提出更高的要求，具体表现为更多的人愿意切实参与到政治生活中，表达自身看法，为政府工作建言献策。

国民经济发展水平也体现为市场经济体系的完善程度。当前我国正稳步推进经济体制改革，建设现代化经济体系，完善市场经济体系，以达到有效提高经济增长质量的目的。市场经济在资源配置中起决定性作用，能够促进形成公平公正、平等自愿、恪守规则等意识，从而使政治文化领域形成良好风气。同时，市场经济的崛起推动民众心中市场意识的觉醒，民众开始以独立个体的身份维护自身权益，并尝试着利用规则获取合法利益，进一步提升自己的维权意识和监督意识。

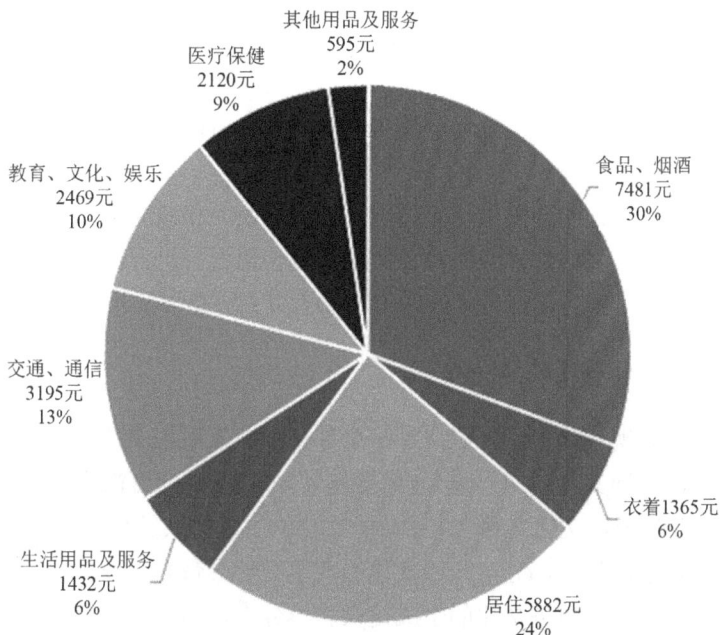

图4.4 2022年全国居民人均消费支出及其构成

(资料来源：2022年《中国互联网络发展状况统计报告》)

国民经济持续发展，不仅改善了人民的物质生活水平，也提升了民众的思想觉悟，在一定程度上解放了思想，使人们有更多精力参与到政治生活之中。因此，国民经济的发展为电子政务的生成提供了客观条件。

2. 主观因素：公民社会中民众参政兴趣的提高

"公民社会"一词起源于古希腊城邦，历经千年变迁后，其内涵逐渐走向成熟。其基本观点包括：公民社会是人们借助各类非政府组织等媒介进行交往所产生的全部社会关系，这种关系独立于政府体系之外，是公民自发、自主产生的一种社会关系。我国学者俞可平(2006)将公民社会定义为国家或政府系统以及市场或企业系统之外的所有社会组织或民间关系的总和[1]。随着我国政治体制改革进程的加快，公民参与社会公共事务的积极性逐渐增强，公民社会在我国逐步兴起并壮大，比如杭州市民的"圆桌会议"，表明公民社会在我国社会改革和社会建设中具有积极作用。

总之，公民社会的蓬勃发展代表传统政府"一言堂"时代已经过去，

---

[1] 俞可平. 中国公民社会：概念、分类与制度环境[J]. 中国社会科学, 2006(1)：109-122, 207-208.

公民开始主动追求与政府的平等对话，这进一步推动了我国公民意识的觉醒，也为电子政务文化的生成提供了良好的氛围。

4.1.3 整合场：从隐性知识转向显性知识的关键

整合场是知识整合并进一步形成系统的场所，权威主体在这一阶段将零散的电子政务文化整理成完整、准确的文化语言。良好的制度有利于系统文化的整合，并对显性电子政务文化的生成具有重要的推动作用。

1. 多元文化：碰撞与交融

随着我国现代化不断推进，经济全球化不断发展，文化层面的交流也逐渐增多，多种文化间的界限开始变得模糊，在文化交互融合的同时，新型文化不断涌现。文化交融为电子政务文化的生成提供了有利的环境。

行政是政治的一部分，政治文化的变革必然会带来行政文化的革新，而行政文化为电子政务文化的生成提供"养分"，因此，政治文化的变迁同样对电子政务文化发展具有重大意义。政治文化即"人们在长期的政治生活和政治事件中所形成和发展的，对政治活动、政治关系、政治形式以及自身在政治活动中的地位和角色的政治意识形态、政治心理倾向和政治价值取向的综合"[1]。

现代信息技术的发展催生了技术文化这一重要文化分支，技术文化运用现代通信技术进行研究、开发，以改进人们的生产、生活方式为目标。由于现代技术瞬息万变，技术文化的内涵也日益丰富。随着互联网技术的发展，技术文化与互联网应用碰撞出独特的火花，即网络文化。匡文波(1999)指出："网络文化是指以计算机和通信技术的融合为物质基础，以发送和接收信息为核心的一种崭新文化。"[2]技术文化及其衍生文化的出现，必然会为电子政务改革提供全新思路。

政治文化、行政文化、技术文化以及网络文化在当前社会和谐并存并以电子政务为契机相互交融，文化发展推动思想解放和观念变革，最终为电子政务文化提供了理论基础。

2. 法治文化：制度基础与保障

1999年，国务院发布了《关于全面推进依法行政的决定》，强调依法

---

[1] 曹任何，丁知平，周巍. 行政文化与政治文化概念的比较分析[J]. 学术论坛，2004(3)：100-103.
[2] 匡文波. 论网络文化[J]. 图书馆，1999(2)：26.

行政是依法治国的重要组成部分。在此之后，我国先后发布了《全面推进依法行政实施纲要》《法治政府建设实施纲要(2015—2020年)》等中央文件。党的十九大报告进一步强调了依法行政的重大意义，将依法行政作为构建社会主义法治强国的重要一环。依法行政是我们党和国家行使行政管理权力的基本原则，是建设法治国家、法治政府和法治社会的基本方式。依法行政的关键是在法律的框架内行使权力。这会对传统"人治"思维模式和行政文化体系造成一定冲击，从而为形成全新的治理文化创造条件。

依法行政是深化行政管理体制改革的关键，也是我国民主政治建设的重要环节，随着我国依法行政的推进，我国民主政治发展也进入法治化新阶段。因此，依法行政的推进为电子政务文化的生成提供了良好的政治环境。2022年，《中华人民共和国电子签名法》修正后，进一步明确了电子签名的法律地位。我国在《法治政府建设实施纲要(2021—2025年)》中强调，到2025年，政府行为全面纳入法治轨道，职责明确、依法行政的政府治理体系日益健全，行政执法机制基本完善，这在一定程度上为电子政务文化的生成提供了法治环境保障。

4.1.4 练习场：文化习惯的转化与创新

练习场是使显性知识内化为个人行为的场所，在这一阶段，之前形成的电子政务文化将作用于实践，并在实践中形成新的隐性电子政务文化。

1. 公共行政改革：推进文化的持续创新

自20世纪20年代行政与政治分离以后，公共行政的每一次变革都会淘汰落后的行政文化理念，并为新的行政文化赋予时代的内涵。

公共行政自诞生之日起，共经历了三次大变革，如表4.1所示。传统行政管理体系是以"官僚制"为代表的体系，其核心思想是"官本位"。作为公共行政领导者，政府具有绝对权威。这样的行政模式会导致政府腐败、行政体制僵化、效率低下等问题。因此，20世纪70年代，随着西方国家重塑政府运动的兴起，新公共管理理念开始成为公共行政的主流，其核心观点是构建"企业型政府"，将企业管理模式引入公共管理，以提高政府服务效率。但是新公共管理理念过分强调效率，忽视了公平问题。基于此，新公共服务理念应运而生，新公共服务理念强调政府必须以人为本，将公共利益放在首位，寻求政府与公民的公平对话。电子政务基本特征与新公共服务理念高度契合，电子政务在这样的背景下得到广泛应用。

表4.1　公共行政发展阶段及其特征

公共行政 发展阶段	理论基础	核心思想	管理模式	政府与公众 的关系
传统行政管理	官僚制 政治行政二分法	官本位	科层制	领导与服从
新公共管理	委托代理理论 公共选择理论	顾客导向	流程再造 组织再造	企业与顾客
新公共服务	人本主义理论 公民社会理论	公共利益	服务型政府	服务与监督

不论社会发展到何种阶段，公共行政改革的脚步都不会停止，当前我国公共行政仍处于深化改革阶段，其核心任务是摒弃不适应社会主义发展的行政理念，形成新时代中国特色社会主义行政体系，为电子政务文化的生成和成熟创造条件。

2. 服务型政府建设：文化生成的决定性力量

当前我国正处于深化公共行政改革的关键时期，服务型政府的建设不断推进，各级政府力求在改革过程中简政放权，转变政府职能，创新监管方式，完善公共服务体系，努力建成令人民满意的政府。

为建设服务型政府，深化行政体制改革，政府持续推行信息公开制度，打造透明政府，让权力在阳光下运行。过去政府信息是通过申请公开的，公民申请什么，政府就供给什么，公开信息的内容和范围极其有限，公民并未获得应有的知情权，对政府没有约束能力，导致政府信息不透明、公信力下降等问题，传统行政方式和理念难以为继。因此，政府不得不转变传统观念，顺应时代要求，发展电子政务，建设"互联网+政务"信息公开平台，变被动申请为主动推送，并在线为公民答疑解惑。信息公开方式的转变，使得公民享有充分的知情权和话语权，让政府行为得以在阳光下进行。

改革的深化为电子政务文化的发展提供了充足的养分，也为下一阶段电子政务文化的生成提供了良好的社会环境。

4.2　SECI模型的内部要素

SECI模型从两个方面揭示了电子政务文化生成涉及的内部要素。
SECI模型将知识分为显性知识和隐性知识两类。从电子政务文化内涵来看，电子政务文化不仅包含电子政务相关研究成果、电子政务政策法规等显性内容，也包括电子政务认知、观念、经验等隐性文化。

SECI模型提出了个体、群体、组织和组织间的知识聚合层次等概念，认为在知识转换的不同阶段，不同主体发挥不同的作用，而电子政务文化的生成过程中同样存在多元主体，电子政务改变了传统行政机关"一言堂"的管理模式，使逐渐壮大的社会力量开始发声。在电子政务文化生成的各阶段中，SECI模型的某一环节并非单独发挥作用，各个阶段均是多元主体参与的结果，公民、行政人员、专家、媒体、社会团体乃至各级政府均在其中发挥着各自的作用。

4.2.1　文化分类：文化生成机制的基础

野中郁次郎将知识划分为隐性知识和显性知识，用SECI模型解释隐性知识向显性知识转换的过程。在电子政务文化形成初期，知识并不能以文字等可见形式直接表现出来，其中存在许多难以用文字记录和传播的内容。因此，明确电子政务文化的分类，是研究电子政务文化生成机制的基础。

1. 隐性电子政务文化：平台与服务

隐性知识比较主观，作为一种非结构化内容，难以广泛传播，但往往对解决现实问题具有很高的价值。因此，隐性电子政务文化可以理解为电子政务主体在电子政务实践过程中产生的认知、心理体验等的总和，在现实中表现为一种约定俗成的运作方式。当电子政务主体不断学习或与其他主体交流时，隐性电子政务文化的蛛丝马迹就会在实践中被捕捉到。隐性电子政务文化主要有以下两种表现形式。

1) 平台建设

电子政务平台是电子政务服务开展的基本条件，电子政务活动必须依托电子政务平台进行。随着电子政务的普及，人们对电子政务服务的需求逐渐增加，电子政务的主体理念逐渐发展，电子政务平台不断升级，因此，电子政务平台建设正是隐性文化的表现形式之一。

我国电子政务平台形式多样，覆盖范围广，涵盖线下与线上两个维度。线上平台主要由政务微博、政务微信等媒体平台和政府网站等政务服务平台构成。线下服务事宜依托线上服务网站，线下、线上联动服务。2022年，我国电子政务发展指数(EGDI)得分提高到0.8119，位于全球第43

位，是自《联合国电子政务调查报告》发布以来排名最高的一次。

当前我国电子政务服务平台强调一体化、标准化、共享性建设，强调建设省级统揽、部门联动、一网通办的电子政务服务平台。电子政务服务平台的建设体现了共享、透明、效率优先等先进的电子政务理念，蕴含着电子政务文化的内涵。

2) 政务服务能力

电子政务服务能力是电子政务建设水平的重要依据。技术发展和行政体制改革的深入，推动了电子政务向纵深发展，同时随着社会各界对电子政务日益关注，电子政务主体意识也随之升级，政务服务能力得到了各级政府的重视。因此，政务服务能力成为隐性电子政务文化的重要表现形式之一。

现阶段，我国电子政务服务能力主要体现在以下四个方面：一是电子政务服务平台建设的完善程度；二是行政审批制度的优化；三是电子政务管理运行标准的设立；四是政务服务互联互通和信息共享程度。目前，多个省级政务服务平台可以提供行政许可、行政给付、行政征收等政务服务。据人民网报道，国家政务服务平台作为总枢纽，连通了31个省(区、市)及新疆生产建设兵团、46个国务院部门政务服务平台，面向十四亿多人口和一亿多市场主体打造了覆盖全国的"一张网""一次不用跑""秒报秒批"等政务服务模式，政务服务能力不断提高。

随着我国便民利民、服务人民、让人民满意的服务理念日益深入人心以及电子服务方式不断更新，电子政务文化理念的内涵变得更加丰富与具象化。

2. 显性电子政务文化：运营理念、法制与文化阐释

显性知识是能够通过文字记录和传播的知识，它具有客观性、结构化、易于传播的特点。我们可以将其理解为能够以语言、模型或其他表达形式加以组织，并能够与他人交流的电子政务文化，如电子政务服务理念、电子政务文化相关研究和电子政务法律法规等。

1) 运营理念

电子政务运营理念作为电子政务的服务指南，发源于电子政务实践，对电子政务实践起着指导作用。电子政务运营理念是电子政务文化的内核，电子政务文化的具体内容是对理念的扩充和解释。因此，电子政务运营理念是显性电子政务文化的最初形态。

电子政务运营包含三大维度、十个基本理念：一是电子政务运营的

基本原则，分别是民主理念、法治理念、公平理念、科学理念；二是电子政务运营的具体实践，分别是责任理念、服务理念、效能理念；三是电子政务运营的发展要求，分别是系统理念、创新理念、安全理念。随着电子政务发展的深化，电子政务运营理念又增加了新的内容。当前，我国电子政务服务遵循"四化"理念，即智能化、移动化、一体化、便利化，各地方高层推动，各部门联动，多种改革措施并举，推动电子政务服务整体化发展。

电子政务运营理念并不是一成不变的，随着实践的发展，它会增添新的内涵，而理念革新必将推动电子政务文化发展，加快电子政务文化螺旋式上升的步伐。

2) 法律法规

文化的狭义概念包括所有精神财富，如宗教、信仰、学术思想、文学艺术、法律法规等，因此在电子政务发展过程中颁布的法律法规也在显性电子政务文化范畴之内。

2000年，我国组建了国家信息化领导小组，并提出"十五"信息化发展规划，至此，我国的电子政务立法逐渐提上日程。最初，电子政务法律只存在于相关法律的某条法规中，如《中华人民共和国电子签名法》第二十九条和《中华人民共和国行政许可法》第三十三条，都从法律角度肯定了电子政务的发展。2008年5月1日《中华人民共和国政府信息公开条例》的正式出台，标志着电子政务正式进入发展的新阶段。我国电子政务部分法规如表4.2所示。

表4.2　我国电子政务部分法规

颁布时间	法规名称
2023年7月	《政务服务电子文件归档和电子档案管理办法》
2023年5月	《商用密码管理条例》
2022年9月	《国务院关于加快推进"一件事一次办"打造政务服务升级版的指导意见》
2022年9月	《国务院办公厅关于扩大政务服务"跨省通办"范围进一步提升服务效能的意见》
2022年6月	《国务院关于加强数字政府建设的指导意见》
2021年10月	《信息安全技术 信息系统密码应用基本要求》
2021年9月	《全国一体化政务服务平台移动端建设指南》
2021年8月	《中华人民共和国个人信息保护法》
2021年6月	《中华人民共和国数据安全法》
2020年8月	《国家电子政务外网网络与信息安全管理暂行办法》
2019年12月	《国家政务信息化项目建设管理办法》

目前,我国电子政务法规体系渐趋成熟,但还缺乏更高层级的立法。随着电子政务的发展,我国电子政务法律法规必将日益完善,其文化内涵也将更为丰富。

3) 文化阐释

电子政务文化相关研究包括对电子政务文化、电子政务理念等的研究,该阶段的研究主体主要为电子政务领域的专家学者,其文化形式以文献、著作为主。在这一阶段,电子政务文化已经形成了系统的文字内容,成为一种典型的显性电子政务文化。

目前,对电子政务文化的研究仍处于初级阶段,相关文献较少。截至2023年8月,笔者通过关键词检索并统计了中国知网上与电子政务文化有关的文献数量,如图4.5所示。

由图4.5可见,当前我国公开发表的与电子政务文化相关的文献数量并不多,并且这些文章大多与当前电子政务实践相关,阐释电子政务文化内涵的文章相对较少,且其中近一半为近五年发表的文章,由此可以看出电子政务文化层面的研究开始得到学界的关注。

电子政务文化相关文献研究是电子政务文化生成的重要环节,电子政务文化的基本框架在这个过程中逐渐明晰,其体系逐渐完善,并进入文化族谱之中,逐渐形成了一种完整的文化体系。

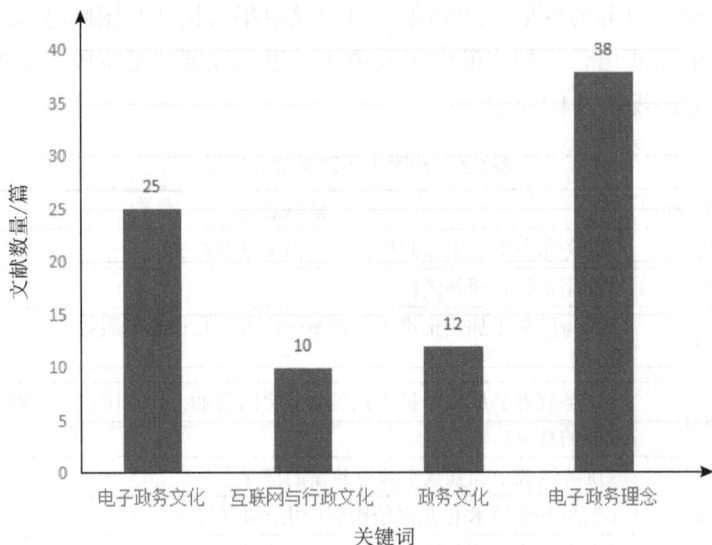

图4.5　中国知网中电子政务文化相关中文文献数量

4.2.2　行动主体：个体和组织的力量

文化的形成过程是人与文化双向互动的过程，即"人创造文化，文化孕育人"①。野中郁次郎认为，知识转换的不同阶段存在着不同的转换主体，这些主体从低到高组成"知识聚合层次"。电子政务文化不会凭空出现，也不会自发地从隐性文化转换为显性文化，文化的生成有赖于不同主体的推动作用。因此，参考SECI模型"知识聚合层次"，结合电子政务文化的自身特征，电子政务文化生成涉及的行动主体大致可以分为个体和组织两大类别。

1. 行动个体

行动个体对电子政务文化的生成具有重要影响，依照参与电子政务活动方式的差异，我们可以将行动个体分为政府内部人员、公民和专家学者三类。

1) 政府内部人员

政府内部人员是指政府机关中管理电子政务和提供电子政务服务的工作人员，主要由政府领导者和普通行政人员构成。

政府领导者凭借其领导权力在电子政务发展过程中居于主导地位。我国实行"行政首长负责制"，该制度使得政府领导人在电子政务发展目标、方式和方向方面有决定权，电子政务理念的变更一定程度上依赖行政领导人手中握有的权力资本，因此，政府领导者是推动电子政务文化生成的重要主体之一。

普通行政人员是电子政务的具体实践者。基层公务人员岗位较为固定，多数行政人员长期从事电子政务领域的工作，他们比其他主体更了解电子政务运作过程。实践能够激发行政人员的认同感，促使他们总结工作经验，在脑海中形成理念。同时，行政人员在运用电子政务办公过程中，会接触到不同主体，通过与他人交流，不断完善对政务文化的认知。因此，普通行政人员凭借其特有的技术优势在电子政务文化生成中起到一定作用。

2) 公民

我国宪法规定公民享有知情权、参与权和监督权，电子政务正是为了更好地维护公民基本权利而产生的。公民作为电子政务的服务对象，对电

---

① 刘尚明. "人化"与"化人"：当代文化生成的内在机制——读《当代文化的生成机制》[J]. 广东省社会主义学院学报，2009(1)：107-108.

子政务文化最有发言权,对电子政务文化的生成发挥着积极作用。

一方面,随着经济发展和国民素质的提高,公民参与行政的热情日益高涨,公民行政参与能力也有所增强,公民对"互联网"政务的认知也更为准确。另一方面,由于政府改革的深化和电子政务服务能力的提升,公民接触电子政务的机会得到了增加。因此,公民越来越认可运用网络解决现实问题这一方法,形成全新观念。

表4.3中的数据来自全国24个省级单位和50个城市的5525个样本,完成样本3513个。调查结果中半数以上的公民对"网络民主"有一定信心,由此可以看出当前中国已经有了"网络民主"的土壤。民众从相信到实践的过程,民众认可的民主、维权理念,也将为电子政务文化的生成提供养分。

表4.3 网民对网络维权的信任度

调查问题	赞同样本量	比例/%
通过网络反映的问题,政府更重视	1068	57.7
通过网络反映的问题,政府回应更迅速	1100	59.8
我对政府回应网络诉求的情况总体满意	919	52.0
我认为网络民意能够影响政府决策	956	53.0

(资料来源:《中国政治参与报告(2018)》)

3) 专家学者

从事电子政务研究的专家学者在日常生活中可能较少直接接触电子政务,但是他们可以通过与政府和公民的交流,借助自身知识储备,对电子政务文化的生成产生重要影响。

一方面,专家学者因工作性质而拥有大量资源,结合自身行政知识、行政技能等对电子政务进行系统研究,从而形成客观准确的文献资料。此外,他们还可以接触到政府中的电子政务管理者,了解电子政务发展的最新动态,也会针砭时弊,建言献策。另一方面,专家学者与政府内部人员和公民的不同之处在于,他们作为第三方独立个体,统观电子政务发展大局,以更全面的视角考虑电子政务发展问题,相较于前两者而言更具全局观、前瞻性。

因此,专家学者在电子政务文化生成过程中扮演着重要角色,是电子政务文化从观念转变为文字、语句乃至系统理论的主要推动者,在电子政务文化形成的各个阶段均发挥重要作用。

2. 行动组织

组织的范围非常广泛,笔者根据电子政务文化生成过程,选取在生成中起主要作用的三类组织进行阐述，分别为电子政务社会团体、媒体和各级政府。

1) 电子政务社会团体

电子政务社会团体是由公民或企事业单位自发组织而成的，是按照章程开展相关活动的社会组织。电子政务社会团体可以研判电子政务发展形势，研究电子政务建设和实践过程中出现的问题并提出相应解决方案，为国家制定电子政务方针政策提供咨询，是电子政务文化生成理论的建构主体之一。

当前，我国存在电子政务专家委员会、电子政务协会、电子政务学会和电子政务研究中心等电子政务社会团体。据不完全统计，我国已经成立的国家级电子政务重点社会团体有：国家行政学院电子政务研究中心、若干部委的电子政务研究中心等。省级电子政务社会团体有：广东省电子政务协会、浙江省电子政务学会、河北省电子政务研究会和湖南省电子政务中心等。一些高校也成立了电子政务研究院等类似机构。这些协会集结了电子政务研究领域的领军人物，通过社团推动中国电子政务发展。如国家行政学院电子政务专家委员会，包含140余名专家，其中48%来自中央国家机关，49%是高级工程师，见图4.6。

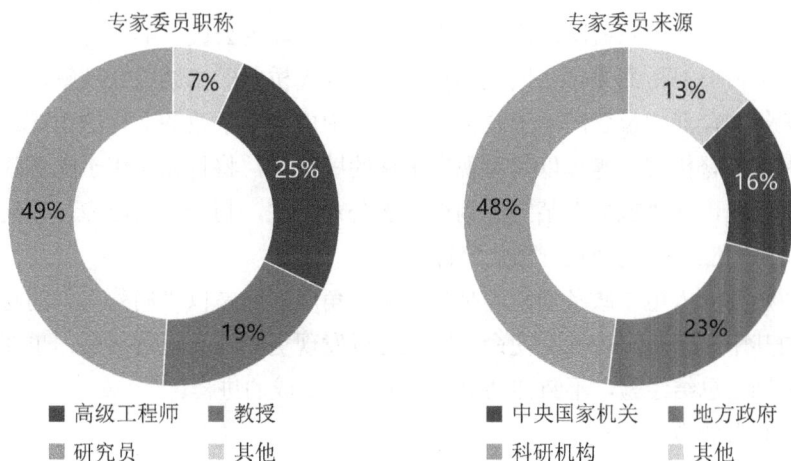

图4.6　国家行政学院电子政务专家委员会专家组成

(资料来源：中国电子政务网)

可见，电子政务社会团体是由跨地域、跨部门的专家学者组成的交流平台，是电子政务研究、教学、咨询的智囊团，电子政务社团在日常活动中形成的思想观念，必定会成为电子政务文化的重要组成部分。

2) 媒体

21世纪是信息爆炸的时代，没有哪一主体可以完全掌握某一领域内的所有信息。在这种情况下，媒体组织起到过滤无用信息、捕捉焦点信息、报道重要信息的作用，尤其在新媒体时代，网络媒体已经成为人们获取新闻的最重要渠道。2018年12月至2022年12月网络新闻用户规模如图4.7所示。

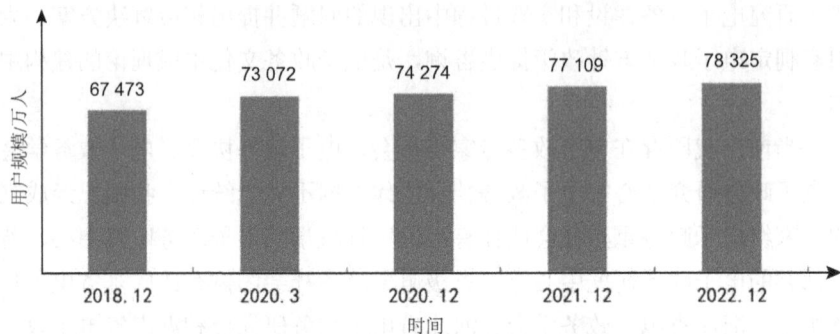

图4.7　2018年12月至2022年12月网络新闻用户规模

(资料来源：2018—2022年的《中国互联网络发展状况统计报告》)

在电子政务领域，媒体主要发挥两方面作用。一是媒介传播作用。媒体从政府最新政策与法规中选取重点信息，以易于理解的语言报道并加以解释。当前，各政府网站均设有媒体报道版块，为公民了解当前热点事件提供了窗口。新闻媒体在民众和政府之间架起桥梁，帮助民众理解繁杂的政策条文，其中蕴含的电子政务理念无形中成为电子政务文化的积淀。二是舆论监督作用。媒体以其对现实事件的敏感度，将目光聚焦于电子政务现实问题，并"放大"某些案例以吸引公众关注，制造舆论压力，敦促政府做出回应，时刻为政府敲响警钟。

媒体介入电子政务通常不是从当事人角度，而是以"局外人"的身份参与其中，肩负一种社会使命，因此可以发现更多社会现实问题，也在问题基础上总结经验，不断推动电子政务文化生成的进程。

3) 各级政府

政府内部领导者及行政人员负责制定具体政策和电子政务的日常运行管理。如果涉及法规与政策的制定和执行、电子服务监督与评估等专业问题，行为主体就变成各级政府的组织部门。电子政务文化与法规、政策紧密相连，各级政府成为推动电子政务文化生成的主体力量之一。

电子政务的发展方向和建设效果主要由各级政府部门决定。政府的行政目标是提供优质公共服务，提升自身公信力，电子政务是政府实现目标的必经之路。因此，各级政府必将努力提升自身电子政务服务能力，打造高效、公开、透明的政府部门。在此过程中，电子政务文化内涵不断丰富，电子政务文化理念也不断更新。

3. 主体关系：触动与制约的平衡

电子政务文化生成机制是一个复杂的运行程序，其中各主体不是独自发挥作用的，相反，各主体之间既相互交融、互通有无，也存在一定的制约关系。

电子政务文化生成主体中，某些组织与个体存在交叉关系。首先，各主体之间存在包含与被包含的关系，如某些社会团体的成员中，包含许多电子政务领域的专家学者。其次，各生成阶段也存在个体与组织交互作用的情况，电子政务文化生成过程较为复杂，生成主体较多，无法完全按照SECI模型类比。人员的交叉使得各主体对电子政务有了全新感受。

电子政务文化的各生成主体是相互联系的。首先，就政府及其内部人员与公民之间的联系而言，政府为公民提供电子政务服务，并且管理电子政务活动，而公民有权监督政府服务。其次是政府与第三方的联系，政府为第三方提供电子政务相关政策信息，而第三方为政府提供咨询建议并监督政府行为，指出政府不当行为。最后是公民与第三方之间的联系，公民接受第三方提供的电子政务资讯，同时公民将自身诉求告知第三方，为其提供素材。电子政务文化生成主体间的关系如图4.8所示。

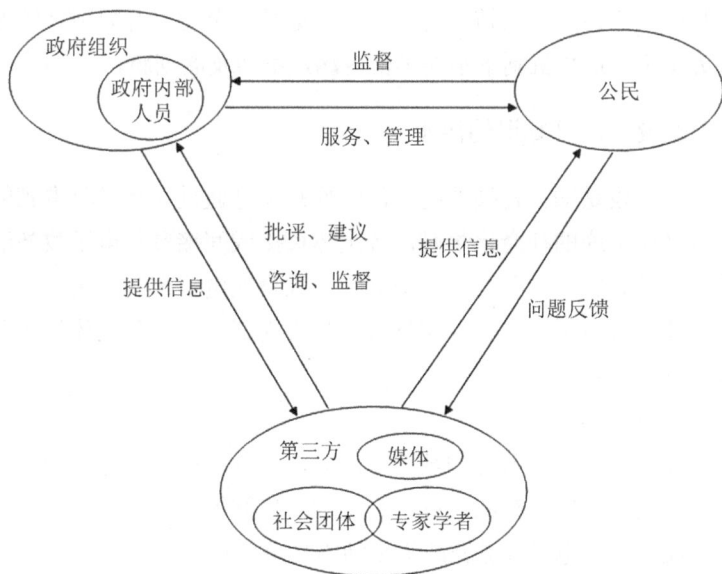

图4.8　电子政务文化生成主体间的关系

4.3 SECI模型：文化生成机制的图景描述

野中郁次郎提出了隐性知识与显性知识之间的四种转换模式，并将这一过程总结为SECI模型。电子政务文化生成过程所经历的社会化、外在化、联合化和内在化四个阶段，也是从隐性文化到显性文化再到隐性文化的不断转换过程，这就是电子政务文化生成机制的具体运行过程和内容表现形式。这种运动是在"场"中进行的，各主体基于不同身份，在"场"环境的作用下做出不同的行为，共同推动电子政务文化的生成。同时，电子政务文化生成机制每经过一轮转化，都会产生全新的文化内涵，实现电子政务文化的螺旋式上升并循环往复。

4.3.1 运行过程：阶段与要点

SECI模型提出完成一次隐性知识到显性知识的转换，需要经历四个阶段，并在第四阶段开启新一轮转换过程。电子政务文化生成机制大致按照SECI模型运行，每一次文化转换需要经历社会化、外在化、联合化、内在化四个阶段，每个阶段存在不同行动主体，各主体基于自身需求采取不同行动，从而完成该阶段的转换过程，并在最后一个阶段开启下一轮循环。电子政务文化在这种机制下不断丰富内涵，不断发展创新。

1. 社会化：隐性知识的传递

社会化阶段是知识转换的起点，隐性知识是通过共享经验得到的。在电子政务文化生成的社会化阶段，各主体直接或间接参与电子政务活动，并由此产生经验感受，在互动与交流中形成隐性电子政务文化。这一阶段的生成主体主要包括公民、专家学者和政府内部人员，各主体的实践和交流发挥着重要作用。

1) 公民诉求的表达

公民在了解到电子政务的某些功能后，会利用电子政务平台表达自己在现实中遇到的问题，在此过程中公民政治权利得以实现，民主意识开始觉醒，公民意识到电子政务在政治生活中的重要意义。

当前，我国公民诉求的表达呈现内容多样、领域广泛的特点。如图4.9所示，仅2023年2月中国政府网留言就已近4000条，各个领域均有所涉及。据统计，在这些网民留言中，43.2%为个人诉求，42.7%为意见和建议，除此之外，还有政务投诉、情感表达和政策咨询等方面的留言。公民将政务留言作为自己政治生活的重要组成部分，当留言被回应时，公民参与政治生活的热情更加高涨。

因此，公民利用政务平台表达诉求，培育民主意识，在积攒政务表达的实践经验的同时，对电子政务管理模式产生了自己的想法，这一过程加深了公民对电子政务文化的理解，为之后的互动与交流打下基础，同时为隐性电子政务文化的生成奠基。

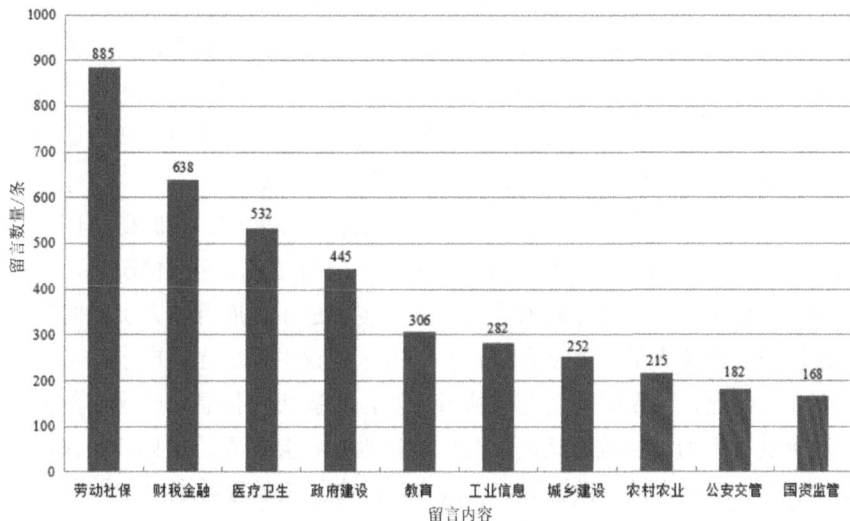

图4.9　2023年2月中国政府网留言内容分布情况

(资料来源：中国政府网)

2) 专家学者的知识渗透

专家学者作为电子政务领域的专业人员，同时拥有人力、技术等资源，可以通过调研、走访等方式，了解我国电子政务现状，形成调查报告，通过分析调研得到的数据总结电子政务发展中存在的问题和发展需求。《中国城市电子政务发展水平调查报告》《省级政府网上政务服务能力调查评估报告》《中国电子政务年鉴》等电子政务调研报告，均由国家行政学院等专业科研院所中的资深教授编撰。《中国电子政务发展报告(2017)》由时任国家行政学院副院长李季主编，基本反映了我国电子政务平台和服务能力状况。

专家将调研结论反馈给政府内部人员，直接或间接影响政府内部人员对电子政务的观念。同时，随着新媒体力量的壮大，专家学者也尝试接受媒体采访，将自己的研究成果通过媒体向全社会公布，引发社会公众对电子政务的讨论与思考。在这种互动中，专家学者逐渐总结电子政务发展规律。

3) 政府公职人员的自适应

电子政务作为一种全新的行政管理模式，对传统行政管理提出了挑战，因此政府内部人员的首要任务是调整传统的行政思维，尽快适应这种转型。

一方面，政府公职人员开始更新观念，学习电子政务服务模式，掌握基本理论，同时增强实践能力。首先，政府领导人员需要通过学习加深对电子政务的认知，了解电子政务应用领域和发展方向。其次，行政人员需要努力学习电子政务操作知识，了解电子政务服务流程，树立电子政务服务意识。最后，政府内部人员需要相互交流，在提升个人电子政务服务能力的同时，实现思想解放，推动电子政务文化的生成。

另一方面，政府公职人员了解公民诉求和专家建议，及时做出回应与调整。当前，我国政府网站评测指标中有一项为"互动回应情况"，各政府网站需要每月定期公布政府答复率，这也促进了政府行政人员及时回复公民诉求。政府人员也能从公民留言、专家建议中了解当前电子政务服务中存在的问题，并及时完善相关服务内容，更新相关信息。政府内部人员在这个过程中为增强政府认同，开始尝试吸收社会各界的意见和建议，转变传统"一言堂"的行政作风，形成全新的电子政务服务观念。

政府公职人员思维转变过程反映在现实中，即加强平台建设和提升服务能力，这也成为隐性电子政务文化的现实表现。

社会化阶段存在三个生成主体，三个主体相互交流，吸收彼此经验，各自形成对电子政务的全新认识，最终促成隐性电子政务文化的生成，如图4.10所示。政府内部人员在电子政务文化生成之初具有引领和推动作用，他们首先要培养电子政务文化精神，逐渐改变自己的行政行为习惯和服务态度，而这离不开政府内部人员思想观念的转变以及平台的完善。公民作为重要的社会参与主体，其参政意识、应用平台获取信息的能力以及应用电子政务的意愿，会被反馈给专家学者，专家学者们通过建言献策等方式，鼓励或者批评政府在电子政务文化生成方面的行为。三方主体扮演了不同的角色，相互支持，互相学习，促成了电子政务文化从创始场转向社会化。

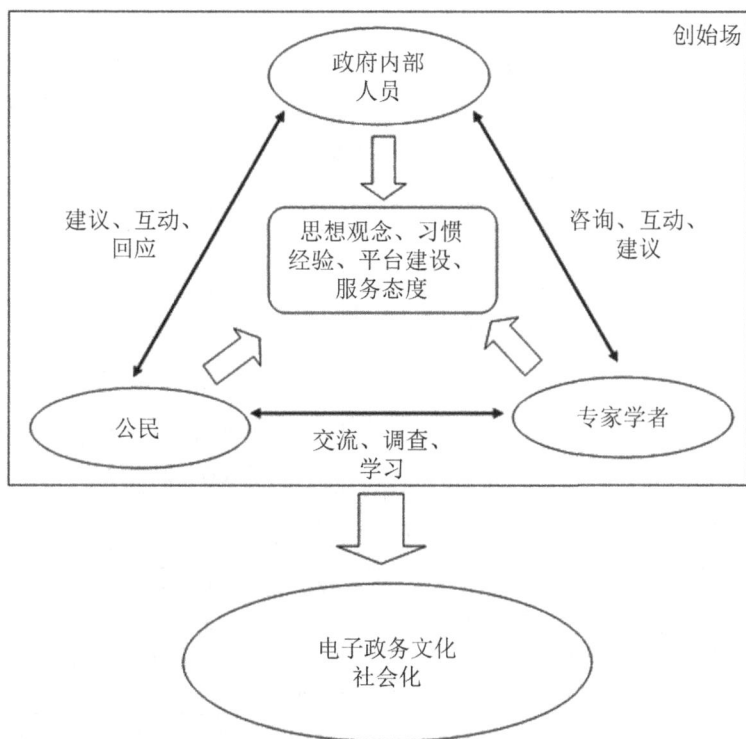

图4.10　电子政务文化生成的社会化阶段

2. 外在化：隐性知识向显性知识转变

电子政务文化生成的外在化阶段是指相关主体对社会化阶段中的有效观念、数据、行为方式进行提取和描述的过程，是整理和提炼的阶段，这一过程可能是对先进思想的总结，也可能是对落后行为的批判，是一个理性归纳的过程。团体力量在这一阶段发挥着重要作用。

1) 专业社团的研究

电子政务领域的专家学者在经历实地考察和社会调研后，了解电子政务基本情况，并结合自身学术知识，开始有意识地对电子政务进行深入研究，学者逐渐意识到自身学识有限，于是组建电子政务社会团体，共同研究电子政务，以形成较为完整的研究成果。

电子政务社会团体召集电子政务领域专家，结合本地区电子政务发展情况，开展特色活动，以进一步优化电子政务的理论体系，指导电子政务的发展规划。例如，国家行政学院电子政务专家委员会开设中国电子政务论坛，发布《中国政务微博评估报告》，开设CIO大讲堂，创立中国电子政务网等。"中国电子政务论坛"已成为国内外具有较大影响力的电子政务领域交流平台，论坛以"学术性、公益性、开放性、务实性"为原则，从2006年开始每年举办一届。国家机关、地方政府、有关科研单位代表均参与其中，讨论当前我国电子政务最新埋念，强化思想引领，提升发展水平。中国电子政务论坛部分主题如表4.4所示。

表4.4 中国电子政务论坛部分主题

举办年份	论坛主题	主要内容
2013(第八届)	数字化时代的政府管理	电子政务下的公共服务与公众参与
2014(第九届)	发展电子政务，推进治理能力现代化	电子政务助推政府治理和简政放权；新形势下政府网站发展趋势；政府数据开放
2015(第十届)	"互联网+"政府管理	探讨新时期国家电子政务发展思路，总结电子政务实践经验
2016(第十一届)	"互联网+"政务服务	转变工作理念；创新服务模式；开放数据资源；完善保障措施
2017(第十二届)	电子政务让人民更有获得感	推进政务信息资源共享和开放，实现数据共享，消除信息孤岛，让人民群众从数字经济繁荣中体验到更多获得感
2018(第十三届)	以信息化推进国家治理体系和治理能力现代化	统筹推进政府管理和社会治理模式创新；加快推动"数字中国"建设；积极探索数据辅助科学决策新方式
2019((第十四届)	推动政府数字化转型，引领经济社会高质量发展	总结电子政务实践经验，探讨新时代电子政务发展思路
2020(第十五届)	新阶段、新理念、新格局——以信息化驱动现代化，提升国家治理效能	总结实践经验，探讨"十四五"时期我国电子政务和数字政府的发展思路
2021(第十六届)	建设数字政府，加快数字化发展	围绕近年来我国数字政府建设和数字化发展的探索与实践进行交流
2023(第十七届)	加快数字政府建设，驱动引领中国式现代化	探讨我国电子政务和数字政府建设发展思路与实践路径，推广数字政府建设成果

电子政务社会团体以促进电子政务发展为出发点，结合当前社会时政热点，梳理政务发展理念，整合电子政务发展要求，为电子政务发展建言献策。其中，电子政务理念整合和咨政建议是显性电子政务文化的初级形态，因此电子政务社会团体一定程度上推动了电子政务文化的转化进程。

2) 专业媒体的报道

在电子政务发展过程中，一方面，电子政务管理者由于自身认识的局限性，会不自觉地做出违反电子政务初衷的行为；另一方面，公民或专家学者发声渠道有限，有时无法将自己的观点反馈给政府。这时，就需要媒体组织利用自身优势，替公众发声，纠正政府的不当行为。

媒体利用自身信息渠道，追踪报道某些涉及电子政务的社会问题，并将其扩散到整个社会，尤其在新媒体时代，信息传播速度大幅度提升，无形中将问题矛盾点"放大"，引发全社会关注，进而形成舆论压力。与此同时，媒体不仅是公民的"传声筒"，也是政府的"发言人"，政府做出相应政策调整时，媒体组织也会第一时间进行报道，中国政府网"要闻"版块部分新闻报道如表4.5所示。

表4.5　中国政府网"要闻"板块部分新闻报道

报道日期	媒体单位	新闻标题
2023年8月	重庆日报	年底前全市区县政务服务大厅全面推广"渝快码"扫码办事
2022年12月	新华社	深化"互联网+政务服务"实现政务服务高效能
2022年4月	新华社	"一户通"升级 澳门电子政务发展迈上新台阶
2019年12月	中国政府网	优化电子政务流程，减少办证多处盖章
2019年4月	人民网	做实做细网上政务平台 确保百姓问有所应
2018年8月	新京报	全国政府网站数量三年内降7成
2018年5月	新华每日电讯	"要小聪明"的政府网站如何服务群众
2018年1月	南方日报	我们需要怎样的政府网站
2017年8月	中国网	"互联网+政务"，该多些"刷脸证明'我是我'"

(资料来源：中国政府网)

媒体进行报道时不仅会关注事件本身，还会针对性地进行评说，同时提出解决方案。媒体总结电子政务发展要求，在报道中用客观的语言阐述电子政务文化内涵，将抽象化的电子政务理念转化为具体的语言文字，推动电子政务文化从隐性走向显性。

3) 政府会议的思想强化

作为政府主导的社会性活动，政府会议对电子政务文化具有一定影响，其文字表述内容由政府选择与确定。在经历电子政务文化生成的社会化阶段后，政府内部人员通过自己的实践和与不同主体的互动，已经形成对电子政务的初步认识，电子政务文化生成的外在化阶段需要将这种无法用语言描述的思维转换成固定的指导思想。因此，除了吸收社会团体和媒体组织的意见外，政府内部还会通过召开电子政务会议的方式，对内部人员进行思想强化。

各政府部门召开电子政务会议，主要任务是规范电子政务发展。会议上形成的会议精神是指导今后电子政务实践的依据，需要高度凝练，准确把握发展方向。例如，2017年12月在北京召开的全国电子政务外网工作会议指出，2018年我国电子政务要重点加强"五个体系"建设，分别为"纵横贯通、三融五跨"的技术平台体系、"覆盖全国、统筹利用"的共享开放体系、"协同治理、一体服务"的业务应用体系、"全面感知、响应迅敏"的安全防护体系、"统筹有力、上下联动"的管理服务体系。"五个体系"不仅是对今后工作的要求，还高度概括了电子政务发展的理念。全面、协调、共享等理念成为2018年电子政务核心要求。因此，政府部门电子政务会议是将政府内部理念文化转变为概念文化的重要一步，其中蕴含着丰富的电子政务文化。

在外在化阶段，社会团体、媒体组织和政府部门各自将社会化阶段形成的隐性电子政务文化提炼成显性电子政务文化，并使其在各主体的相互交流中逐渐成熟。电子政务文化生成的外在化阶段如图4.11所示。

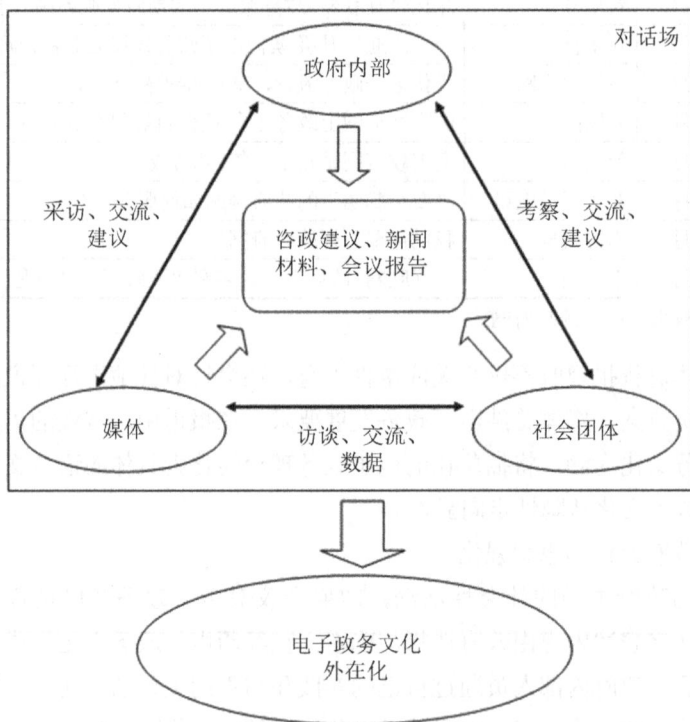

图4.11　电子政务文化生成的外在化阶段

3. 联合化：显性知识的系统组合

电子政务文化生成的联合化阶段是指生成主体利用前两阶段的文化成

果，将带有电子政务文化内涵的语句或文章，加以整合，形成系统性文化体系。这一阶段的主要工作看似是将前两阶段的成果简单组合，但实际上是对文化片段的整理、编辑、合成和分享，是兼收并蓄的过程，在此过程中专业知识发挥着重要作用。

1) 理论化加工

电子政务文化生成的联合化阶段的主要任务是实现电子政务文化理论化，使电子政务文化真正成为文化图谱的组成部分。这一环节需要具有电子政务专业知识的专家学者进行长期研究。电子政务文化理论化的影响因素主要有以下几个方面。

从文化渊源来看，相关文化内涵对电子政务文化范围的界定具有规范作用。"任何新的文化的生成并不会完全否定过去的文化传统，并与之进行彻底的决裂。"[①]研究电子政务文化时不能闭门造车，需要对各种相关文化进行分析和比较，找出共通之处，进而总结电子政务文化的范围。电子政务是一个复杂的概念，其中既包含现代信息技术，也与行政管理有千丝万缕的联系，因此对电子政务文化的界定也是一个复杂的过程。笔者认为电子政务文化丰富了文化图谱，电子政务文化包含在行政文化范围内，并与技术文化和网络文化有交叉，通过分析各种相关文化之间的关系，确定电子政务文化的宏观框架。因此，对电子政务文化的框架进行界定时需要比较相关文化概念，从中提取关键要素，进而圈定研究范围。

从现实实践来看，各方主体的电子政务实践是电子政务文化内涵的重要组成部分。经济基础决定上层建筑，电子政务实践决定电子政务文化内涵。电子政务的出现改变了传统的行政模式，使各方主体开始接触电子政务，产生体验和感受。电子政务是建设服务型政府的内在要求，代表高效、透明、民主的政府发展模式，许多电子政务实践都包含先进行政文化的内涵，如表4.6所示。

表4.6 电子政务实践与行政文化内涵

电子政务实践	行政文化内涵
构建全流程一体化在线服务平台	效率型文化
推进"互联网+政务服务"	服务型文化
建设政府公开数据平台	诚信型文化、透明型文化
政府网站增设政民互动板块	民主型文化
出台电子政务法规政策	法治型文化

---

① 舒扬.当代文化的生成机制[M].北京：中央编译出版社，2007：6.

因此，从电子政务实践中提取电子政务文化内涵是电子政务文化生成的重要环节。

2) 制度化

电子政务文化生成的联合化过程是群体选择的过程。电子政务文化成熟的标志除了理论体系的形成，还有制度体系的形成，在这一过程中，政府因其权威性和强大的信息收集能力而拥有绝对的话语权。其中，影响电子政务文化制度化的因素包括电子政务相关信息和电子政务制度结构设计。

电子政务相关信息是电子政务文化制度化的重要依据。政府在制定政策、法规时会考虑整个社会的发展情况，关注所有相关信息以求政策、法规的普适性。在制定电子政务相关制度时，应首先参考国家战略方针，电子政务发展方向受国家大政方针制约，其法规必须贯彻党和国家的政策。同时，电子政务制度化必须考虑公众舆论，一般情况下，公众舆论代表着大多数人的利益诉求，因此公众舆论是政府制定相关政策、法规的重要参考。2016年9月，国务院办公厅发布《关于加快推进"互联网+政务服务"工作的指导意见》，即针对"僵尸""睡眠""雷人雷语""不互动无服务"等政务媒体建设中的不良现象提出的意见。公众舆论(特别是专家和媒体的意见)能"倒逼"政府行动，推动电子政务文化制度化进程。

电子政务制度结构设计是电子政务文化制度化的基本标志。这是电子政务文化以正式制度文件形式体现其文化内涵的过程。电子政务战略体系、管理制度、绩效评价指标体系建设是电子政务文化制度化的具体内容。2002年，国家信息化领导小组制定了《关于我国电子政务建设指导意见》，我国电子政务开始有了明确的制度体系，随着技术发展和国家战略需求的变化，电子政务制度体系不断扩展，电子政务管理和评价指标也不断完善。2019年，省级政府和重点城市网上政务服务能力调查评估指标体系共有5项一级指标、21项二级指标、79项三级指标，并明确标注了评估要点，其中一级指标见表4.7。

表4.7 省级政府和重点城市网上政务服务能力调查评估一级指标

一级指标	评估要点
服务方式完备度	重点从"渠道可达"角度，衡量公众和企业是否可以方便、快捷和准确地找到所需服务
服务事项覆盖度	重点从"事项可见"角度，衡量事项清单和办事指南的规范化梳理和标准化发布情况

(续表)

一级指标	评估要点
办事指南准确度	重点从"指南可用"角度，衡量办事指南公布的相关要素信息的准确性、翔实性和易用性
在线办理成熟度	重点从"业务可办"角度，衡量政务服务在线一体化办理程度
在线服务成效度	重点从"效能可评"角度，衡量政务服务平台的用户使用、网办效率、服务质量等方面的实施效果

(资料来源：《省级政府和重点城市网上政务服务能力调查评估报告(2019)》)

　　随着电子政务文化完成理论化和制度化，就进入了生成过程的成熟阶段。在这一阶段中，专家学者和政府部门作为生成主体，利用前两阶段的成果，在交流中对电子政务文化进行整合，形成文化体系，如图4.12所示。专家学者总结电子政务文化生成的实践和经验，提出系统的电子政务文化理论，以指导电子政务文化建设。在整合场，多主体转变为双主体，主要是提炼和加工更加系统的知识，主要表现则是电子政务文化生成理论以及制度规范的完善。

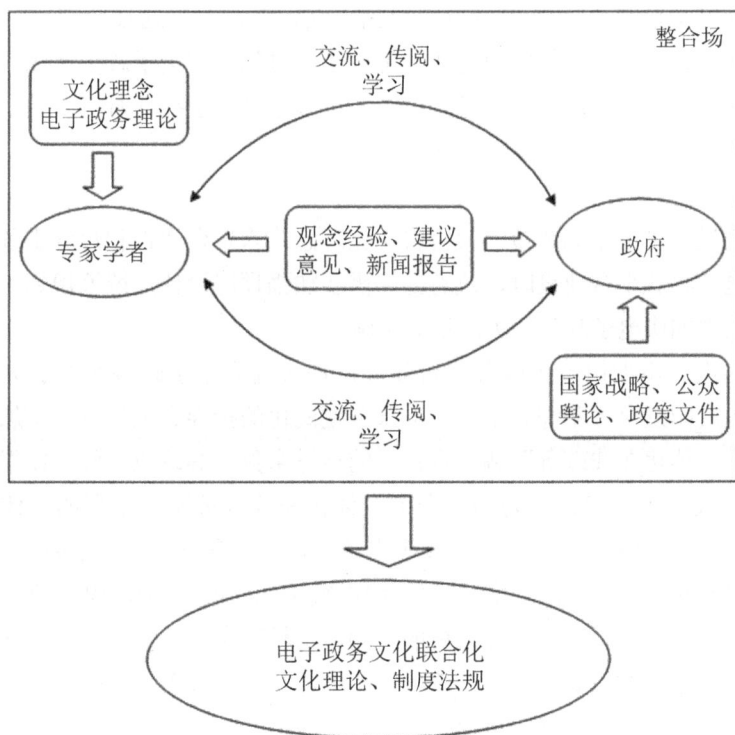

图4.12　电子政务文化生成的联合化阶段

4. 内在化: 知识具象化、实践化

电子政务文化生成的内在化与联合化阶段是紧密联系的, 联合化阶段形成的文化体系和制度被各个电子政务主体消化、吸收, 通过开展培训等方式, 将文化内化为主体的技能、意识、习惯等隐性电子政务文化, 因此, 该阶段是显性知识转换为隐性知识的阶段。这一阶段将文化内涵转化为现实行动, 因此实践活动是这一阶段的重点内容。

1) 培训、教育、转化与传播

电子政务文化形成政策文件后, 政府内部人员必须第一时间掌握政策要义, 并尽快将其应用于电子政务实践中。因此, 通过教育培训将电子政务文化理念灌输给政府内部人员, 可以使他们以正确的文化理念开展电子政务工作, 从而起到规范政府人员行为的作用。当前政府主要以培训会议、定期宣传等方式开展电子政务培训, 如2016年6月中央网信办主办的首届全国电子政务培训班, 数十位负责电子政务的领导干部参与了培训。

同时, 随着互联网时代的到来, 信息传播的渠道愈加广泛。新媒体传播因其灵活性、及时性特点而得到大众青睐, 公民通过政府网站、微信、微博、慕课等线上学习方式, 可以第一时间了解电子政务文化的最新内容, 甚至开始尝试新的政务服务模式, 专家学者也抓住时机开始研究工作, 电子政务文化也得到广泛传播。

2) 推进政策落地

通过推进一系列政策, 政府将文化理念融入平台建设和政务服务中。进行电子政务平台建设时, 政府部门需要加强顶层设计, 统筹规划, 凭借政府权力加快电子政务相关政策的实施。

为进一步加快电子政务平台建设, 切实提升电子政务服务能力, 国务院先后印发《关于深入推进审批服务便民化的指导意见》《关于加快推进全国一体化在线政务服务平台建设的指导意见》等政策文件, 以指导全国电子政务平台建设。为明确全国一体化在线政务服务平台的总体框架和任务要求, 国务院部署了14项重点建设任务, 各省(区、市)按照意见精神, 推动电子政务创新发展, 部分城市政策如表4.8所示。电子政务政策落地, 不仅规范了政府内部人员的行为, 也转变了公民及第三方主体的观念, 引导主体参与到新的电子政务实践中, 从而得到全新经验, 为下一轮电子政务文化的生成奠定基础。

表4.8　部分城市政府服务政策及相关内容

城市	政策	具体内容
合肥市	实施"减证便民"专项行动	规定"八个一律取消"原则，取消不合法、不合理要求提供的各种申请材料
南京市	政务服务"旗舰店"	建成南京政务服务"一网通办"总门户，并与实体大厅办事事项逐一对应
青岛市	关联事项"一链办理"	推行关联事项"一套材料、一张表单、一个流程"，提高审批服务效率
武汉市	"马上办、网上办、一次办"改革	基本做到"进一个门、跑一个窗、上一个网"能办所有事
北京市	"一门、一窗、一网、一号"	构建实体大厅、网上大厅、移动端、自助端、热线电话等全方位服务模式

　　在电子政务文化生成的内在化阶段，各主体通过培训教学、政策宣传、网络自主学习等方式获得文化理念，并在实践中加以印证，随后各主体互相交流，实现文化的内化，完成本轮电子政务文化的生成。同时，主体之间的交流也将开启电子政务文化下一轮的生成，成为新一轮生成的开端(社会化)，至此，电子政务文化生成机制循环往复，不断向上发展，如图4.13所示。

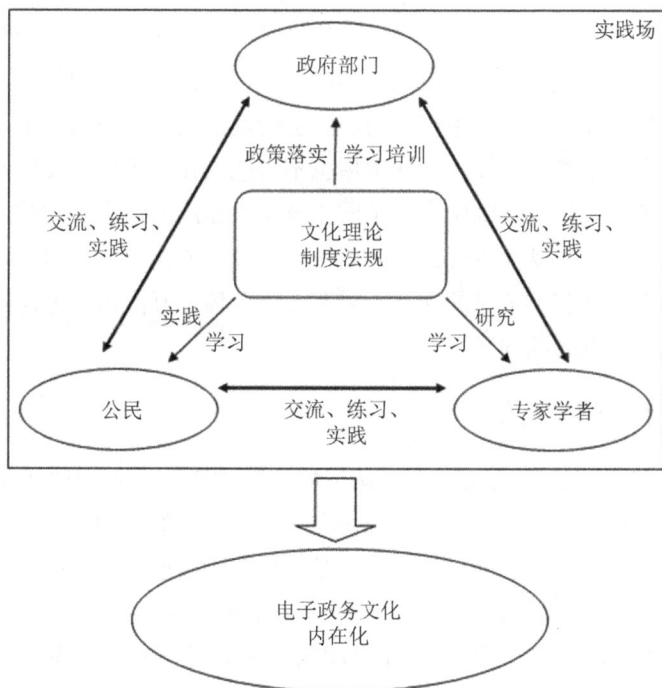

图4.13　电子政务文化生成的内在化阶段

4.3.2 生成机制特征：螺旋式发展

电子政务文化生成机制是一个复杂的运行机制，多重因素相互作用，但每个阶段影响因素不尽相同。电子政务文化生成机制呈螺旋式发展。

1. 环境：复杂多样

SECI模型将知识转换、共享环境称为"场"，每个"场"对应一个生成阶段。而电子政务文化受经济、技术、政治、文化等因素影响，其生成过程需要考虑环境因素。同时，每个阶段都有独特的任务，不同环境因素对各阶段影响程度有所不同，每个阶段都有占主导地位的环境因素，有时可能几种因素共同影响同一阶段。电子政务文化的生成起于主体意识觉醒和交流互动，成熟于文化体系的形成和应用，因此政治、文化因素的影响随着生成过程的推进而逐渐增强，经济、技术因素的影响随之逐渐减弱。由此看出，电子政务文化生成的"场"环境因时而动，复杂多样。

2. 主体：多元交互

SECI模型中，主体范围较狭窄，仅限于公司或组织内部，因此形成的知识聚合层次是个体、部门、组织。但电子政务文化的生成是一个更为复杂的过程，电子政务文化生成的主体因其掌握的信息、资源不同，在电子政务文化生成过程中起到不同作用。因各阶段生成过程较为复杂，每阶段不可能只有一个参与主体，某些主体也不可能只在一个环节发挥作用，因此电子政务文化生成机制中存在不同主体交叉作用的情况。同时，知识转换过程强调交流互动的重要性，因此在电子政务文化生成的每个阶段，各主体均存在相互交换信息的现象。只有多重主体相互交流，才能推动电子政务文化生成机制顺利进行。

3. 过程：螺旋上升

野中郁次郎认为知识转换是循环的无限过程，内在化阶段结束也意味着新一轮社会化阶段的开始。邹扬在《当代文化的生成机制》一书中提到："文化的生成和发展，一般说来是与历史的发展同步的……不过，随着人类社会实践的深入、经济的不断发展和社会的持续进步，人类文化中的一些过时的、落伍的因素往往会因为不适应经济社会的发展而被淘汰掉，而那些经得起实践和历史发展的冲击和考验的文化因素则继续传承下来，同时与那些新产生出的与时代发展一致的文化因子一起，构成一种新的文化范式。"①电子政务文化的生成亦是如此。随着科技水平、行政管理水平、公民观念的不断提升，电子政务也不断发展，电子政务文化内涵也应不断升级，革故鼎新。因此，电子政务文化生成机制并不会在内在化阶段结束的一瞬间停止运作。伴随着新的电子政务文化因素出现，电子政务文化生成机制便开始新一轮运作，从隐性文化到新的隐性文化，循环往复，生生不息。电子政务文化成熟必将是一个漫长的过程，而电子政务文化生成机制也会永葆活力。

---

① 邹扬.当代文化的生成机制[M].北京：中央编译出版社，2007.

第5章

电子政务文化生成系统模型与政策动力

运用系统思维认识世界和解读世界，是在复杂环境下，系统掌握事物发展规律和提出系统解决方案的关键。须在较为系统地分析电子政务文化生成理论、机制的基础上，进一步分析和构建基于四种机制的电子政务文化生成系统模型，并运用社会仿真理论系统分析电子政务文化生成的社会演化机制，进一步推动电子政务文化的生成以及数字政府的建设。

5.1 电子政务文化生成的系统描述

电子政务文化的生成是一个过程，也是一个结果。在不同场域和机制的作用下，电子政务文化的生成具有多样态的系统。也就是说，电子政务文化的生成在不同地区、不同时代背景下会呈现出不同的系统样态，而在不同民族和历史文化背景下，电子政务文化生成系统亦具有不同结构和要素。场域表明了一种静态的文化生成互动关系，SECI模型则表明了一种运行体系、生成关系和过程。电子政务文化生成系统较为全面和客观地阐述了电子政务文化的科学组成、要素关系以及结构功能，并关注作为独立系统存在的内外部组织的协同和文化生成协同。

系统分析法是认识自然和社会事务的基本方法，使用该方法，能够从整体的视角看到单一要素所不能比拟的优势。"1+1>2"揭示了单一结构的组合优势。历史上丁谓修建皇宫的过程，就是巧妙应用系统思维的经典案例。他命人挖土修渠，再灌入河水，用船运来建筑材料，再用船把工程残土、废弃物等载出皇宫。各个工序之间相互铺垫又相互成全，发挥出一项工程的多样化价值，使皇宫工期大大缩短，节约大量人力、物力、财力，彰显出系统思维和系统施工的独特魅力。电子政务文化的生成过程就是电子政务内外部要素有机融合、相互渗透的过程。从历史角度看，我国早期电子政务文化的生成受到各种因素制约，难以协调兼顾，使得电子政务整体功能无法发挥出来。2016年，我国政府提出"互联网+政务服务"，政府统筹推进电子政务文化建设，打通堵点，电子政务文化获得迅速发展。在COVID-19疫情期间，电子政务展现出强大的社会服务功能，在确保社会整体运行秩序方面，发挥了不可替代的作用。

在电子政务文化生成过程中，物质结构、制度结构、行为结构以及精神结构四部分必须有效组合，缺少任何一部分或者某一部分与其他几部分不匹配，都会影响电子政务文化的生成。例如，我国电子政务在建设之初缺少顶层设计和部门协同，在信息技术快速发展的推动下，政府部门在政务网站建设和各类应用软件开发方面投入巨大人力、物力、财力，力图不断优化部门办公系统(即OAS)，这往往被视为我国电子政务文化生成初级阶段的乱象。进入21世纪10年代，我国各级各类政务网站的核心技术受制于人的安全问题逐渐暴露出来，引起国家的高度重视，政府和学术界逐渐认识到我国在信息安全领域存在严重的安全隐患以及产业链风险，进一步来说，我国的电子政务毫无安全可言，甚至可以说赤裸裸地暴露在拥有技术优势的窥视者面前。这导致该时期我国的电子政务建设踟蹰不前，甚至陷入安全恐慌，因为没有哪个地区或者部门的领导者敢于推进潜藏着巨大安全风险的政务数据共享。

是不是局部组合就一定能发挥出整体效能呢？答案是不一定。系统的局部要素之间要想统筹协同，还需要具有共同的协作需求和相应的能力。之所以会出现三个和尚没水喝的现象，就是因为局部之间不愿意协同和担责，相互推诿扯皮，反而造成都渴死的后果；"一着不慎满盘皆输"的教训，也是在强调局部的重要性。可见，在一个系统中，局部对整体具有一定的影响，局部的变化会影响整体的变化，甚至会对全局产生决定性的影响。我国电子政务文化之一就是全局意识和大局观，要结合我国电子政务发展特点和社会主义社会性质，统筹推进，有序发展，强调规划，重在落实，确保我国电子政务文化的生成过程具有协同性。

5.1.1　技术还是政府：动力与压力并存

电子政务文化生成系统中的多要素结构、要素之间的关联以及要素组合后的整体功能，正是该系统的特征。众所周知，信息技术的进步会产生巨大的社会动能，为社会发展提供巨大的力量。在电子政务领域，文字输入技术的进步推动了信息技术乃至整个社会的发展。最初计算机输入法是英文的，国内当时没有文字输入技术，在汉卡技术解决了中英文人机互动的输入问题后，计算机在国内的普及速度大大加快，但是五笔字型输入法如一座大山，横亘在政府人员面前，于是出现了汉语全拼、智能ABC输入法、联想输入法等。使用这些输入法的前提是懂得并熟练应用汉语拼音，而在世纪之交，很多政府领导并不能熟练使用汉语拼音，这意味着无法应用计算机实现有效的人机互动。之后，手动输入技术、语音输入技术日益成熟，人机对话输入系统取得巨大成功，解决了各种输入障碍，从实质上解决了人机对话问题，在电子政务应用系统中，已经没有了输入障碍。显然，输入技术的进步为电子政务的发展提供了动力。

政府能够直接地感受到技术进步的力量，但也面临着政务系统的多重困境：财务困境、人员能力困境、网络安全困境以及公众的技术应用能力困境。完善的电子政务系统是多个子系统联动的结果，单一技术的突破难以推动政务系统的整体进步，反而会使政府陷入选择困境。因此，政府在应用新的业务系统方面压力巨大。技术应用可能引发电子政务系统以及制度的变化，进而引发人们行为的变化、世界观的改变。而这些改变对政府的影响是不确定的，这些都使政府面临巨大的压力。

此外，社会环境的变迁、制度的更迭以及经济的全球化，给政府带来巨大的压力。政党政治要求政府在电子政务系统创新方面给予积极的回应，而政府却面临着经济发展压力、财政资金不足、公众质疑等诸多难题。整体来看，若要判断电子政务技术方面的进步所起的作用是积极的还是消极的，需要运用系统分析法全面分析，才能得出正确结论。

5.1.2 内容与功能：谁在驱动谁的进化

从结构与功能的关系看，结构具有刚性，功能则是一种社会作用。电子政务具有什么样的结构，其服务体系就会有什么样的设计。从纵向看，电子政务结构是与一定时期内政府的物理结构对应的，但并不是完全一样，而是进行了一定的流程再造和组织重塑，这主要体现在政务内网的管理和组织层面。从横向看，电子政务从内向外，包括紧密关联的内网管理体系和外网管理体系。其中，外网通过国际互联网发挥着对外服务的职能，在开展对外政务服务时，政府部门与公众服务网之间犹如隔着一层窗帘。电子政务体系几乎涵盖了所有线下服务，基本实现一站式、一网式在线审批服务。电子政务的全面应用极大推动了线下业务线上化，被人们广泛接受。

政府转变职能的关键是机构改革，从电子政务发展的几个阶段看，尤为明显。1993年我国开展"金"字工程，首先实现的正是政府内部管理的计算机化，2006年我国开通中央政府门户网站，信息公开成为政府网站的主要功能，但效果被广泛质疑，直到2010年修改信息公开条例，政府网

站的信息公开才规范化和透明化。而真正实现政府网站服务功能的则是
2016年的"互联网+政务服务"改革,真正实现了数据多跑路,群众少跑
腿的目标。这意味着政府必须进行内部的机构改革,打通数据链条,也意
味着政府部门要裁减很多非必要组织。2018年我国开始构建三级政务服务
网,建立统一大市场应用平台,并着手构建真正意义上的"一张网""一
站式"服务平台,之后我国政府的数据共享以及在线服务水平进入联合国
电子政务年度评估的前十名,达到非常高的水平。从社会的反馈看,公众
已经逐步接受电子政务的变化,并且认可电子政务在社会生活中的重要
价值。

从政府管理角度来说,政府并不需要满足公众的所有需求,也就是
说,政府的长远规划可能与公众的现实需求存在冲突,这两者的协同进度
可能会影响政府与公众在"内容和功能"上的博弈。

5.1.3 系统结构:文化生成机理

电子政务文化生成系统是一个稳定的结构,也是动态调整的结构。系
统能够确保电子政务文化体系的稳定是文化生成的前提。场域环境仅仅阐
述了电子政务文化生成的环境和条件,SECI从知识传递的角度分析了四个
阶段的转化过程,电子政务文化生成系统则要以静态的视角描绘文化生成
的结构、内容、要素等,展示电子政务文化生成全景图。

1. 要素组成与关系

电子政务文化的生成是全要素的发展过程,一方面需要要素的聚合
与有效连接;另一方面需要要素的相互支持,不能出现木桶效应,只有彼
此均衡,才能发挥出应有作用。电子政务文化生成系统的组成要素包括文
化的四个层面:物质层、制度层、行为层以及精神层。这四个层次在系统
中的关系应该是积极的、彼此促进的,而非相互阻碍的。一些国家电子
政务文化生成过程中出现的短板问题,严重制约了电子政务文化的生成和
转化。

2. 动力与压力

电子政务文化的生成需要充足的动力。公众的需求以及政府自身改
革的需要是电子政务文化生成的直接动力,也是决定性力量。技术的进步
以及经济的发展则成为电子政务文化生成的重要力量。除了动力,也要关
注电子政务文化生成的压力。一方面,电子政务文化生成过程是各国在经

济全球化、信息网络化进程中的竞争过程；另一方面，电子政务文化生成过程面临着国内的诸多压力，比如信息公开可能引发的公众和政府之间的矛盾、信息共享在部门之间引发的权力转移之战、信息安全和隐私保护问题等。政府在电子政务文化生成过程中的压力是巨大的，还有财政供给压力、人员培训压力、公众的负反馈压力等。

3. 阶段与内容

电子政务文化生成系统是分阶段、分步骤完成的。当然，各国分类角度不同，电子政务文化生成阶段划分也存在着一定差异。我国电子政务文化的生成先后经历了电子政务基础硬件建设、内部系统应用、门户网站、政务外网、数据共享与开放、一张网等阶段。这些阶段正是我国电子政务从初期建设逐步走向应用的过程，是电子政务文化系统走向成熟和知识不断转化的过程。在每个不同阶段，电子政务文化建设的重点也不同，内容差异比较大。比如，我国进入政府门户网站开放阶段以后，电子政务安全就成为关键因素。这个阶段不仅要考虑硬件的安全，包括信息设备安全、内部核心组件安全等，要加强安全管理制度建设，还要进行行为安全教育，让安全意识真正进入人脑。

4. 价值与功能

电子政务文化生成系统具有特定的价值和功能。单一要素对生成系统是没有意义的，甚至会有副作用。如果一个国家或者地区电子政务难以做到系统统筹，特别是在市场经济作用下，市场的短期行为往往会影响电子政务文化生成系统的价值。技术的进步并不由电子政务独享。一旦电子政务文化生成系统组合完毕，系统就具有单一子系统不可比拟的巨大优势。电子政务文化生成系统引发蝶变效应，激发社会文化创新和人文进步，排斥落后的行政文化和网络文化，建构新的行政文化并引导社会行为。电子政务文化生成系统不断催生新的文化内容和形式，推动社会文化进步，推动社会主体接受新文化，在行为和工作模式上出现积极的转向。也就是说，电子政务文化生成系统具有积极的价值和功能，不仅系统本身具有巨大价值，还会对环境产生有利的带动作用。

5. 环境作用

前面几个章节多次提到电子政务文化生成过程中环境的重要性，包括环境内容、环境影响等。从系统的角度看，系统之外的都是环境。从电子政务文化的生成系统来看，主要有两个环境：系统内子系统之间的环境和系统外部环境。什么是子系统之间的环境呢？对于物质层来说，制度层、行为层、精神层都是环境，其他三个反过来也是如此。我国电子政务文化发展长期以来以物质层突进为主，但是如果制度层跟进不及时，就会造成行为层脱节，精神层也会给予电子政务文化负反馈。环境间彼此的影响过程是复杂的，并非线性关系，但这个过程并非不可掌控，政府需要不断调试各个环境节点，达到环境协同的目的。系统之外的环境更复杂，包括经济、地理、人文、技术、社会等诸多方面。例如，我国经济快速发展，为政府引入电子政务技术提供了强大的财政资金保障。我国发展外向型经济，使国际社会供应链与我国紧密相连，促进我国政府积极开通电子政务系统，实现全球在线办理，推动了我国电子政务文化的生成。

综上可见，我国电子政务文化生成系统中的要素及彼此间的关系，如图5.1所示。

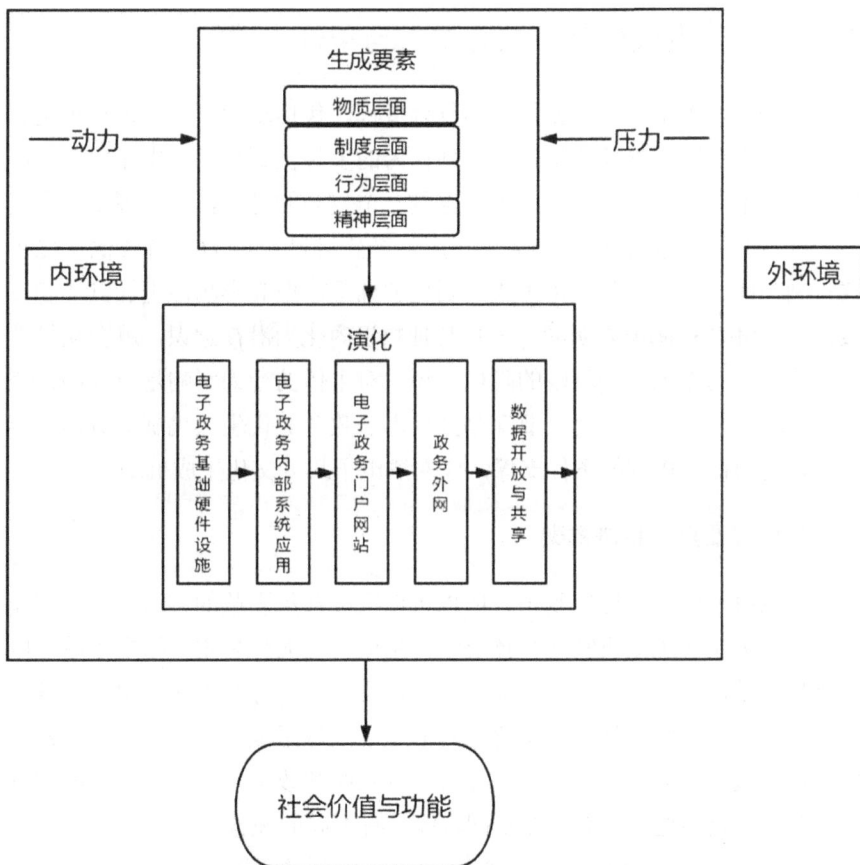

图5.1　我国电子政务文化生成系统中各要素间的静态关系

5.2 电子政务文化生成机制的模型分析

电子政务文化的生成过程是多机制联动的过程，在这个过程中，不同机制相互作用，形成稳定的文化生成系统，构成多样态的模型。电子政务文化生成机制的模型并非单一体系，而是多要素形成的特殊结构。在电子政务文化生成的过程中，多个要素间形成稳定的机制，以稳定的模型对外发生作用。可见，分析电子政务文化生成机制模型，进一步掌握电子政务文化生成机制的内在机理和要素关系，特别是深入掌握电子政务文化生成机制运行情况，如动力机制及其作用、运行机制及其控制、要素互动机制及其优化、政策供给机制及其有效供给等，具有重要意义。

5.2.1 文化生成机制：内容要点与条件支撑

机制是一个多因素交相作用的复合过程，包括动力机制、运行机制、要素互动机制以及外部政策供给机制在内的多种机制相互发生作用，并产生一定外部影响力。文化生成机制也是一个复杂的过程，各种因素蕴含其中，在各自的结构中发挥一定的作用，产生外部影响力。与其他文化生成机制相比，电子政务文化生成机制更加抽象，但其影响却更加具体和直接，就如SECI机制所表明的，一旦某种知识内化为潜在意识，就会从显性转为隐性，而作为升华阶段的隐性知识，对主体的行为影响是巨大的，是具有内在引导力的。因此，要深刻分析电子政务文化生成机制的具体内容要素，进而探讨机制的条件支撑，以厘清电子政务文化生成机制。

1. 内容要点：机制框架

因为机制的内容比较复杂，所以可以采取抽丝剥茧的方法，一层层厘清电子政务文化生成机制的具体要素。生成机制的骨架主要指电子政务应用支持体系，包括硬件设备、应用系统以及具体业务内容等。电子政务文化生成机制架构则包括作为文化内容的电子政务组成体系、推动业务发展的动力系统、使业务规范发展的业务控制系统和政策供给系统。这四部分内容依照一定的逻辑关系，在不同阶段具有不同的任务。

(1) 要素组合架构。电子政务文化生成机制的重要评价指标就是电子政务文化各部分要素的成熟度以及匹配度。电子政务文化的物质层、制度层、行为层以及精神层虽然不是完全同步的，但也需要彼此协同，过大的差距会使电子政务文化无法发挥出应有的效率和影响力。此外，生成机制的体系要素还应该包括电子政务系统的稳定运行、业务内容和公众的理解能力，上述内容是电子政务文化生成机制的骨架内容，是衡量电子政务文化水平的重要内容。

(2) 动力源泉。电子政务文化生成机制中的初始动力来源是信息与通信技术在商务领域的成功应用示范。但是对绝大多数国家来说，动力源泉则可能是政府的财政压力以及全球经济一体化的推动。美国是全球电子政务的开创者，少数几个西方发达国家参与其中，尽管电子政务是为了解决西方国家的财政危机，但在美国和几个技术强国看来，这是重大的商业转型契机，可以推动本国经济改变传统发展模式，进入信息时代的新经济模式。在美国，从1993年到2002年，美国经济实现了108个月的持续高质量增长，这正是信息经济崛起带给美国社会的巨大福利。2022年，我国数字经济已经占国内生产总值(GDP)的45%左右，也得益于前些年在信息领域的持续投入。数字经济和信息产业的巨大诱惑力吸引了更多国家的加入，而发展本国的电子政务文化则成为拉动本国数字经济的战略路径。数字技术作为内生动力和外部驱动力，促使各国加快电子政务文化的生成。

(3) 业务运行与控制。在电子政务文化生成前后，一个国家的电子政务运行情况就是其文化状况的真实写照。电子政务业务运行系统一般是与行政改革内容相匹配的，但是文化生成机制则包括不同主体的参与、业务运行、评估、监管、规则等。电子政务文化的生成机制离不开政府部门、公职人员以及社会多样主体的参与，不同主体具有的文化素养以及价值观会以不同形式影响文化生成。业务模式的差异使行为文化产生了差异。内外部的评估和监控为电子政务发展提供价值观基础和技术保障。

(4) 政策制定与科学供给。电子政务文化是一种新事物，从破土新生到成熟结果，全过程是充满挑战的。一部分原有制度会退出，新的制度会逐渐建立起来。不同国家具有不同的法制传统，电子政务文化制度在建设过程中，一定会受到法制传统的制约。英美法系国家率先进行制度建设，对电子政务技术发展和应用进行规范。包括我国在内的大陆法系国家则根据实践发展中的成熟经验，逐步制定适宜的法规和政策。两种法制传统在电子政务发展过程中的效果差别不大，主要受政治制度和技术能力的影响。比如我国在COVID-19疫情期间，部分老年人因为无法使用智能手机而出现购物困难、出行困难等，针对此问题，我国及时出台了《关于切实解决老年人运用智能技术困难的实施方案》，要求政府部门和社会服务机构为老年人和无法使用智能设备的群众留下传统的服务窗口。

2. 条件支撑：适宜的外部氛围

良好的外部环境和条件能够为电子政务文化的生成创造适宜的外部氛围。各国电子政务文化生成机制略有差异，但都离不开外部条件的烘托和渲染。电子政务文化生成的时间、文化传统、社会精神、公众压力等对电子政务文化生成机制都具有一定的影响：正向支持或负向压迫。

(1) 生成的时间。大部分国家/地区开启电子政务模式的时间主要集中在20世纪90年代初期，这个时候计算机和通信技术方兴未艾，世界各地都在积极融入经济全球化，信息技术的普及推动世界迈进信息经济时代。我国选择在这个时期开启电子政务序幕，是因为我国在1993年明确建立社会主义市场经济体制。我国要融入世界，要加入世界贸易组织(WTO)，在行政管理上就要开放和透明，要为迎接市场多元主体的崛起作准备。应该说，在电子政务起步阶段，我国并不落后，甚至与一些发达国家同时迈入电子政务门槛。但我国的政治体制和西方发达国家不同，我国还有难以回避的深层次问题。以美国为首的西方发达国家利用网络对我国进行意识形态渗透，迫使我国在构建电子政务平台过程中，必须掌握自主安全技术，没有了安全的电子政务，一切都是空中楼阁。我国经过长时期的准备和研发，目前，已经基本掌握电子政务的安全技术，这是我国开展电子政务文化建设的前提。

(2) 文化传统。电子政务文化是行政文化在电子政务时代的体现，各国行政文化与文化传统直接相关。社会文化会以不同形式渗透到行政文化中，包括人员、物质载体以及制度设计。关注电子政务文化生成机制中的文化传统影响，能够找出各国电子政务文化的差异。我国电子政务文化生成机制是在社会主义核心价值观指导下走向成熟的，电子政务文化必须在各个层面遵循核心价值观。西方的核心价值观则主导西方的行政文化，进而塑造出西方的电子政务文化。这是不同社会背景下的文化塑造，也是文化传承的具体体现。

(3) 社会精神。任何社会都有一种主导精神力量，这种精神力量如果是积极向上的，则社会整体就会蓬勃向上，充满活力和奋斗精神。电子政务文化生成机制是一种新的社会文化生成系统，需要积极精神的塑造和推动。我国电子政务建设初期恰逢我国开启社会主义市场经济建设，整个社会充满活力和锐意进取精神，电子政务建设取得较快发展。1999年时任总理提出的"政府上网"年目标基本实现，为后期全面建成电子政务系统奠定物质层基础。进入新时代，我国社会精神面貌焕然一新，撸起袖子加油干，"让数据多跑路、群众少跑腿"的理念深入人心，电子政务文化建设进入更高阶段，并开始从文化生成转向文化实践。

(4) 舆论压力。公众对政府电子政务建设的关注度、批评声音强度以及专家的建议力度，都是政府构建电子政务文化的重要外部环境。一方面，决定建设什么样的电子政务文化，需要听取专家的建议；另一方面，公众和媒体能够直观体验和发现问题，形成巨大外部压力，迫使政府倾听民声及尊重民意。

5.2.2　文化生成机制：运行与描述

电子政务文化生成机制是多种机制联合并行的组合系统。机制运行情况反映出文化生成的状态。各国电子政务文化生成机制受到很多因素影响，因此描述和分析文化生成机制，有利于准确理解电子政务文化的生成。

1. 动力机制及其作用

每一次行政改革和职能转变，每一次技术进步，都是电子政务文化生成机制的动力源泉。描述电子政务文化生成机制，主要通过两种角度：一是行政改革、信息技术发展，这是外部的动力；二是系统内部的协同反应，即因为外部动力输入引起的各个子系统的反应和发展。进入新时代，我国电子政务文化生成机制日趋完备，机制运行相对流畅，链式反应不断加快，我国电子政务文化呈现勃勃生机，引发世界关注。美国持续打压我国高科技企业，试图遏制我国科技发展和产业进步。这也激发了我国科技自强的决心。科技领域的突破、"卡脖子"问题的解决，将会进一步推动我国电子政务的发展，从而推动我国电子政务文化的全面繁荣。同样，我国2018年开始推动三级政务服务网建设，直至后来构建的一网式政务模式，都给我国电子政务文化的发展奠定了坚实基础。

当然，电子政务文化生成机制内部各个子系统也是生成机制的有机组成部分。技术进步最容易引发制度更新、行为模式转变以及认知的发展。人工智能在电子政务文化生成过程中，逐步占据重要位置。2023年初的ChatGPT引发电子政务文化层面的剧烈震动，倘若ChatGPT在电子政务文化生成系统占据一席之地，将引发新一轮行政体制变革，也会改变人们的精神和理念。2024年初的视频生成模型SORA一经问世，立即引起各国的轰动，标志着人工智能的又一重大进步，接下来出现的Gen-3 Alpha实现了更复杂场景、多种风格的视频创作，后面肯定会出现更接近现实和富有想象力的生成式视频。这样的技术进步将会产生更为绚烂的文化之花。

2. 运行机制及其控制

文化不是一成不变的，却在特定阶段表现出一定的稳定性和持久影响力。要推动电子政务文化生成机制的有效运行、规范运作，既需要各个子系统的协同，也需要各要素的完善，还需要外部的控制。当动力条件具备并迸发出力量时，公务主体最先感受到这种力量，也可能是压力。公务主体提供电子政务公共物品和服务，社会公众能够通过电子政务平台将自己的感受反馈给公务主体，进而进行顶层设计。在这个过程中，外部的环境以不同方式作用到电子政务文化系统上，并对生成过程和结果产生影响。

目标是系统的重要特征，每个系统都有特定的目标。运行机制的构建是为了实现文化生成的目标，并且持续地进行文化更新。运行机制不是一成不变的，机制本身的要素和环境都在变化，一些变化是积极的，一些则是消极的，可能对文化生成进程造成正面或负面的影响。运行机制本身具有一定的自我组织能力，但在惯性和某种突变因素的影响下，这种内部控制可能是无效的，这就需要外部控制力量的介入。从根本上说，电子政务文化生成机制的控制就是为了实现文化的生成、转化和提升。

3. 要素互动机制及其优化

电子政务文化要素丰富多样，要素之间并不是孤立存在的。各个要素之间具有内在关联，形成文化系统。

我国电子政务制度体系是多元的，包括电子政务技术体系、业务应用系统、行为规约以及必要的法治建设，如公共数据安全、个人隐私保护等。我国通过《中华人民共和国宪法》《中华人民共和国刑法》《中华人民共和国民法典》等法律逐步形成了我国制度文化。在新时代，我国有关新兴技术立法、服务型政府建设立法以及社会行为规范立法等，都取得了积极的进展，为我国电子政务文化生成机制的不断优化提供了良好的制度环境。

正是要素间的互动机制建设，使电子政务文化取得了较快发展，目前政府和公众已经在精神层面接受了电子政务文化。

4. 政策供给机制及其有效供给

电子政务政策供给机制与一个国家/地区的制度建设紧密关联。一般来说，具有不同法制传统的国家/地区，其电子政务制度建设的方式也不同。我国电子政务的政策供给机制主要包括两条线：一条是自上而下的政策规划，由中央政府制定系统的法规与政策，如电子政务基础设施类政策、业务应用系统的规范、数据和安全保护方面的政策等；另一条是自下而上的地方政策实践，这其实也符合我国改革开放的实践探索精神。我国电子政务领域的很多创新都源于地方政府的大胆尝试。地方立法具有反应快、方式灵活等特点。我国在大数据管理方面的制度探索就是地方实践的成果。在大数据时代，国家制定了大数据发展战略，但是面对数据共享和开放的要求，原有地方数据管理政策难以有效满足社会对数据的需要。于是，广东、浙江和辽宁等地率先在数据治理方面推出几个新模式。在地方实践的基础上，中央在2023年的机构改革中设立国家大数据局，指导全国数据政策制定和组织建设。

社会行业组织也是政策供给主体之一，主要体现在技术方面的政策供给上。信息与通信行业的主体在国家行业立法方面具有重要地位，主要是因为这些主体掌握着行业发展动态，能够为行业发展提供一定的政策指导。国家可以委托这些行业主体推广行业标准，并在成熟的时候，将其提升到国家政策的高度。我国一些地区治理组织也在发挥着数据保护作用。这些组织通过深入调研国外政策，在我国公众信息保护方面的政策立法中发挥政策咨询作用。

5.3　电子政务文化生成的社会演化机制

社会演化机制是一种复杂的进化机理，可以生动有趣地揭示某种事物未来的发展状态和方向。电子政务文化生成机制的静态模型描述并不能替代社会演化机制的分析。我们可以通过社会仿真的方式观察事物，掌握规律，推测其未来状态。另外，我们还可以通过计算机技术构建模型[1]，运用现代信息技术进行仿真计算，但要保证模型的精准性以及数据的质量。

---

[1]　Gullahorn John, Gullahorn Jeanne. Small Group[J]. Simulation, 1965: 4.

通过整合既有研究成果，运用社会演化和仿真理论与方法，以我国电子政务文化的生成和演化为观察对象，可以提出我国电子政务文化生成、演化的四种机制：融合、共享、规范、创新。

5.3.1 融合：多种文化共促生成机制

我国进入新时代，经济实现高质量发展，按照购买力计算，我国经济体量已经居于世界首位，高新技术产品出口总额超过美、日、德三国的总和，中国商品遍布世界各地。时代的转换，需要社会为公众提供更符合时代潮流的公共文化。党在新时代界定了文化在社会主义现代化建设中的重要作用："统筹推进'五位一体'总体布局、协调推进'四个全面'战略布局，文化是重要内容；推动高质量发展，文化是重要支点；满足人民日益增长的美好生活需要，文化是重要因素；战胜前进道路上各种风险挑战，文化是重要力量源泉。"

电子政务文化生成机制有很多种，但最主要的形式源自多种文化的交叉、汇聚和碰撞，如图5.2所示。行政文化、技术文化、网络文化以及其他社会文化在新时代内外部环境的作用下，经过若干阶段的整合、创新，诞生了与时代相适应的新文化——电子政务文化。

在前几章，笔者已对行政文化、技术文化、网络文化进行了深入阐述，在此不再赘述。电子政务文化是行政文化的升华，但并不是全部的行政文化；技术文化随着信息技术的发展而不停地演进；网络文化的内容和形式会随着电子商务、网络社区的发展而不断更新，日新月异。正是这些文化的不断发展，推动电子政务文化不断生成新形态、新内容。可见，电子政务文化并不是一成不变的，电子政务文化在内外部两种文化推动下，与时俱进。

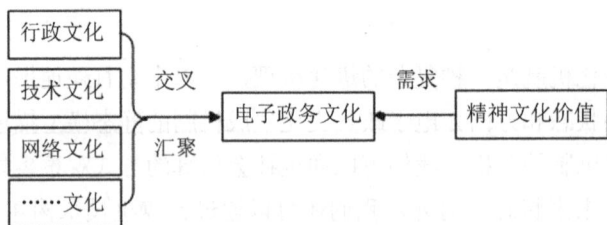

图5.2　电子政务文化的融合生成机制

5.3.2　共享：多主体的文化共享

恩格斯说："社会一旦有技术上的需要，这种需要就会比十所大学更能把科学推向前进。"电子政务文化是时代精神的精华，文化的融合并不能真正推动电子政务文化的创新发展，文化还需要被消费，以实际价值满足社会需求，才能加快电子政务文化生成的进度和效率。

行政文化、技术文化、网络文化融合、汇聚成电子政务文化，电子政务文化源头的多样，也意味着其作用是广泛的，即其所具有的文化精华和精神成果，能够为更多的主客体所接受，由此形成电子政务文化价值的多元共享机制，如图5.3所示。

1. 多主体文化诉求

电子政务时代，多主体的价值诉求在电子政务平台上得以实现。政府可以基于电子政务服务平台更好地为公众服务，基于内部管理系统优化政务流程，从而实现全面的服务型政府建设。社会公众逐步关注政务服务效能并积极融入政务服务体系。企业则在经济成本和办事效率的驱使下，降低了行政事务性投入，提高了经济效益。各类主体的推动形成了一种共同的文化。

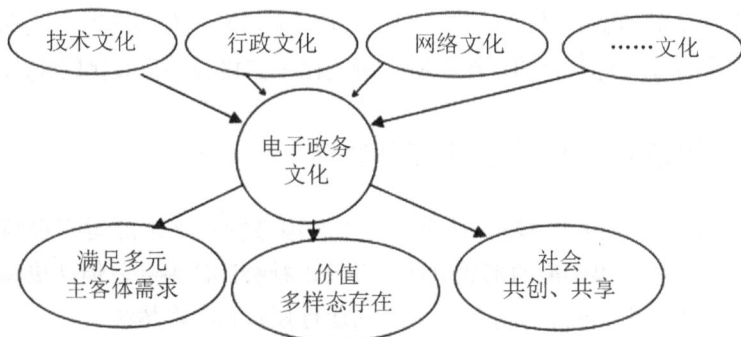

图5.3　电子政务文化的共享生成机制

2. 多样态的价值存在

电子政务文化具有重要的文化价值，文化的形式是多样的。新的文化一般凝聚了时代的精华，具有重要的时代价值。首先，技术文化融入政务体系中，技术价值在政府管理和社会服务体系中得到发挥，技术文化在政务活动中彰显巨大价值。其次，行政文化在电子政务文化中得到拓展和升华，行政文化、政治文化与社会进步密切关联，政府需要借助社会发展引导社会文化创新，确保行政文化和政治文化在社会文化体系中的地位和作用，这对我国来说尤为重要。再次，网络文化不仅包含具体的网络内容，还有网络中蕴含的意识形态。电子政务文化站在时代文化的潮头，大力弘扬电子政务文化精神，就是在展示符合时代趋向的文化价值。最后，其他社会文化也会通过电子政务文化展现出应有的价值。

3. 社会共创与共享

电子政务文化生成中的SECI机制揭示了知识转化的过程。多主体在社会中的共创行动，丰富了电子政务文化的内涵和形式。主体间基于某种共识逐步形成的统一行动为特定文化的形成奠定了坚实的基础。文化形成过程是激烈的思想碰撞过程，在这个过程中，政府具有一定的主导地位，但也会受到社会文化的制约和影响，而社会公众的习惯可能在文化碰撞中起到一定的抵制作用，因此，诸多文化主体间的共创心理和行为取向就变得尤为关键。

电子政务文化具有积极的社会文化影响，甚至可能成为居于主导地位的显性文化，社会公众会在内心深处将电子政务文化作为一种隐性文化。文化分享成为主体间文化交流的高级形式，促进了文化价值的提高，成为推动文化生成的新力量。文化分享需要文化主体间具有共同的价值观，也需要社会建立文化共享的审核机制，避免糟粕文化和不良文化的侵入。

5.3.3　规范：文化系统的交互影响

规范是一种制度，是在社会运行中逐渐被固化下来的运行规则。一般情况下，规范以制度的形式呈现，并要求社会广泛遵守。但从更深层次说，规范表现出来的应该是一种默契的运行规则和心理契约。

电子政务文化脱胎于旧有行政文化体系、社会文化价值观，在电子政务文化生成过程中，原有行政文化的精髓可以得到继承，一些与电子政务文化不符的旧文化则被抛弃，逐渐形成新的价值观，直到主流价值观的确立。

电子政务文化的结构体系和内容一经确立就会在社会中广泛传播，并且对旧有文化进行扬弃，开辟新的文化领域。在新文化逐步得到社会认同之后，电子政务文化在行政体系内部成为主导文化，并开始向社会辐射，在社会文化的新秩序中逐步确定下来，成为主流价值观的一部分。

电子政务文化成为主流文化的过程，正是文化规范的一种表现。电子政务文化生成过程是不可逆的，是社会需求和实践的结果，它需要在新旧文化之间、不同主体之间不断汲取有价值的营养，并迸发出巨大的力量，最终成为新时代文化主旋律的一部分。

在这个过程中，电子政务文化生成需要的制度环境、政策激励，则会发挥保驾护航的作用。电子政务文化规范的生成机制如图5.4所示。

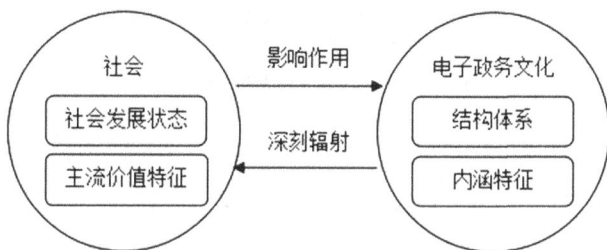

图5.4　电子政务文化规范的生成机制

5.3.4　创新：不变的时代主旋律

人类社会在创新中迎来新的机遇，开放、包容的社会对创新有极大的促进作用。保守型文化可能忽视创新，激进型文化也不利于创新，因为激进型发展会带来负效应，可能会因为操之过急而葬送创新，所以，恰当地把握电子政务文化生成的时机和"场域"非常重要。

技术创新是推动社会文明进步的磅礴力量，在马克思主义者眼中，科学技术是最活跃的生产力要素，科学技术通过多种方式影响各个领域。20世纪40年代，计算机蹒跚着向我们走来，经过电子管计算机、晶体管计算机、小规模集成电路、大规模集成电路阶段，材料科学的进步推动计算机革命，人类广泛应用计算机的时代终于在20世纪80年代末来临，进入21世纪，信息技术把人类社会推入一个全新的时代。这些新技术满足人类的生产、生活需要，使得政府看到了其中的机遇，开始推行电子政务。

电子政务作为新的行政模式，改变了传统行政模式。电子政务颠覆了传统行政架构，改变了行政组织结构，也就意味着必然要重塑行政文化，建立新的行政文化模式。

电子政务文化是行政文化创新的集大成者，能够促进政府和社会创新。在电子政务文化生成体系中，网络技术的价值依然是不可磨灭的，网络信息技术的进步影响了电子政务文化系统的演化，如图5.5所示。

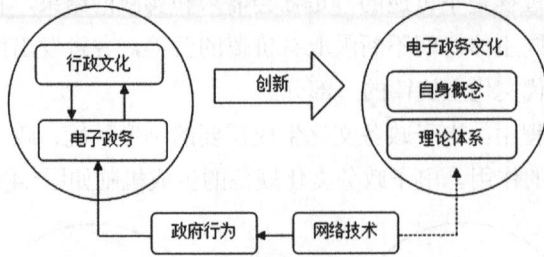

图5.5　电子政务文化创新生成机制

第6章 面向新时代电子政务文化生成机制的培育策略

尽管电子政务文化因为其新生性、创新性和适应性而具有强大生命力，能够通过自组织和外部协同逐步走向稳定，但这个过程无疑是漫长且艰辛的，需要各方主体在实践中给予足够的支持。

6.1 树立电子政务文化价值正确导向

电子政务文化是信息时代行政文化的精华，是服务型政府的基本文化形态。我国明确提出建设服务型政府，也就需要明确树立电子政务文化价值导向，不仅需要在行政文化层面革新电子政务文化，也需要在全社会推广电子政务文化。政府尤其需要确立电子政务文化的地位和作用，明确人民利益至上的理念和一切以人民利益为出发点的行政思维，并在法律、政策等制度层面加以固化。我国服务型政府建设正在推进过程中，政府日益透明、高效、廉洁，政府服务明显改善。

1. 弘扬电子政务文化精神价值

21世纪初，各国电子政务文化陆续生成，电子政务文化已经成为这个时代的显性文化，具有先进性、创新性和引领性，能够推动行政创新和流程再造。我国要坚持文化自信，大力弘扬我国新时代电子政务文化精神，在全社会树立电子政务文化价值观，促进行政模式创新，推动电子政务文化理念层建设。

1) 坚持以习近平文化思想为指导，弘扬电子政务文化精神

习近平文化思想"以大历史观、大文化观、大时代观考察和解决当代中国文化问题，从而赋予文化发展以更深厚的历史底蕴、更广阔的文化视野、更鲜明的时代特色，极大升华了我们党对中国特色社会主义文化建设规律的认识，开辟了马克思主义文化理论新境界，在引领中国文化繁荣发

展中展现出强大实践伟力"①。电子政务文化是我国新时代行政文化创新的重要产物，符合历史唯物主义规律以及我国文化建设的新需求。首先，要在充分调研和广泛征求意见的基础上，明确电子政务文化建设目标以及价值转化路径。其次，要明确电子政务文化建设内容，具体包括：提高中西部地区信息基础设施水平、完善法律体系并贯彻执行、明确现代行政文化发展方向。最后，依据行政组织差异，明确电子政务文化建设具体目标，鼓励政府公职人员积极开展电子政务文化建设，激发公职人员士气，进一步弘扬电子政务文化的正能量。

2) 坚持以文化创新为动力，加快电子政务文化融合发展

现代行政精神体现出的积极行政意识为电子政务文化提供了积极的养料，包括电子政务的宗旨、价值观、目标和行为等。加强电子政务与现代行政精神的融合，也是电子政务文化生成的捷径之一。首先，需要树立文化创新的理念，主动推动文化融合；其次，要明确电子政务文化精神内涵，即服务精神、民主精神、法治精神、创新进取精神、廉洁务实精神等；再次，需要探讨现代行政文化建设的标准和保障措施；最后，为电子政务文化建设主体提供符合现代行政精神的环境和氛围，在浸润现代行政精神的行政运行体系中，促进电子政务文化的生成和发展。

2. 牢固树立政务服务理念，促进电子政务文化精神生成

1) 牢固树立"以人民为中心"的理念，践行服务型政府宗旨

传统行政是一种以政府为中心的管制型行政，采用政府本位的运作方式，公众对政府具有较强的依赖性，社会缺乏自主行动的空间。党的十六届三中全会通过了《中共中央关于完善社会主义市场经济体制若干问题的决定》，提出政府职能要加快向服务型转变，以更好地适应市场经济的发展。党的十八大以来，我国服务型政府建设成为政府治理创新的重要内容，党和政府先后多次强调以人民为中心的执政理念。

电子政务解决了政府效率和行政成本之间的矛盾，即用较少的资源就能提升公共服务质量。电子政务在政府和社会之间构建起高效率的服务平台。相较于传统政府服务，电子政务不受时空、场地、人员局限，能够提供全天候在线服务，解决了"门难进、事难办、话难听、脸难看"的问题。2018年，习近平总书记强调："要运用信息化手段推进政务公开、党务公开，加快推进电子政务，构建全流程一体化在线服务平台，更好解决

---

① 甄占民. 习近平文化思想贯穿大历史观、大文化观、大时代观[N]. 光明日报，2024-5-27.

企业和群众反映强烈的办事难、办事慢、办事繁的问题。" [1]

树立服务理念是践行服务型政府的第一步,需要政府在决策层面完善服务体系和考评制度。一方面,政府要不断提高服务公众的意识,并把这种意识与政治意识相关联,提升行政理论水平,要组织多种形式的培训,如课程培训、实践培训、交流学习等,提高政府各级工作人员的专业素质和服务能力,并探索、建立一套有效的机制;另一方面,政府决策层要带头示范,掌握电子政务服务本领,提升技术应用能力,让下属看到电子政务文化的价值。此外,政府各级部门要提高政府信息公开水平、政务数据共享与开放水平,提升公众通过网络获取信息的便捷性,切实提高行政治理能力。

2) 创建良好的新文化成长环境

文化既是时代的产物,也是时代精神的集中体现。前文中阐述的场域就是孕育某种文化的环境。SECI机制则给出了文化发展的图景和作用关系。我国从20世纪90年代初开始社会主义市场经济建设,现在社会发生了翻天覆地的变化。中间经历的过程曲折而又艰辛,我国内外部环境不断变化。我国电子政务文化建设恰好在这段波澜壮阔的年代开展起来,电子政务文化与多种文化融合碰撞,社会文化为电子政务文化提供了精神营养。

电子政务文化需要在改造传统文化的过程中前进。一方面,电子政务文化需要保留传统文化中的积极成分,摒弃落后的观念;另一方面,电子政务文化要适应转型阶段的环境变化,积极面对转型文化中的各种挑战,避免造成社会文化撕裂。

6.2 完善电子政务文化生成制度

文化具有特定的结构,文化的多层次性决定了文化生成机制的复杂性。作为积极的文化形态,电子政务文化的生成急需制度规范。我国的电子政务法规往往落后于实践,造成我国电子政务制度建设存在一定的问题,例如,电子政务法规立法层次较低,没有一部专门的电子政务法律,各类政策兼容性差,甚至存在内部冲突,等等。这就需要我国完善电子政务制度体系,进一步规范电子政务文化生成机制。

---

[1] 李春根,罗家为. "互联网+政务服务"助力一流软环境建设[EB/OL]. http://theory.people.com.cn/ n1/2022/0112/c40531-32329294.html.

1. 加快完善法律制度，积极推进政策落实

党的十九届四中全会提出加快建设我国政府现代治理体系和治理能力，给电子政务制度层建设提出了明确的目标：大力提高法治型文化在电子政务文化中的地位，顺应时代之需，全面创建电子政务文化中的制度层文化，构建与现代政府治理体系相适应的电子政务文化制度。

1) 加强电子政务法规顶层设计

要以社会主义核心价值观为指导，以构建完善的社会主义法治为目标，加强我国电子政务文化制度建设，构建与现代政府治理能力匹配的电子政务文化制度体系，并且从国家层面，结合地方电子政务发展差异，分步骤、有秩序地推进电子政务文化制度建设。鉴于电子政务文化制度建设的特殊性，需要坚持实践导向，坚持多元主体协同共建模式，以政府为主导，鼓励各类主体广泛参与到电子政务文化制度建设中，提高电子政务文化制度建设水平。

2) 完善电子政务文化制度建设评估体系

为更好指导和推进电子政务文化制度建设，我国应在借鉴国际经验基础上，建立我国电子政务文化制度评估体系，通过确定主要评价指标和数据分析方法，构建出具有我国特色的电子政务文化制度评估体系，指导我国电子政务文化制度建设。

3) 积极推进法规的实施

首先，要制定国家层面法律，统筹全国以及行业法律建设；其次，必须制定专门性政策，推进电子政务文化法制化建设以及执法工作；再次，建立与电子政务相关的运行制度，保证电子政务制度能够落到实处；最后，要加强电子政务文化政策宣讲，不仅要在公职队伍中宣讲，还要在社会上推广电子政务文化意识。

2. 加强文化创新体制建设，健全电子政务文化生成条件

我国党和政府高度重视文化创新，出台了加快文化创新的若干意见，优化文化创新机制是其中的重点内容。

1) 完善电子政务文化创新领导体制

文化建设在各项事业中居于引领地位，需要从政策高度和战略层次进行规划。要健全我国电子政务文化创新领导体系，借助我国文化体制改革和文化创新机遇，构建从中央到地方的领导体系。要明晰文化创新领导职责与职权、领导层次与幅度，注重领导体制的稳定性和协同性，建立坚强的领导体制和执行机制。

2) 健全科学民主的文化创新决策机制

我国电子政务文化生成机制是多要素互动的过程，需要建立科学民主的文化创新决策机制，确保电子政务文化生成和创新能够在正确的道路上进行。要疏通民主渠道，提高民众参与度，充分发挥专家学者的作用，认真听取专家学者的建议和意见，提高决策的科学性，要完善决策规则和决策程序，严格按规则和程序办事，实现决策权力和责任的统一。

3) 设置规范的政务信息共享与开放制度

文化自信的突出表现是开放和包容。我国的文化自信源于改革开放以来的巨大成就，也源于我国文化建设的重要成果。电子政务文化自信体现在电子政务信息的共享，即打通政府部门之间的信息堵点和断点，让政务信息在庞大的政府组织体系内像血液一样自由流通，盘活整个政府组织。我国从2016年开始推行"互联网+政务服务"，2024年提出"人工智能+"，目的都是在政府部门之间建立起信息共享机制，推动"数据多跑路、群众少跑腿"的服务型政府建设。政府数据和社会基础数据的开放是实现数据资源化的重要基础，我国已经初步实现省级政府数据开放，但要提高数据开放的均衡性，加强标准建设，推动全国地级市数据开放，提高数据分析质量和利用率，加强数据开发能力建设。

6.3　提升全员文化共建能力

电子政务文化生成主体是所有参与电子政务活动的社会成员，而不仅仅是公职人员，在某种程度上，社会成员的作用更大且更具有积极影响。我国传统行政文化往往缺少社会主体的参与，显得呆板和冷漠。电子政务的文化创新是在更加开放的场域实现的，面对"人—机"机制下的全员参与，需要提升参与者的文化共建能力，包括个人能力以及协同共建能力，增进社会公众的参与热情，开通参与渠道，推动电子政务文化走向成熟。

1. 提升基层公职人员文化创建能力

行政文化创新是广大公职人员的使命之一。基层公职人员的工作直接面向广大群众，其身上展示出来的行政文化更具体、更真实，而且行政文化也会影响他们的工作态度。因此，要全面提高基层公职人员创建电子政务文化的能力，发挥出电子政务文化的价值。

1) 培养基层公职人员数字意识，强化行政伦理认知

数字政府建设是发展数字经济的重要基础。基层公职人员是电子政务的直接参与者，也是电子政务文化的体现者。文化建设的关键是在行政服务和社会治理中展示出应有的价值，推动公共行政效率和质量提升。政府部门要加强基层公职人员数字能力培养，顺应现代公共行政的发展趋势，增强政府数字建设活力；落实专家讲座授课制度，面向基层公职人员讲授数字素养相关知识，激励基层公职人员切实参与到数字政府建设和电子政务中；建立激励制度，增强公职人员的学习意识；构建价值准则，坚持以人为本的立场，遵守数字行政下的法律法规和公序良俗。

2) 提高公职人员的融媒体传播能力，提高政府的数字开放水平

政府网站中引入的博客、微博等数字媒体，极大提升了公职人员处理复杂社会事务的水平，减少了政府和公众之间的隔阂，政府变得更加透明，在处理突发事件时，能够迅速赢得公众的支持并消解公众的质疑。基层公职人员要不断提升融媒体的应用能力，通过专业媒体传播训练，消除对新媒介的恐惧，掌握和运用新媒介，创新宣传方式，拉近政府与公众的距离；政府则要进一步提高信息开放水平，激励公职人员通过自觉学习和组织培训，建立新的政府形象，打造透明、亲民和高效的服务型政府。

3) 完善公职人员数字素养考评体系，完善相关激励制度

公职人员数字素养对于构建电子政务文化至关重要，因为年龄、专业和办公环境不同，公职人员的数字素养存在很大差异。要通过多种方式健全公职人员数字素养评价机制，并将其纳入政府公职人员绩效考核中；要引导干部用数据说话、用数据决策、用数据管理，鼓励他们运用数字技术进行管理和提供服务，提高数字政府管理水平；整合相关激励措施，通过督查、反馈等方式，关注激励制度落实不到位等问题。

2. 强化社会成员参与文化创新的热情

现代公共行政离不开社会公众的"参与"，应保障公众的参与权利并提供规范的参与渠道。电子政务文化已经不再是单向度的，而是倾向于群体共治。单向度的政府管理已经不能满足电子政务的发展需要，而双向度的电子政务必然依赖社会公众的参与和支持。社会成员只有真正参与到文化生成和创新中，电子政务文化才能被社会接受。

我国法律为公众参与电子政务文化建设提供了保证。电子政务为公众打开了参与社会治理的便捷化窗口，也为电子政务文化建设提供了全面的

群众基础。当前，各级政府网站陆续开通政民互动栏目，提供公众评价、反馈、投诉、建议功能。

6.4　建构电子政务文化安全体系

电子政务文化生成的前提是安全，至少不存在"信息鸿沟"问题。我国从20世纪中叶开始大力发展电子计算机技术，50年代东北工学院李华天教授就研制出我国首台晶体管计算机，60年代我国利用当时较为先进的电子管计算机进行氢弹的数据计算和分析，70年代时任第一副总参谋长的杨成武指出要关注世界计算机革命对军事的影响，80年代我国在引进国外先进计算机技术和产品的同时，鼓励国内高校和科研院所推动计算机研究和产业发展。我国在60—70年代因为特殊原因未能参与当时世界的半导体革命，后来借助改革开放，我国在硬件层面建立起一定的信息技术产业基础，在软件层面逐步积累人才和科研资源，为我国信息产业实现独立自主和赶超先进国家奠定了基础。

20世纪90年代，在市场经济大潮驱动下，我国计算机市场蓬勃发展，电子政务配套产业快速发展。进入21世纪，我国信息技术产业危机日益显现，信息安全核心技术被西方国家控制，严重危及我国产业安全，中兴、华为"芯片危机"使我国产业安全遭受巨大考验。我国从21世纪10年代开始构建网络信息安全的制度框架和产业安全框架，建立电子政务文化安全体系。

1. 加强行业驱动和自主安全投入，打造高效适用服务体系

1) 以采购拉动需求，引领行业创新和技术投入

我国通过政府采购拉动民族产业发展。以前，我国信息产业发展落后，但是我国庞大的信息需求和国家发展的政治基础，不允许我国把信息产业拱手让人。因此，我国以建设电子政务基础设施为契机，通过政府采购和政策支持，多措并举，拉动信息产业快速发展，我国信息与通信技术实现从3G跟跑、4G并跑、5G领跑到6G的全面超越。同时，政府采购也可以在一定程度上降低安全风险，如我国政府坚决不允许采购Windows 10系统，2024年政府将华为产品列入重点采购目录，将联想的一些产品从政府采购名单中排除。

以政府采购为手段，推动行业自立自强，不盲目追求"高大上"技术和产品，打造适宜、适用的政务服务技术支持体系，是我国电子政务文化建设的重要思路和具体路径。首先，要适度加大对重点发展领域的采购支持力度，政府要在资金、物质、人才等方面对企业进行扶持，降低企业投入风险，给予各项政府补贴，提高本国产业安全水平；其次，要激励行业加大研发投入，中国需要更多像华为一样的民族企业；最后，政府要创造公平、高效的营商环境，不仅要支持大企业创新，也要关注小微科创企业，分门别类支持小微科创企业创新。

2) 明确技术发展目标，"适用的才是美好的"

英国经济学家E. F. 舒马赫在其《小的是美好的》著作中对技术适用性问题进行了讨论。尽管技术范畴、应用领域以及社会背景有很大差异，但是其提出的"适用技术"的观点，对当今电子政务文化物质基础设施建设依然具有启示意义。电子政务会随着新技术的不断涌现而快速迭代，比如输入法的技术进步能改变电子服务应用系统，政府在这些领域的投入很快会成为沉没成本。安全技术更新更快，新的病毒、黑客攻击、软件自身缺陷等要求政府不停地采用新技术。

从政府基层公职人员实践来看，他们把大量时间花在了学习新的应用系统上。因此，政府要明确基础设施和应用软件的发展目标，电子政务物质基础够用、能用就可以，不必贪大求全。政府必须考量资金是否充足，在当前倡导政府过紧日子的情况下，除了必须保障安全技术方面的投入，在应用软件、设备方面要坚持"适用"原则。在人工智能大发展的背景下，电子政务物质文化面临着"AI+"的挑战，政府要加快构建面向AI的电子服务体系，当然一切都要以实际需求为前提。

2. 规划和整合物质资源，建构安全电子服务网络

1) 坚持高效建网原则，系统整合电子政务物质资源

我国电子政务网络类型多样，层次复杂，各类应用系统的建设占用了大量公共财政资源，一度给地方财政带来压力。2018年我国加强了电子政务网络系统的规划，构建三级政务服务网，强化地方政府网站政民互动功能，严禁乱上各种应用系统，控制地方混乱的建网问题。首先，国家需要结合我国政务发展水平和能力状况，以高效节俭为建网原则，厉行节约，简化行政流程，缩短政务服务周期，压缩环节，建立实用高效的电子服务体系；其次，加强我国电子政务安全体系建设，鼓励企业积极参与安全技术研发，优化我国的电子政务网络结构；最后，检修设备，延长设备使用

寿命，整合设备制造企业，充分发挥我国科研的制度优势。

2) 坚持安全第一原则，构建安全网络

近些年来，美国政府和一些机构利用信息技术优势获取非法利益。我国是美国网络霸权的主要受害国之一，我国的高校、科研院所、国家安全部门、央企等都持续地受到攻击。我国电子政务一旦实现"全国一张网""一平台"，信息安全将遭受巨大威胁，国家利益可能遭受巨大损失。首先，我国要坚决维护网络意识形态安全，这与国家安全密切相关，要将社会主义核心价值观融入我国互联网，弘扬社会正能量；其次，要解决我国网络信息技术的"卡脖子"问题，包括材料和生产领域，确保高新技术产品供应链安全；最后，要提升我国网络关键设施的国产化率和安全保障能力，要把安全的命脉时刻掌握在自己手中。

6.5 加快文化功能转化进程

文化的功能是多样的，要发挥文化价值，就要加快文化功能的转化，通过文化的整合功能、反馈功能促进电子政务整体发展。

1. 增进多主体协同，提升文化主体转化积极性

1) 公职人员要勇于承担文化转化职责

广大公职人员是日常行政活动主体，电子政务文化在他们身上主要体现为行为文化和精神文化，他们有责任推动文化转化和落实。要遵守行政伦理，在实践中努力推行电子政务文化，并引导社会人员接受新的文化，同时，要积极接受来自公众的文化反馈，秉持开放和包容精神，对社会公众的文化参与行为给予积极的心理暗示。要加强公职人员教育培训，提升公职人员职业道德，在公众心中树立起负责任的服务型政府形象。要通过顶层设计落实电子政务文化制度，鼓励公务人员践行电子政务文化精神。

2) 社会公众要发扬主体精神，推动文化践行

社会公众的参与对现代电子政务文化培育具有重要价值，公众既是电子治理的主体，也是电子治理的对象，具有双重身份。公众具有对传统行政文化的批判意识，能通过政民互动渠道进行积极反馈。公众要主动参与电子政务文化建设，形成公众与政府相互信赖的文化格局。公众对旧有文化的批判以及对新文化的期待构成文化转化的重要力量。

2. 创建宽松的文化转化环境，完善监督考核机制

1) 加大政策扶持力度，改善文化转化外部环境

电子政务文化从生成到转化，都离不开政策的扶持。各级政府要按照顶层部署，认真推动电子政务物质文化建设，并遵守制度文化，在广大公职人员中推行先进的行为文化，为文化转化提供良好环境；要通过税收减免、贷款优惠、技术支持、人才补贴等方式，培育电子政务文化转化的良好社会氛围。

2) 构建文化转化体系，推进文化价值扩散

电子政务文化是由多种文化发展而来的新型文化，需要尊重子文化特征，构建整体性文化转化体系。要以包容和共促的心态构建复合型的行政文化转化体系，打通堵点；要不断汲取人类文化精髓，对传统行政文化进行扬弃，使新文化成为行政管理中的显性文化；要坚持开放、创新的文化心态，兼收并蓄，博采众长，推动文化价值扩散。

3) 加强文化转化考核监督，完善电子政务文化治理机制

各级政府要把电子政务文化转化作为日常行政的考核指标，要对相关指标进行分解，划出权重，便于考核监督；要组织外部监督力量参与考核，最终形成完整的电子政务生成与转化机制。

参考文献

[1] 颜佳华，等. 行政文化新探[M]. 湘潭：湘潭大学出版社，2017.

[2] 周文彰. 建设中国特色行政文化[M]. 北京：国家行政学院出版社，2014.

[3] 金太军. 行政学原理[M]. 北京：中国人民大学出版社，2012.

[4] 钱穆. 中国历代政治得失[M]. 北京：九州出版社，2011.

[5] 燕继荣. 服务型政府建设：政府再造七项战略[M]. 北京：中国人民大学出版社，2009.

[6] 谢军. 责任论[M]. 上海：上海人民出版社，2007.

[7] 伯恩斯，等. 民治政府——美国政府与政治[M]. 北京：中国人民大学出版社，2007.

[8] 葛德赛尔. 为官僚制正名——一场公共行政的辩论[M]. 上海：复旦大学出版社，2007.

[9] 登哈特 J，登哈特 R. 新公共服务：服务而不是掌舵[M]. 北京：中国人民大学出版社，2004.

[10] 郭济. 中国公共行政学. 北京，中国人民大学出版社，2003.

[11] 中华人民共和国商务部办公厅电子政务课题组. 电子政务实用读本[M]. 北京：中共中央党校出版社，2002.

[12] 休斯. 公共行政导论[M]. 北京：中国人民大学出版社，2001.

[13] 韦伯. 韦伯文集(下)[M]. 北京：中国广播出版社，2000.

[14] 曹德本. 中国政治思想史[M]. 北京：高等教育出版社，1999.

[15] 陈庆云，王明杰. 电子政务行政与社会管理[M]. 北京：电子工业出版社，1998.

[16] 陈尤文. 中国行政文化[M]. 北京：国际文化出版公司，1995.

[17] 刘歌宁，彭国甫，颜桂华. 行政文化学[M]. 长沙：湖南地图出版社，1992.

[18] 托夫勒. 第三次浪潮[M]. 上海：生活·读书·新知三联书店，1983.

[19] 王亚南. 中国官僚政治研究[M]. 北京：中国社会科学出版社，1981.

[20] 舍恩伯格，库克耶. 大数据时代生活、工作与思维的大变革[M]. 盛杨燕，周涛，译. 杭州：浙江人民出版社，2013：23.

[21] 芳汀. 构建虚拟政府：信息技术与制度创新[M]. 邵国松，译. 北京：中国人民大学出版社，2010.

[22] 特茨拉夫. 全球化压力下的世界文化 [M]. 吴志成，韦幼苏，陈宗显，等译. 南昌：江西人民出版社，2001.

[23] 罗尔斯. 正义论[M]. 何怀宏，何包钢，廖申白，译. 北京：中国社会科学出版社，2001.

[24] 司林波，刘畅. 智慧政府治理：大数据时代政府治理变革之道[J]. 电子政务，2018(5)：85-92.

[25] 汪波，赵丹. 互联网、大数据与区域共享公共服务——基于互联网医疗的考察[J]. 吉首大学学报，2018(3)：122-128.

[26] 张晓，鲍静. 数字政府即平台：英国政府数字化转型战略研究及其启示[J]. 中国行政管理，2018(3)：27-32.

[27] 张勇进，鲍静. 基于大数据分析的政府智慧决策新模式[J]. 南京师大学报，2017(2)：53-59.

[28] 庄国波. 政府数据开放与应急管理研究[J]. 行政论坛，2017，24(3)：58-63.

[29] 赵雪娇，张楠，孟庆国. 基于开放政府数据的腐败防治：英国的实践与启示[J]. 公共行政评论，2017，10(1)：74-90.

[30] 黄璜. 美国联邦政府数据治理：政策与结构[J]. 中国行政管理，2017(8)：47-56.

[31] 王山. 大数据时代中国政府治理能力建设与公共治理创新[J]. 求实，2017(1)：51-57.

[32] 许欢，孟庆国. 大数据推动的政府治理方式创新研究[J]. 情报理论与实践，2017(12)：52-57.

[33] 黄如花，温芳芳. 我国政府数据开放共享政策问题的构建[J]. 图书情报工作，2017(20)：29-30.

[34] 鲍静，张勇进，董占广. 我国政府数据开放管理若干基本问题研究[J]. 行政论坛，2017，24(1)：25-32.

[35] 陈德权，林海波. 大数据的文化解构与演进路径研究[J]. 电子政务，2016(12)：64-70.

[36] 林奇富，贺竞超. 大数据权力：一种现代权力逻辑及其经验反思[J]. 东北大学学报，2016(5)：7.

[37] 孟川瑾. "互联网+政务服务"：以数据为核心的政务改革[J]. 中国行政管理，2016(7)：12.

[38] 何哲. 人工智能时代的政府适应与转型[J]. 行政管理改革，2016(8)：53-59.

[39] 梅其君，王立平. 技术与文化关系颠倒的历程与根源[J]. 江西社会科学，2016(6)：40-46.

[40] 张述存. 新常态下我国行政文化建设反思与重构[J]．人文杂志，2016(4)：123-128.

[41] 朱迪俭. 公共行政中"技术责任"[J]. 理论探索，2015(4).

[42] 陈振明. 政府治理变革的技术基础——大数据与智能化时代的政府改革述评[J].行政论坛，2015，22(6)：1-9.

[43] 宁家骏. "互联网+"行动计划的实施背景、内涵及主要内容[J]. 电子政务，2015(6)：32-38.

[44] 梁芷铭. 大数据治理：国家治理能力现代化的应有之义[J]. 吉首大学学报，2015(2)：34-41.

[45] 费军，贾慧真. 智慧政府视角下政务APP提供公共服务平台路径选择[J]. 电子政务，2015(9)：31-38.

[46] 赵恒. 用"数据文化"创造新的管理思维[J]. 国际税收，2015，(12)：74-75.

[47] 陈德权，黄萌萌，王爱茹. 中国电子政务文化治理的实施路径研究[J]. 电子政务，2014(8)：46-51.

[48] 孟川瑾，许习羽. 行政文化对电子政务绩效影响的实证研究[J]. 四川行政学院学报，2014(3)：95-99.

[49] 易昌良. 国家治理现代化进程中的行政文化建设与创新[J]. 经济研究参考，2014(63).

[50] 陈传夫，余梅. 公共部门信息系统低效、失败的原因分析及其启示[J]. 情报杂志，2014(12)：189-193.

[51] 樊浩. 中国社会价值共识的意识形态期待[J]. 中国社会科学，2014(7).

[52] 周发源. 官僚主义的内涵、源流、形态与防治[J]. 船山学刊，2014(3).

[53] 朱迪俭. 公共行政中的三维责任体系：理论与实践[J]. 深圳大学学报，2014(5).

[54] 王益民. 2014中国城市电子政务发展水平调查报告[J]. 电子政务，2014(12)：2-13.

[55] 于施洋，杨道玲，王璟璇，等.基于大数据的智慧政府门户：从埋念到实践[J].电子政务，2013(5)：65-74.

[56] 骆梅英.行政审批制度改革：从碎片政府到整体政府[J].中国行政管理，2013(5)：21-25.

[57] 周文彰.用行政文化创新推动行政体制改革[J].北京联合大学学报，2013(4).

[58] 麻宝斌.中国行政文化：特征、根源与变迁[J].行政论坛，2013(5)：42-48.

[59] 孙卓华.1990年以来中国行政文化研究状况析论[J].中国行政管理，2013(5).

[60] 任敏.信息技术应用与组织文化变迁——以大型国企C公司的ERP应用为例[J].社会学研究，2012(6)：114.

[61] 张鹏.论行政文化对公共行政行为的影响[J].贵阳市委党校学报，2012(1).

[62] 伍俊斌.中国政治文化现代化论析[J].理论与现代化，2012(6)：22-29.

[63] 刘海棠.电子政务环境下我国传统行政文化的继承与重塑[J].科技创新导报，2011(34)：242-243.

[64] 张明国.耗散结构理论与"技术—文化"系统——一种研究技术与文化关系的自组织理论视角[J].系统科学学报，2011(2)：11-16.

[65] 徐春光，陈浩天.刍议转型期行政文化发展困境与高效政府打造[J].山东省工会管理干部学院学报，2010，16(3)：11-12.

[66] 麻勇恒.文化能量学说视域中的"原生态文化"[J].贵州师范大学学报，2010(2)：46.

[67] 顾平安.面向公共服务的电子政务流程再造[J].中国行政管理，2008(9)：83-86.

[68] 王健.电子政务现实冲突及其解决[J].广东行政学院学报，2006，18(2)：14-19.

[69] 刘红燕.电子政务的文化理性——由电子政务的文化诉求谈起[J].行政论坛，2005(2)：42-44.

[70] 王文元.推进电子政务是时代的要求[J].中国行政管理，2002(3).

[71] 汪寅.电子政府对公民政治参与的影响[J].国家行政学院学报，2000(6).

[72] 王张华.人工智能对传统行政文化的挑战[N].中国社会科学报，2018(4).

[73] 孟建柱. 创造性运用大数据提高政法工作智能化水平[N]. 人民日报，2016(4).

[74] 李志. 大数据改变政府决策模式[N]. 中国社会科学报，2016(7).

[75] 国务院. 关于印发促进大数据发展行动纲要的通知[EB/OL]. http://www.gov.cn/zhengce/content/2015-09/05/content_10137.htm.

[76] 中共中央政治局. 中国共产党第十八届中央委员会第五次全体会议公报[EB/OL]. http://www.beijingreview.com.cn/special/2015/ssw/201511/t20151102_800041719.html.

[77] 贵阳市政府. 政府令第52号贵阳市政府数据资源管理办法[EB/OL]. http://www.gygov.gov.cn/art/2017/11/30/art_18321_1300713.html.

[78] 习近平：实施国家大数据战略加快建设数字中国[EB/OL]. http://news.xinhuanet.com/politics/2017-12/09/c_1122084706.htm.

[79] 宋世明. 向"点"要深度，向"线"要长度[EB/OL]. http://www.nsa.gov.cn/web/a/gonggongguanli/20150317/5403.html.

[80] 周文彰. 构建和弘扬法治行政文化[EB/OL]. http://www.zgdsw.org.cn/n/2015/0421/c244522-26878764.html.

[81] Kanungo S, Jain V. Organizational culture and E-government performance: An empirical study [J]. E-government Services Design, Adoption, and Evaluation, 2012, 141: 36-58.

[82] Omar E M, Khalil. E-government Readiness: Does National Culture Matter?[J]. Government Information Quarterly, 2011, 28(3): 388-399.

[83] Leidner D E, Kayworth T. A review of culture in information systems research: Toward a theory of information technology culture conflict[J]. MIS Quarterly, 2006, 30(2): 357-399.

[84] Ebrahim Z , Irani Z. E-government adoption: Architecture and barriers[J]. Business Process Management Journal, 2005, 11(5) : 589-611.

[85] Srnes J O, Stephens K K, Stre A S, et al. The reflexivity between ICTs and business culture: Applying Hofstede's theory to compare Norway and the United States[J].Informing Science, 2004, 7(1) : 1-30.

[86] Li F. Implementing E-government strategy in Scotland: Current situation and emerging issues[J]. Journal of Electronic Commerce in Organizations (JECO), 2003, 1(2): 44-65.

[87] Allen B A, Juillet L, Paquet G, et al. E-governance & government on-line in Canada: Partnerships, people & prospects[J]. Government Information Quarterly, 2001, 18(2) 93-104.

[88] Wilkins A L, Ouchi W G. Efficient cultures: Exploring the relationship between culture and organizational performance[J]. Administrative Science Quarterly, 1983: 468-481.

后　记

　　人生会有很多机缘巧合，但只有在用尽全力之后，这样的机缘才会增加。从2010年开始关注电子政务文化，到发表第一篇论文，再到指导第一个研究电子政务文化的研究生，我忐忑地走到今天，获批国家社会科学基金的后期资助项目，真是有一种恍若雾里的感觉。我在国内外会议上从不同角度介绍电子政务文化，希望电子政务文化能够引起人们的关注。2019年这个课题赢得评委青睐，支持我继续研究下去。在本书即将出版之际，我要对关注和支持这个研究的同仁们道一声感谢，更要对国家社会科学基金、辽宁省社会科学规划基金办公室、东北大学科学技术研究院文科管理部门道一声感谢。

　　写专著与编写教材有很大差异，无论是构思还是写作，写专著都要难得多。从项目获批，到疫情期间不断构思，搜集素材，梳理思路，我要把这么多年来对电子政务文化的思考写出来。本来是简单的事情，为什么要进行那么复杂的论述？幸好，在多个领域研究者的支持、引导和启发下，我的思路逐渐清晰，这才能够静下心来，从简单的表述开始，最终得此拙著。

　　身为教师，我的本职工作是教书育人，在这个过程中，我能从学生们身上收获快乐和幸福。我在2014年、2017年分别指导了两位研究生，他们为本书的研究提供了很大的帮助，从与他们一起讨论论文的结构、论据，到一起斟酌写作中的字词是否准确，到最终完成满意的毕业论文，这是与他们一起学习、一起摸索、一起进步的过程。没有他们的贡献，可能今天的研究成果会逊色不少。在指导后面各届研究生的过程中，我都能感受到他们对学术的渴望。对于每一次科研任务，他们都会兢兢业业搜集素材，深入基层开展调查研究，最后形成自己的观点。加油，未来正在向你们招手！

行文至此，我也要感谢家人的鼎力支持，与你们一起分享快乐，在遇到困难时有赖你们的支持，感恩生活中的你们——既是家人，也是朋友！多谢学院领导和同事的支持，在温暖的集体中，永不孤单，同向而行！感谢清华大学出版社的各位朋友，你们的专业服务令我感动，与你们合作，真的幸福！

薄书一本，浓缩人生，我的世界尽在其中！

谨以此书献给娄成武先生！

陈德权

2025年1月